KB069576

통합적 해결중심치료

Bill O'Connell 저

송성자 · 정문자 · 최중진 공역

Solution-Focused Therapy 3E

학지사

Solution-Focused Therapy(3rd ed.)
by Bill O'Connell

한국의 상담현장에서 해결중심치료는 이제 더 이상 낯선 접근이 아니다. 해결중심치료는 상담전문가가 가장 선호하는 접근법의 하나가 되고 있으며, 이 접근법을 이론적 배경으로 하는 학위논문과 연구논문은 물론 저서도 계속 증가하고 있다. 해결중심치료가 다양한 현장에서 폭넓게 사용되면서 흥미로운 현상이 일어나고 있는데 그것은 많은 상담자가 해결중심치료를 다른 치료적 접근법과 함께 통합적으로 활용하고 있다는 것을 말한다. 이러한 현상을 좋다거나 나쁘다는 가치와 판단으로만 볼 수는 없는데, 그것은 모든 상담자가 주어진 상황에서 내담자를 위해 최선의 방법을 활용하는 것이라고도 볼 수 있기 때문이다.

그러나 통합적 접근의 사용이 늘고 있는 상담현장에서 여러 가지 접근기술을 편의상 종합적으로 사용하는 경우가 적지 않음을 볼 수 있다. 효과성이 검증되지 않은 접근기술의 단순한 조합은 내담자의 안녕을 도모하려는 상담자의 접근으로 적합하지 않으며 윤리적이지도 못하다. 이러한 현상을 관찰하며 우리는 해결중심치료를 통합적으로 활용할 수 있는 좋은 지침이 필요하다는 생각을 했고 때마침 이 책을 발견했다.

해결중심치료는 김인수와 스티브 드쉐이저 선생님이 중심이 되어 개발한 단기치료 모델로 이미 세계의 많은 국가에서 인정받는 상담 접근이 되었고 이는 유럽에서 특히 그러하다. 이중 특히 영국에서 해결중심치료에 대한 많은 저서가 나오고 있는데, 이 책은 그중 하나이며 이미 제3판이 나올 만큼 검증을 받았다는 것이 이 책에 대한 신뢰를 더한다. 간결한 문체로 해결중심의 다양한 접근을 단순하지만 단조롭지 않은 방법으로 서술했는데, 특히 역자들의 관심을 끈 것은 9장의 통합적 해결중심치료다.

저자는 9장에 특히 통합적 접근이라는 제목을 붙였지만 1장에서 10장에 이르기까지 해결중심치료를 다른 접근과 더불어 어떻게 통합적으로 활용할 수 있는지에 대해 풍부한 경험과 지식을 바탕으로 자세하게 기술하고 있다. 이러한 접근은 기존에 한국에 소개된 해결중심 접근에 관한 저서와는 방향을 달리하고 있지만 통합적 접근을 활용하는 많은 상담자에게 매우 필요한 정보를 제공하고 있다. 물론 저자가 제공하는 정보와 접근이 모두 국내 상황에 적절하지 않을 수 있겠으나 적어도 해결중심치료를 통합적으로 접근하는 데 있어서는 좋은 길잡이가 될 수 있을 것이라고 생각한다. 이러한 측면에서 역자들은 이 책의 원 제목인 '해결중심치료(Solution-Focused Therapy)'를 '통합적 해결중심치료'로 바꾸었다. 역자들은 이 책이 다양한 상담 모델에 익숙한 상담자에게도 해결중심치료를 통합적으로 접근하는 데 필요한 것으로서 적절한 도구와 기술을 배우는 데 좋은 지침서가 될 것이라고 생각한다.

이 책이 통합적 접근에 초점을 두고 있음에 매력을 느껴 1, 2, 3,

4장은 최중진 교수가, 5, 6, 7장은 송성자 교수가, 8, 9, 10장은 정문자 교수가 맡아 수차례의 논의와 합의를 통해 번역을 마쳤다. 이 책의 번역자는 해결중심치료를 개발하고 발전시킨 김인수 선생님과 스티브 드쉐이저 선생님의 생전에 직접 훈련과 슈퍼비전을 받았었기에 두 분 선생님에 대한 그리움과 감사함을 가슴 깊이 느끼면서 작업을 하였다. 우리나라에서뿐만 아니라 영국과 많은 나라에서 해결중심치료를 공식적인 상담학파로 발전시킨 두 분의 수고와 헌신을 번역하는 과정에서 더욱 깨닫게 되었으며, 두 분의 헌신과 열정에 다시 한 번 경의를 표한다.

이 책이 번역 출판되기까지 협조해 준 많은 분께 감사의 마음을 전하고자 한다. 이 책의 교정 과정에서 수고해 준 경기대학교 청소년학과 박사과정의 신동윤 선생에게 감사한다. 또한 출판을 맡아 주신 학지사 김진환 사장님께 감사의 마음 전하며, 편집과 교정을 위해 수고하신 정다운 선생님에게 진심으로 감사드린다.

2014년 6월
역자 송성자, 정문자, 최중진

이 책이 처음 출판된 것은 1998년이었다. 그 후로 해결중심치료의 인기는 더욱 커졌으며 지금은 다양한 분야에서 실천가의 지지를 받고 있다. 해결중심치료는 그동안 비즈니스와 관련된 기관에서부터 부모 지지집단에 이르기까지 다양한 맥락에서 창의적으로 수정되어 적용되어 왔다. 이 접근을 활용하는 많은 사람이 치료적 배경을 가지고 있지 않았으며, 이 접근이 가족치료에서 시작된 것에 관해 알지 못하는 경우도 있었다. 이런 측면에서 제3판은 주로 상담자와 치료자에게 초점을 맞추지만 다른 학문적 영역과 전문직에서도 활용할 수 있도록 설계되었다.

그동안 영국과 미국은 물론 폴란드, 스칸디나비아, 네덜란드, 독일 등의 나라에도 이 접근법에 많은 관심을 갖고 선호하는 사람들이 증가하였고 지역적으로도 크게 확장되었다. 각 나라의 실천가는 각자의 전문가 협의체를 구성하였고, 영국해결중심실천협회(United Kingdom Association of Solution Focused Practice)도 2003년 이후로 활발하게 활동하고 있다. 미국에도 비슷한 조직이 있으며, 유럽단기치료협회(European Brief Therapy Association)도 계속해서 성장하고 있다. 이러한 조직은 자신의 활동에 대해서도 알리고 또 내담자뿐만 아니라 관련된 집단의 필요에 적합한 개념틀을 개발하는 데도 매우 활동적이다.

이제 해결중심 관점은 심리학이나 사회복지학과 같은 다양한 전문직의 교과과정에도 등장한다. 해결중심치료는 영국의 NICE (National Institute for Health and Clinical Excellence)의 승인을 받았으며, 오늘날 민간 기업, 자원봉사 조직, 공공 조직 등에서 해결중심적 아이디어와 개입을 직원에게 교육하는 많은 훈련가와 컨설턴트가 존재한다. 많은 코치와 멘토뿐만 아니라 조언과 정보를 제공하는 전문가 중 많은 이도 이 모델을 채택했다.

이번 제3판은 해결책의 유지 가능성에 새로운 초점을 맞추며, 이 분야에서 일어나고 있는 최신의 발전을 반영하고 있다. 줄어든 자원은 더 적은 직원에게 더 많은 것을 기대하는 것을 의미한다. 복지 프로그램에서조차 개인, 집단 그리고 조직이 최소한의 자원을 이용해서 유지할 수 있는 해결책을 찾고 목적을 성취할 수 있는 방법에 관심이 높아지고 있다. 해결중심치료는 지속적인 결과를 얻기 위한 압력에 시달리는 조직과 직원에게 많은 것을 제공할 수 있다. 이러한 환경에서 직원이 그들 자신뿐 아니라 내담자까지도 동기화할 수 있는 첨단의 기술을 보유하는 것이 매우 중요하다. 이러한 시기에 제3장에서 제공하는 해결중심의 10개 원칙과 더불어, 제10장에서 다루는 것으로서 효과는 유지하며 상담 시간을 줄일 수 있는 20개의 비법은 매우 적절하게 활용될 수 있다.

해결중심 접근의 실천은 결코 정체되어 있지 않다. 나는 콘퍼런스나 세미나에 참석할 때마다 다른 실천가의 창의성과 독창성에 놀란다. 상대적으로 최근에 등장한 접근이지만 해결중심치료는 전통적인 접근에 주눅 들지 않는다. 사실 우리 안에는 모든 것이 '진행 중'이라는 커다란 흥분감이 존재한다. 해결중심 접근의 발전에 모두가 기여할 수 있다는 강한 집단적 정체감도 존재한다. 해결중심 접근을 수련 중인 사람과 실천가가 모인 곳은 어떠한 곳이라도 열광과 헌신 그리고 열정이 가득하다. 해결중심치료를 알게 되면서 많은 사람이 그들의 삶의 방향을 전환하기도 한다. 그것은 많은 것을 되돌려 받는, 개인적이며 전문적인 여정의 출발이기도 하다. 새롭게 선보이는 제6장은 사람들이 해결중심상담을 발견하고 활용하기 시작하면서 떠나게 되는 여정을 다룬다.

해결중심치료에서는 지도적 위치에 있는 매우 적은 수의 권위적 지도자와 그보다 더 적은 수의 변하지 않는 법칙이 존재할 뿐이다. 예를 들어, 빌 오핸런(Bill O'Hanlon), 스티브 드셰이저(Steve de Shazer)와 김인수(Insoo Kim Berg)와 같은 독창적인 1세대 사상가가 많은 존경을 받지만 그들이라 해서 신과 같은 지위를 차지하는 것은 아니다. 해결중심의 커뮤니티에는 강한 자신감이 흐르고 있다. 많은 경우 실천가는 이 방법을 사용할 권리를 얻기 위해 확고하게 자리 잡은 다른 접근을 활용하는 전문가와 싸워야 했고, 이러한 에너지는 해결중심 운동에 계속된 연료를 제공하며 해결중심이 언제나 내담자를 도울 수 있는 좀 더 나은 방법을 찾도록 했다.

그동안의 연구 결과를 통해서 알 수 있는 것은 이 접근이 내담자에게 도움이 된다는 것이며 또 이 모델을 채택하는 것이 실천가에게도 커다란 도움이 된다는 것이다. 선드만(Sundmann, 1997)은 핀란

드에서 이 접근을 이용하는 사회복지사가 그렇지 않은 사람들에 비해 내담자를 더 긍정적으로 받아들이고 더 협동적으로 작업한다고 보고하였다. 나의 경험으로는 이 접근을 많이 사용할수록 나 자신이 내담자를 더 따뜻하게 대하게 됨을 알았다. 해결중심치료는 내담자가 어려움을 극복하기 위하여 하는 일을 나 스스로가 감사할 수 있도록 한다. 나의 동료들은 이 접근에 내재된 긍정적·낙관적 그리고 희망적 가치가 많은 시간 동안 사람들의 문제를 경청하는 것에 기인하는 부정성, 숙명론적 냉소주의 그리고 소진에 대한 해독제의 역할을 한다고 말한다.

사람들은 책을 서로 다르게 읽는다. 학습형의 독자는 제3, 4, 5, 10장처럼 이 접근의 활용법에 대해 설명하는 부분을 먼저 읽는 것이 실용적일 수 있다. 나는 제3장에서 두문자인 SOLUTION과 FOCUS를 이용해서 해결중심 과정을 좀 더 명확하게 하기 위해 노력했다. 역사적 맥락이나 이론적 근거를 먼저 이해하는 것이 도움이 되는 독자는 처음부터 읽어 나가는 것을 선호할 수도 있다. 제7장에서는 해결중심 슈퍼비전에 대해 다루며, 제8장에서는 이 모델에 대해 많이 묻는 질문에 대해 답하려고 시도하였다. 제9장에서는 해결중심치료가 다른 모델과 어떻게 통합적으로 활용될 수 있는지를 다룬다. 새롭게 등장하는 제10장에서는 독자가 내담자나 팀과 또는 훈련 교과과정에 응용할 수 있는 방대한 자료를 제공한다.

본문에서는 성별에 대한 고정관념으로부터 벗어나고자 남성과 여성 대명사를 번갈아 사용하였다. 또한 '상담' '치료' '상담자' '치료자' 등의 용어도 영국상담심리치료협회(British Association for

Counselling and Psychotherapy)의 실천 규정에 따라 상용하였다. 어떤 장에서는 '상담자'만을, 또 다른 장에서는 '치료자'만을 사용하기도 하였다. 그리고 어떤 장에서는 '실천가'라는 용어를 치료자나 상담자에 국한하지 않고 원조의 노력을 행하는 사람들을 포함시키고자 포괄적으로도 사용하였음을 밝힌다.

해결책(solution)이라는 단어의 라틴어원은 solvere로 풀어 줌을 의미한다. 이런 측면에서 나는 해결중심치료를 '해방'의 한 형태로 간주하기를 좋아하는데, 그것은 사람들로 하여금 그들의 과거의 폭정으로부터 스스로 벗어날 수 있도록 도와주는 경험이다. 나는 해결중심치료가 실천가도 해방시킬 수 있다고 생각하기를 좋아한다. 이러한 접근을 통해 실천가는 내담자를 동등하게 대할 수 있고 사람들에 대한 최선을 확인하고 그것을 축하할 수 있게 된다. 다른 측면에서 해결중심치료라는 제목이 가지는 함의를 생각해 볼 필요가 있는데, 그것이 모든 문제에 대한 해결책이 존재한다거나 비평가에게 그것이 마치 '임시방편적' 치료라는 인상을 줄 수도 있다는 것이다. 이러한 측면에서 나는 해결중심치료보다 변화중심치료(Change-Focused Therapy)라는 용어를 선호한다.

나는 단기 개입이 자금 출자자에게 예산을 삭감할 수 있는 편리한 당위성을 제공한다는 임상가의 주장을 이해한다. 그러나 단기치료에 대한 연구 기반은 매우 강하며 현실적으로 볼 때 영국에서 제공되는 많은 상담/치료가 실제로 단기다.

단기 개입을 촉진하는 사람들은 실제로 자금 출자자뿐만 아니라 내담자이기도 하다. 내담자는 시간이 제한된 형태의 도움을 받으며 이것을 장기치료보다 선호한다고 말한다. 그렇다고 단기치료만이 재가를 받은 치료적 선택은 아니지만, 나는 주어진 자원을 최대한 활용하고자 하고 또 서비스를 받지 못하는 내담자에게까지도 서비스를 확장하고자 하는 실천가도 단기치료의 출현을 환영할 것으로 본다. 나는 우리가 내담자의 상황에 적합하고 그들이 선호하는 서비스를 제공해야 하며, 우리가 하는 일의 효과성에 관해서 내담자와 더 넓은 지역사회에 대한 책임감이 필요하다고 본다.

나는 그동안 청소년 분야, 사회복지와 상담, 훈련과 강의 등의 일을 해 왔다. 나의 경험은 주로 개별 내담자와 부부 상담에 기초하지만, 이 모델을 학생상담 센터, 가족상담 기관, 개별실천과 직원지원 프로그램 등의 폭넓은 현장에서 다양한 내담자에게 활용해 왔다.

어떤 해결중심 치료자는 이 모델을 순수주의적인 방법으로 사용할 것이고, 다른 사람들은 다른 모델과 그것을 통합하는 것에 더 개방적일 수 있다. 나는 후자인 통합 쪽에 더 가까운데, 이 책이 자신의 실천에 새로운 아이디어를 통합하는 것에 개방적인 치료자에게 다가갈 수 있길 바란다. 이 책을 다른 실천가가 활용하는 모델을 비판하려는 의도로 쓰지 않았지만, 이를 통해 나는 장기치료는 모두가 아닌 소수의 내담자에게만 필요한 것이라는 의견을 제기한다. 효과가 있으면 계속하라는 해결중심의 원칙은 우리가 하고 있는 것이 내담자에게 효과가 있다면 그것이 무엇이든 계속하라는 실용적인 신호다.

그러나 효과가 없을 때 우리는 다른 것을 시도할 수 있을 만큼 용감해질 필요가 있다. 언제나 효과가 있는 치료는 존재하지 않으며 우리가 그것을 왜 사용하는지 이해한다면 도구상자에 더 많은 도구를 가지고 있을수록 좋다고 생각한다. 오늘날의 치료적 분위기는 우리 자신의 작업에 있어 통합적이며 발전적인 태도를 갖도록 격려한다. 다양성을 인정하고 존중하는 방향으로의 진전은 치료 현장에서의 비생산적인 논쟁을 대신하며, 그것이 이 책의 저작 정신이기도 하다.

나는 이 접근의 잠재력뿐만 아니라 한계까지도 인정하고자 노력하였다. 어떤 접근이든 특별한 형태의 개입에 너무 큰 비중을 둘 경우 어쩔 수 없이 치료의 다른 형태에서 활용되는 개입을 경시하게 되는데, 해결중심의 경우에 이것은 질문의 활용이 될 수 있다. 따라서 다른 치료의 추종자는 해결중심치료에서 이루어지지 않는 것에 대해 민감할 것이며, 또 때때로 이 접근을 통해 이루어진 것에 대해서 놀랄 것이다. 그러나 어떤 치료라도 모든 것을 할 수 있다고 주장할 수 없으며, 다른 접근에서 일어난 일을 기초로 하나의 치료적 접근을 판단하는 것은 잘못된 것이다.

어떤 비평가는 해결중심치료가 이데올로기적인 측면에서 좀 가벼운 것은 아닌가라는 의문을 제기한다. 그러나 해결중심치료의 철학적 토대는 개념적으로 쉽지 않으며, 실천도 그렇게 단순하지 않다! 해결중심치료는 상당한 관계 기술과 동시에 내담자를 위해 무엇이 긍정적이고 문제적이지 않은 것인가에 초점을 둘 수 있는 능력이 필요하다.

따라서 상충하는 이데올로기로 인해 배움을 방해받지 않는 초심 상담자가 오히려 지적인 이해가 많은 상담자보다 더 쉽게 이 접근을 실천에 옮길 수도 있다. 어떤 경우엔 상담 배경을 가지고 있지 않지만 상담 기술을 요하는 환경에서 작업하는 사람들이 해결중심 치료를 열정적으로 받아들이기도 하는데, 이는 해결중심치료가 그들에게 매우 실용적이고 접근성이 높기 때문이다. 그들은 문제의 해결자가 될 필요가 없다는 사실에 안심한다. 그러나 나의 개인적 의견으로는 상담자나 치료자가 되고자 하는 사람들은 일반적인 상담훈련 과정을 먼저 받는 것이 도움이 될 수 있다고 생각한다.

영국 정부가 인지행동치료가 다른 접근보다 더 강한 근거를 기초로 하는 실천이라고 여기며 많은 투자를 하는 것은 매우 쉬운 일이다. 충분한 자격을 갖추고 훈련과 기술을 겸비한 많은 상담자를 제외시키는 것은 큰 잘못이다. 나는 전문가로서 우리의 정체성을 유지하며 사람들을 돕는 것에 있어 효과적이고 경제적이며 지속 가능한 방법으로서 해결중심치료를 계속해서 제공하고자 하는 바람을 가지고 있다.

나는 이 책을 통해 독자 여러분이 내담자와의 작업을 즐기고, 그것을 위한 아이디어를 얻고, 내담자의 해결책에 더 많이 귀 기울일 수 있기를 바란다. 해결중심적이 되는 것은 내담자뿐만 아니라 독자에게도 선물이 될 것이다.

빌 오코넬(Bill O'Connell)

차 례

제1장

단기치료

단기해결중심치료(Brief Solution-Focused Therapy: BSFT, 단기를 강조하기 위해 저자가 순서를 바꿈-역자 주)의 고유한 특징은 문제가 아닌 해결에 초점을 두는 것이다. 단기해결중심치료는 내담자가 스스로 해결 방안을 모색함으로써 원하는 결과를 성취하도록 돕는 것을 목표로 한다(O'Connell, 2001). 단기해결중심치료는 미국 밀워키에 있는 단기가족치료센터에서 스티브 드셰이저(Steve de Shazer)와 김인수(Insoo Kim Berg) 그리고 동료들에 의해 1980년대 초에 단기치료의 형태로 등장했다. 이러한 맥락을 이해하기 위해 단기치료의 전통을 살펴보는 것이 도움이 된다.

많은 단기치료 모델이 정신역동과 인지행동치료와 같은 주요한 심리치료 학파에 뿌리를 두고 있다는 사실은 단기 치료적 접근이 장기치료에서 파생했다는 인상을 줄 수도 있다(Feltham, 1997). 그러나 그것은 사실이 아니다. 블룸(Bloom, 1992)은 지난 80년간 단기치료의 효과로 삶에 중대한 변화를 경험한 많은 수의 내담자 사례 연구를 발표하였다. 1925년까지 거슬러 올라가 보면 페렌치(Ferenczi)나 랭크(Rank)와 같은 저명한 심리치료자들은 심리 분석이 오랜 시간에 걸쳐 이뤄져야 한다는 가정을 반박하며, 치료자는 해석하고 전이를 촉진하며 친밀한 정서적 관계를 유지하기 위해 적극적인 공감의 자세를 취해야 한다고 주장하였다. 또한 랭크는 변화 과정에 참여하는 내담자 동기의 중요성, 치료 목표 설정의 필요성, 그리고 내담자에게 과거를 재현시키기보다는 현재의 경험에 좀 더 집중해야 할 필요성에 대해서도 강조하였다.

그러나 정신분석치료에 관한 공동체는 기간이 길지 않아도 '심층적인' 치료가 지속될 수 있다는 것에 의문을 제기하고 위의 주장에 적대적인 입장을 취하였다. '정신분석 치료자는 빠른 치료는 진정한 치유가 될 수 없다고 생각하는 미신적 확신을 가지고 있다'는 제목으로 알렉산더와 프렌치(Alexander & French, 1946)가 쓴 글은 정신분석 치료자 사이에 상당한 논란을 일으켰다. 알렉산더와 프렌치는 내담자가 치료에서 학습한 것을 실생활에서 적용해 볼 수 있도록 돕기 위해 치료를 매일 받기보다는 매주 받을 것을 제안했다.

맬런(Malan)의 영향력 있는 연구(1963, 1976)는 단기역동치료(short-term dynamic therapy)의 효과성을 잘 보여 준다. 그는 치료를 위해서 신중한 사정과 치료적 초점을 유지할 필요가 있음을 강조하였다. 1960년대부터 1980년대에 이르기까지 맬런, 만(Mann, 1973), 시프네오스(Sifneos, 1979), 다밴루(Davanloo, 1980)와 같은 치료자의 활동은 단기역동개별치료(brief dynamic casework)가 등장할 수 있는 원동력이 되었다. 그 후 단기치료는 장기치료와 비슷한 효과가 있으며(Koss & Butcher, 1986) 내담자의 70% 이상이 선호하는 치료 형태(Pekarik, 1991; Garfield & Bergin, 1994)라는 연구 결과가 증가하면서 세상에 알려지게 되었다. 프랜시스와 동료들(Frances et al., 1984)은 결혼, 성, 가족, 위기 등에 대한 치료자와 인지행동 치료사와 같이 다양한 분야의 실천가가 단기로 작업을 수행한다고 주장하였고, 실제 실천에서도 그러한 경향이 있다고 보고하였다. 영국의 한 상담소에서 이루어진 연구(Brech & Agulnik, 1996)에 의하면 약 40%의 내담자가 4회기 내외의 상담을 받았고, 또 다른 40%는 5회기에서 20회기, 그리고 나머지 20%는 6개월 이상 치료를 받았다. 이 연구에서 치료 대기자를 위해 4회기로 이루어진 모델을 새롭게 시도한 결과 대기자의 수가 줄었고, 이는 모든 내담자의 대기 시간을 줄이는 결과를 함께 가져왔다. 이것은 심지어 4회기 모델의 제안을 받아들이지 않았지만 회기가 정해져 있지 않은 치료를 대기하는 사람들에게도 같은 효과가 있었다. 대다수의 최근 연구는 치료적 형태를 불문하고 치료 회기는 평균 4회기에서 8회기 사이로, 6회기에 집중하는 경향을 보인다고 보고한다(Koss & Butcher, 1986; Garfield & Bergin, 1994). 이러한 측면에서 코스와 부처(Koss & Butcher, 1986)가 "거의 모든 심리치료는 단기다."라고 말한 것을 이해할 수 있다.

그러나 무엇이 단기치료를 구성하는가에 대한 정의에는 차이가 있다. 애커트(Eckert, 1993)는 단기치료를 '사전에 시간을 제한하든 그렇지 않든 간에 가능한 한 빠른 시간에 변화를 이끌어 내도록 접근하는 심리적 개입'으로 정의했다. 정신역동적 전통을 따르는 맬런(Malan, 1976)은 단기를 4회기에서 50회기 사이의 치료를 의미하는 것으로 사용하였다. 같은 전통을 따르는 만(1973)은 12회기를 단기라 명명하였고, 인지분석 모델을 활용한 라일(Ryle, 1991)은 16회기를 단기라고 하였다. 탈몬(Talmon, 1990)과 맨테이(Manthei, 1996)는 단기라는 용어를 단회치료(single-session therapy)의 경우에도 사용할 수 있다고 주장하였다. 종합적으로 보면, 어떤 모델에서는 단기적 접근을 위해 정해진 시간적 제한을 활용하고, 또다른 모델에서는 어느 정도 융통적인 기준이 활용될 수 있다(Steenbarger, 1994). 버드먼과 거먼(Budman & Gurman, 1988)은 '시간에 민감한 치료(time-sensitive therapy)'라는 용어를 선호하는데, 이는 치료자가 정해진 시간 내에 최대한의 효과를 이루어야 함을 강조하기 때문이다. 단기치료를 선호하는 치료자 사이에서도 큰 차이가 있지만, 단기치료라고 하면 보통 20회 이하의 치료 회기를 의미한다는 합의가 어느 정도 이루어진 것으로 보인다.

문헌을 살펴보면 단기치료의 주요 특징에 대해 상당 부분 의견이 일치함을 알 수 있다. 이러한 특징은 해결중심 단기치료(solution-focused brief therapy)에도 현저하게 나타난다. 배럿-크루즈(Barret-Kruse, 1994)는 그것에 대해 다음과 같이 정리했다.

- 모든 사람에게는 능력이 있다는 견해
- 문제에 대한 내담자의 정의를 수용

- 치료적 동맹의 형성
- 성공은 내담자가 이루는 것
- 치료자는 내담자로부터 배움
- 내담자와의 권력 다툼 피하기
- 내담자의 행동을 개인화하기보다는 대상화하기

배럿-크루즈는 단기치료에서 치료자는 변화에 대한 기대를 강화하기 위해 내담자와 합류할 필요가 있음을 주장했다. 그는 가능한 한 빨리 치료관계를 형성하기 위해 치료자는 어느 정도 지시적일 필요가 있다고 보았다. 문제와 목표를 분명하게 알아내고 신중히 평가할 수 있는 적절한 행동 계획을 수립하는 것도 중요하다. 단기치료에서는 내담자가 문제를 정확하게 파악하고 정의하도록 한다. 웰스와 지아네티(Wells & Gianetti, 1993)는 만약 내담자가 문제와 치료에 대해 가능한 많은 정보를 얻는다면 협력적이고 효과적인 관계가 좀 더 빨리 형성될 수 있다고 주장한다.

코스와 부처(1986)는 단기치료의 주요한 특징을 다음과 같이 설명했다.

- 지금-여기에 초점 두기
- 주어진 시간 안에 성취가 가능한 분명하고 구체적인 목표
- 가능한 한 빨리 치료에 도움이 되는 치료관계의 형성
- 능력 있고 희망적이며 자신 있는 치료자의 모습
- 적극적이며 숨김없이 영향력을 발휘하는 치료자

이와는 대조적으로 호이트(Hoyt, 1995)는 장기치료의 기초가 되는 몇 가지의 신념에 대해 다음과 같이 지적했다.

- 내담자의 해로운 초기 경험은 천천히 그리고 충분히 밝혀져야 한다.
- 치료적 동맹은 점차적으로 형성되어야 한다.
- 내담자의 퇴행이 허용되어야 한다.
- 전이는 오랜 시간에 걸쳐 발전하므로 조급하게 해석하지 말아야 한다.
- 치료 결과가 확고해지려면 오랜 기간의 작업이 필요하다.

1. 효과성

조사연구를 통해 밝혀진 단기치료의 효과성에 관한 증거는 인상적인 수준이다. 탈몬은 1990년에 단회상담에 관한 영향력 있는 연구를 발표하였는데, 정신과에서 심리치료를 받는 만 명이 넘는 외래환자를 대상으로 연구를 했다. 연구를 통해 그는 가장 많은 치료 횟수가 1회라는 것을 발견하였다. 치료자의 치료적 모델과 관계없이 연구 대상자의 30%에 해당하는 환자가 일 년 동안 단 한 번 병원을 찾았다. 게다가 200명의 내담자를 대상으로 한 후속 연구에서는 연구 대상자의 78%가 한 번의 치료를 통해 자신이 원하는 것을 얻었다고 밝혔다. 계획적으로 1회상담을 실시한 다른 연구에서 탈몬은 88%의 내담자가 첫 회기 이후 증상이 호전되었으며, 대상자의 79%는 한 회의 상담으로도 충분하다고 생각한다는 것을 발견하였다. 그의 연구는 치료를 조기 종결하는 내담자가 실패한 중도 탈락자라는 기존의 견해에 도전하는 것이었다. 탈몬은 이러한 연구 결과에 기초해 단기치료가 많은 내담자가 선호하는 치료적 형태이며, 더 많은 치료 횟수가 반드시 더 효과적인 치료를 의미하는 것은 아니라고 주장하였다. 호이트(1995, p. 144)도 "더 많은 것이 반드시 좋은 것은 아니다. 더 좋은 것이 좋은 것이다."라고 표현하였다.

코건(Kogan, 1957)은 1회상담을 받은 내담자를 상대로 3개월과 12개월 후에 추후 조사를 실시하였는데, 그중 거의 2/3가 도움을 받았다고 보고하였다. 그는 계획하지 않고 조기 종결한 사례에 관해 그동안 치료자가 내담자가 받은 도움에 대해 과소평가했다는 결론을 내렸다. 맬런과 동료들(Malan et al., 1975)은 45명의 내담자를 대상으로 한 연구에서 1회상담을 받고 2년에서 8년이 지난 후 1/4에 해당하는 내담자가 증상적인 측면에서 향상되었으며, 다른 1/4은 매우 광범한 범위에서 많은 향상이 있었음을 발견하였다. 스미스(Smith, 1980)는 치료의 주요한 효과는 주로 초기 6회기에서 8회기 사이에 나타나며, 그 이후 약 10회기 정도까지 긍정적인 영향은 계속되나 그 효과는 줄어든다는 것을 발견하였다. 하워드와 동료들(Howard et al., 1986)은 메타연구(meta-study)를 통해 15%의 내담자가 첫 회기 이전에 이미 향상되었고, 8회기까지 50%, 26회기까지 75%, 그리고 52회기까지 83%가 향상된다는 것을 발견하였다. 스턴(Stern, 1993)은 장기치료를 받는 사람들은 자신이 충분한 진전이 있다고 느끼지 못하는 사람들이라고 지적했다. 브레치와 아굴닉(Brech & Agulnik, 1996)은 정신역동적인 접근으로 계획된 4회기의 치료를 받은 내담자를 대상으로 연구를 실시했다. 내담자의 25%는 치료가 이미 유용하고 충분했고, 나머지 50% 이상은 장기치료가 필요한 것을 알게 된 계기가 되었다는 것을 발견했다. 블룸(Bloom, 1992)은 "자신에게 장기의 치료가 더 필요함을 알도록 하여 이에 대한 계획을 세울 수 있도록 도움이 된 유용한 시작이었다."며 단기심리치료가 장기심리치료와 마찬가지로 효과적이라는 결론을 내렸다.

하워드와 동료들(1986)이 실시한 메타연구에서 연구자는 치료 횟수보다는 치료의 구조화가 내담자의 진전에 매우 중요함을 지적했다. 그것은 내담자가 정기적인 치료 회기를 자신의 삶을 구성하는 요인 중 하나로 활용할 수 있기 때문이다. 내담자가 자신을 위해 특별히 주어진 시간(상담)을 갖는 것과 어느 정도 집중적인 치료가 변화를 일으키는 데 도움이 된다.

치료가 효과적이기 때문에 단기인지 또는 단기이기 때문에 효과적인지에 대해서는 아직 분명하지 않다. 페리(Perry, 1987)는 단기치료의 효과성이 치료 자체가 단기간이기 때문이라기보다 활용되는 기법에 기인할 수도 있다고 제안한다.

2. 해결중심치료 연구

해결중심치료에 관한 최근 연구 자료에 대한 목록은 앨러스데어 맥도널드 박사(Alasdair Macdonald)가 운영하는 웹사이트에서 발견할 수 있다(www.solutionsdoc.co.uk). 맥도널드(2011)에 따르면 목록에 존재하는 모든 연구가 치료적 맥락에서 이루어진 것은 아니지만 해결중심 접근과 관련된 연구는 103개였다. 이 중 2개는 메타분석이고, 18개의 무작위 통제실험 연구는 해결중심 단기치료가 효과가 있음을 보였고, 9개는 기존의 치료 형태보다 해결중심치료가 더 효과적이라고 보고하였다. 39개의 비교연구 중 30개는 해결중심치료에 우호적이었다. 효과성에 대한 자료는 4,000개가 넘는 사례를 통해 얻은 것이며, 이 중 성공률은 60%를 상회하는 것이었고 치료의 평균 횟수는 3~5회기 사이였다.

카이저(Kiser, 1988)와 단기가족치료센터(Brief Family Therapy Centre, 드세이저가 이끄는 팀)에서 이루어진 드 종과 홉우드(De Jong & Hopwood, 1996)의 연구에서는 다음과 같은 내용을 발견할 수 있다.

- 3/4이 넘는 내담자가 치료 목표를 성취했거나 목표를 향한진 전을 이룸
- 평균 치료 회기는 3회
- 상담의 효과는 다양한 내담자 집단에 동등하게 나타났으며

내담자와 상담자의 성별이나 인종에 따라 달라지지 않음
• 같은 치료적 과정이 광범한 내담자와 문제에 효과적

영국에서는 맥도널드(1994)가 모든 상담자가 해결중심 훈련을 받은 외래정신과 병동에서 치료를 받은 환자를 대상으로 실시한 연구가 있다. 치료가 종료된 후 일 년 뒤 추후조사를 실시하였을 때 70%의 환자가 긍정적 결과를 보고하였고, 부정적 결과를 보고한 사례는 10%에 불과했다. 긍정적인 결과와 치료 횟수 사이에 상당한 상관관계를 발견할 수 있었는데, 향상된 집단의 평균 치료 회기는 5.5회인 반면 향상되지 않은 집단의 평균은 3.7회였다. 오래 지속되었던 문제에는 오히려 좋지 않은 결과가 나타났다. 나빠진 집단의 내담자는 주로 젊은 편이었고 모두 여성이었다. 사회계층의 차이는 결과에 영향을 주지 않는 것으로 나타났는데, 이것은 아마도 단기치료가 다양한 계층의 내담자에게 활용될 수 있고 또 전통적인 치료 형태를 두려워하는 집단에게도 효과적일 수 있다는 결과를 제시한다.

학문적으로 받아들여질 수 있는 조사연구의 수가 많은 것은 아니지만 해결중심치료가 내담자에게 변화를 가져온다는 사례는 적지 않다. 유럽 전역에서 해결중심치료에 대한 조사연구 팀이 발전하고 있는데, 이는 연구가 부족한 상황에서 희망적인 일이다.

3. 소비자의 선호

우리가 필요할 때 의사를 찾듯, 간헐적인 치료가 전통적인 치료 형태에 비해 현대 사회를 살아가는 사람들에게 더 적절할 수 있다. 커밍스와 사야마(Cummings & Sayama, 1995)는 우리의 생애 주기를 통해 간헐적인 치료의 필요성을 주장했고, 사람들이 삶에서 위기를 겪을 때 쉽게 접근할 수 있는 단기중심치료(brief focused therapy)가 다른 모델에 비해 더 효과적이라고 지적했다. 앞에서 살펴보았듯이 단기치료가 소비자가 선호하는 치료라는 증거가 있다. 페커릭과 위어츠비키(Pekarik & Wierzbicki, 1986)의 연구에 의하면 65%의 치료자는 15회기 이상의 장기치료를 선호하는 반면 20%의 내담자만이 장기치료를 기대한 것으로 나타났다. 이것은 내담자가 비록 장기상담을 선호한다 할지라도 자신을 장기상담의 대상자로 보지 않거나 치료를 받고 싶지 않지만 어쩔 수 없이 치료를 받게 된 경우에도 가능한 한 빨리 끝내고 싶어 한다는 것을 말하는 것일 수도 있다. 내담자가 치료 비용을 지불하지 않고 장기치료를 받을 수 있는 경우에도 단기치료를 선택한다는 증거도 있다(Hoyt, 1995). 이러한 발견은 부족한 치료 자원이 공평하게 분배되어야 함을 시사한다.

치료 과정에 대한 내담자와 치료자의 이해는 매우 다르다. 르웰린(Llewelyn, 1988)에 따르면 내담자는 자신의 문제에 대한 해결 방안을 찾는 것에 관심이 있는 반면 치료자는 문제를 설명하고 통찰을 통해 변화를 이끄는 것에 초점을 둔다. 치료 결과에 대한 내담자와 치료자의 기대가 서로 다르다는 것이다. 워너(Warner, 1996)는 많은 치료자가 단기의 개입만으로 내담자가 도움을 받았다는 것을 믿지 못한다고 지적했다. 뵈틀러와 크래고(Beutler & Crago, 1987)는 대부분의 내담자가 증상이 완화되는 것을 희망하는 반면 치료자는 내담자의 성격 변화를 계획한다고 주장했다.

요컨대, 단기치료가 마치 바겐세일을 하는 것처럼 전통적인 치료적 접근을 단기간에 제공하는 것이 아니라는 것을 알 필요가 있다. 단기치료는 전통적인 것과는 다른 가치와 기술을 필요로 하는 독특한 구조와 과정으로 이루어져 있음을 인식하여야 한다(Barkham, 1993).

실천 포인트

- 첫 회기를 포함해 내담자와의 매 회기를 마지막 회기인 것처럼 활용한다.

- 제한된 시간 내에 많은 것을 이룰 수 있다는 자신과 희망을 보여 준다.

- 내담자가 원하는 것에 귀를 기울인다.

- 내담자의 능력을 신뢰하고 방해하지 않는다.

- '회기가 많은 것이 좋은 것이 아니고, 효과가 좋은 것이 좋은 것이다.'라는 말을 진심으로 믿는다면, 자신의 임상 실천에서 어떤 것이 달라질 것인지에 관해 스스로 질문한다.

- 치료의 효과성을 측정할 수 있는 방법을 숙고한다.

제2장

해결중심치료의 이론적 배경

19세기에 증기 엔진의 발명이 처음으로 발표되었을 때 당시 저명한 과학자이자 현인으로 존경받던 한 사람이 다음과 같이 물었다. "그게 실제에서는 작동하지만, 이론에서도 그럴 수 있을까?"

오핸런과 윌크(O'Hanlon & Wilk, 1987)에서 인용

립칙과 동료들(Lipchik et al., 2011)은 미국 밀워키에 있는 단기가족치료센터(BFTC)의 치료 팀이 어떻게 해결중심치료를 개발하게 되었는지에 대해 설명한다. 해결중심치료는 임상 실천을 통해 발전했는데(de Shazer et al., 1986), 이는 일방경 뒤에서 수천 시간의 관찰과 토론을 거쳐서 발달하였다. 치료 팀은 내담자가 '문제에 찌든' 지난 과거를 분석하지 않고 자신이 원하는 미래에 대해 이야기하는 것으로도 좋아질 수 있음을 발견하였다. 내담자는 자신의 삶에서 일어나기를 원하는 것과 해결에 대해 묘사함으로써 자신

의 역량이 강화되는 것을 느꼈다고 보고하였다. 해결은 문제가 없는 삶 그 이상을 의미하였고, 삶의 다양한 부분을 포함하는 것이었다. 내담자에게 '이번 주에 일어난 일 중에서 앞으로도 계속해서 일어나기를 원하는 것을 관찰하고 기억하도록' 하는 첫 회기 공식과제(The First Formula Session Task)의 활용은 많은 내담자에게 긍정적인 결과를 만들어 냈고, 제대로 모양을 갖춘 해결중심 접근법의 기초가 되었다(de Jong & Berg, 2008). 치료 팀은 '해결'이 내담자의 '문제'보다 오히려 내담자에게 적합한 것이어야 한다는 것을 알게 되었고 질문과정을 통해 내담자로부터 변화에 대한 분명한 생각을 이끌어 낼 수 있었다. 드셰이저(de Shazer, 1985)가 '해골 열쇠(skeleton keys)'라 명명한 이러한 질문은 내담자가 다음과 같은 것을 해 볼 수 있도록 돕는다.

- 문제를 극복하고 성공할 수 있었던 예외 상황을 좀 더 인식하기
- 내담자의 개인적인 자원과 사회적 자원을 활용하기
- 기적질문을 이용해 원하는 미래에 대해 상상해 보기
- 진전을 위해 작은 단계를 밟기

이러한 질문은 '미래는 존재하지 않고 또 예견될 수 있는 것이 아니라 다만 상상하고 창조될 뿐'(Gelatt, 1989)이라는 말처럼 과거에 초점을 두는 것이 아닌 매우 미래지향적인 것이다. 어떤 면에서 미래는 과거보다 논쟁적이지 않으며, 상황이 달라질 수 있는 새로운 가능성이 있다. 내담자의 역량을 강화시키는 미래지향적

인 개입의 발전은 이 치료 팀의 임상 실천을 완전히 변화시켰다. 많은 연구논문과 저서에서 드셰이저는 연구 팀원이 해결에 관한 이야기를 하도록 계획한 접근법을 실험한 연구에 관해 설명했다 (de Shazer, 1984, 1985; de Shazer & Molnar, 1984; de Shazer et al., 1986). 치료 팀은 내담자가 원하는 것에 초점을 두며, 내담자와 매우 협력적인 관계를 발전시키기 시작했다. 치료 팀은 내담자가 변화 가능하고 성취할 수 있는 것에 주목함으로써 문제의 규모와 복잡함으로 인해 그들이 무기력을 느끼지 않도록 하였다. 치료 팀은 내담자와 의뢰인이 사용한 문제중심적인 진단명을 믿지 않았으며, 대신에 문제가 없는 내담자의 행동과 능력에 관한 설명에 관심을 두었다. 이것은 사람들이 존중받을 때 좀 더 진심으로 행동하고, 능력을 인정받을 때 좀 더 유능하게 행동한다는 신념에 기초한 것이다. 또한 치료 팀은 그들과 협력할 수 있는 방법을 내담자로부터 배우는 것의 중요성을 강조하기 시작했다. 치료 팀은 내담자와의 경험을 반영(reflection)해 봄으로써 자신의 실천에 대한 철학과 인식론적 당위성을 발전시키기 시작했다. 특히 드셰이저는 자신의 생각과 치료 팀의 조사연구를 많은 글을 통해 발표하기 시작했다. 이 접근의 철학적 배경에 대해서는 케이드(Cade, 2007)가 자세히 다루고 있다. 슈워츠(Schwartz, 1955)는 새로운 이론의 발전 단계를 다음과 같은 세 단계로 설명한다.

- 첫 번째 본질주의적(Essentialist) 단계 본질주의적 특징을 보이는 단계다. 이 단계에서는 우월성을 주장하며 경쟁하는 학파

가 많다. 이 단계에서 추종자는 자신의 신념만을 전도하고, 편협하며, 참을성이 적고, 열성적인 경향이 있다. 이 단계는 이론의 결점과 한계가 나타날 때까지 계속되거나 기존의 실천 체제에 통합된다.

- 두 번째 과도기적(Transitional) 단계　추종자는 자신이 따르는 모델의 한계를 깨닫기 시작한다. 새로운 통찰을 받아들이는 진보주의자와 자신만이 진정으로 이론을 믿는 사람이라 생각하며 '믿음을 방어'하고자 하는 전통주의자 사이에 격렬한 논쟁이 일어날 수 있다. 이들은 본질주의 단계로의 후퇴를 선택할 수도 있다. 두 극단주의 사이의 변증법적 긴장(dialectical tension)은 중도파를 나타나게 할 수도 있다.
- 세 번째 생태주의적(Ecological) 단계　끊임없이 진화하는 각 분야의 본질에 대한 이해를 근거로 다른 사상들과 통합하는 과정이다. 이 단계에서는 좀 더 절충적인 입장이 등장할 수 있다.

이러한 일련의 단계는 새로운 치료 모델이 경쟁적인 시장에서 자리를 잡는 과정에 흔히 적용된다. 새로운 치료 모델이 기존의 믿음에 너무 거슬리거나 또는 지나치게 전도하려는 것은 사람들이 전환하는 것을 더 어렵게 하여 새로운 추종자를 잃게 될 수도 있다.

이 책의 후반부에서 필자는 다양한 이론적 지향을 가진 치료자들의 실천에서 해결중심적인 사고와 개입이 어떻게 통합적으로 활용될 수 있는지를 보여 주고, 또 해결중심치료가 가지는 한계도 인정함으로써 편협의 오류를 피하고자 한다. 이것은 해결중심 접근에 이미 호의적인 치료자뿐만 아니라 코치, 멘토, 교사, 간호사, 약물중독 치료사, 청소년지도사와 같은 다른 많은 실천가에게도 적용될 수 있다. 이러한 접근은 해결중심치료가 다른 수많은 치료적 맥락과 내담자 집단에 적합하게 적용될 수 있음을 보여 준다.

1. 인식론

치료에 관한 이론을 이해하는 데 그 이론의 기초가 되는 철학적이며 인식론적인 입장에 대해 설명하는 것은 중요하다. 해결중심 접근에서 주요한 접근법인 질문 기법의 사용을 옹호하기 위해서 '왜 그래야 하는지'에 대한 탐색도 필요하다. 린치(Lynch, 1996)는 상담자와 연구자가 활용할 수 있는 지식과 현실에 대해 세 가지의 관점을 밝힌다.

첫째, 근대주의(modern position) 관점은 객관적 현실이 존재하며, 우리의 이성을 활용하여 객관적인 지식을 얻을 수 있다고 주장한다. 이것은 원인과 결과에 대해 합리적 분석을 통한 가설 검증을 강조하는 과학적/의료적 모델이 취하는 입장이다.

둘째, 사회구성주의적(social constructionist)이며 탈근대주의 (postmodern)적인 관점이다. 이 관점은 현실에는 객관적 의미가 있을 수 없고, 모든 의미는 사회적이고 문화적인 요인들로부터 영향을 받아 구성된 것이라고 주장한다. 대중적인 현상으로서의 언어를 생각할 때 현실에 대한 우리의 지식은 언어가 사용되는 상황과 맥락에서 형성된다. 이전에는 완전한 '진실'이라고 여겼던 것이 사실은 권력을 가진 자들의 지배적 담론(dominant discourse)임을 알 수 있다. 역사적으로 서구에서는 이것이 이성애적 성향을 가진 백인 남성의 관점을 의미했다. 흑인, 여성 그리고 성적 소수자의 관점은 사회적 규범에서 벗어난 것으로 보였다. 탈근대주의적 입장은 이미 확립된 독단적 견해에 대해 비판적이고 반권위주의적인 자세를 취한다. 이러한 관점에서의 접근은 실제적이며 다원적이다.

셋째, 상황적 맥락을 강조한다. 현실에는 객관적 질서와 의미가 존재하지만 사람은 항상 자신이 처한 사회적 맥락의 제한을 받기 때문에 그것을 알 수 없다는 견해를 취한다.

실천가의 접근은 이러한 인식론적 입장을 어떻게 인식하고 수용하느냐에 따라 달라질 것이다. 실천가가 설사 그것을 인지하지 못한다고 해서 자신의 실재(reality)가 수많은 인식론적 가정에 기초한다는 사실을 바꾸지는 못한다. 오늘날 심리치료에서 실용주의적 입장을 선호하는 것은 오랫동안 편협하고 방어적이며 논쟁적이었던 심리치료의 특징적 성향보다 창의적인 것이라 할 수 있다. 그렇지만 이론적인 가정에 관해 좀 더 깊은 주의를 기울이지 않는 성향은 이론적 근거가 없는 기술적인 실천(technical practice)으로 발전할 가능성이 있다. 고고학적 현장에서 발굴된 특정한 유물에 대한 의미가 같은 현장에서 발견된 다른 유물들과의 관계에서 발견될 수 있는 것과 같이, 특정한 치료적 개입에 대한 이해는 전체적 맥락, 즉 좀 더 '큰 그림'에 관심을 가질 때만 가능하다.

해결중심치료는 개인구성 이론(Kelly, 1955), 신경-언어적 프로 그래밍(neuro-linguistic programming: NLP, Bandler & Grinder, 1979), 캘리포니아 팰러앨토에 위치한 정신건강연구소(Mental Research Institute: MRI)에서 와츨라윅, 위클랜드, 피쉬 등이 발전시킨 단기 문제해결 모델(Watzlawick, Weakland, & Fisch, 1974), 이야기치료적 접근(White & Epston, 1990) 등과 함께 구성주의 학파에 포함된다. MRI와 해결중심치료 모델은 그레고리 베이트슨(Gregory Bateson, 1972)과 밀턴 에릭슨(Milton Erickson, 1980)의 영향을 많이 받았다. 케이드(2007)는 단기해결중심 접근에 관해 좀 더 자세한 역사를 소개한다.

2. 구성주의

고대 그리스에서 theoria[인간의 영혼이 모든 편견을 없앤 순수한 상 태에서 대상을 있는 그대로 바라보는 관조 정신을 지칭하기 위하여 철학 자 피타고라스가 사용한 용어로 후에 관찰, 연구, 이론의 뜻을 갖게 됨 (Naver 국어사전)-역자 주]라는 단어는 종교 행사나 운동경기 또는 주요한 공공 의식에 참여하였던 특권층의 남성 시민 집단을 의미 했다. 행사에 참여하지 못한 나머지 시민에게 전하는 그들의 보고 는 '진실(the truth)'로 여겨졌다.

우리는 '이론'을 특정한 실재(realities)에 관해 추측한 설명으로 이해하며, 정보를 이해하는 개념의 틀로 사용한다. 해결중심치료를 뒷받침하는 사회구성주의적 인식론은 theoria가 사실·실재에 대한 단 하나의 진실한 통역자(true interpreter of reality)라는 주장을 비판한다. 구성주의에서는 '의미'가 사회적 상호작용과 협상과정에서 구성되는 것이라고 주장한다. 예를 들어, 금의 가치는 금이 갖는 물리적 특성이라기보다는 사람들 간의 합의를 통해 만들어진다. 금의 가치는 금 자체가 아니라 문화, 합의와 상호작용, 매 순간 변동하는 금값, 개인의 선호도 등에 따라 결정된다. 이러한 측면에서 실재에 관한 언어적 구성과 별개의 객관적 진실이란 존재하지 않는다. 이론은 외재적 실재에 관한 객관적인 설명이 아니라 문화적·정치적·사회적 맥락 속에서 사회적으로 구성된 견해다. 월터와 펠러(Walter & Peller, 1996, p. 14)는 다음과 같이 설명한다.

> 의미의 구성을 적어도 두 사람 사이에서 일어나는 사회적인 사건으로 보며, 동시에 언어가 객관적인 실재에 고착되어 있는 것이 아니라고 인지하는 것은 대화에는 적어도 두 개의 이야기와 구성, 그리고 상호 조직적인 구성의 과정이 존재한다는 것을 알게 한다. 어떤 사람이나 학파가 다른 사람이나 학파보다 더 많은 '진실'을 소유하는 것은 아니며, 그것은 치료자에게도 마찬가지다. 치료자는 치료의 과정을 이끌어 갈 전문성을 가지지만, 그것이 내담자가 접근할 수 없는 진실에 접근할 수 있음을 의미하는 것은 아니다.

앨런(Allen, 1993, p. 31)은 다음과 같이 서술한다.

사회구성주의자는 알지 못함(not knowing)을 가치 있게 여기는데, 이는 지식이 대화에 의해 만들어진다고 믿기 때문이다. 이론을 지지하는 선별적 관심과 자료 수집을 근거로 변경할 수 없는 결론의 도출은 있을 수 없다. 왜냐하면 알고 있는 사람(the knower)은 관찰한 것을 구성하는 것에 적극적으로 참여하기 때문이다.

시걸(Segal, 1986)은 구성주의가 실재라는 것이 관찰자인 우리와 관계없이 독립적으로 존재한다는 신념에 도전하는 것으로 본다. 이러한 도전은 실재가 발견되고, 예견되며, 확실한 것이기를 바라는 우리의 소망을 약화시킨다. 사회구성주의에서 알고 있는 사람과 알려진 것을 분리할 수 없다는 주장은 절대적 진실에 대한 기존의 통념과 독단적인 견해를 무력하게 한다. 폰 피르스터(Von Foerster)는 다음과 같이 하나의 문장 중간에 빠진 단어를 채워 넣는 퍼즐을 제시함으로써 이러한 요점을 보여 준다.

This sentence has … letters(이 문장에는 … 개의 문자가 있다).

정답은 사용된 문자의 갯수가 포함되어야 하고, 몇 개의 갯수를 선택했는가에 따라 달라진다. 당신이 생각한 숫자를 넣기 전에 이미 22개의 영어 문자가 있기 때문에 자의적으로 아무 숫자나 선택할 수는 없다. 다시 말하자면, 문제에는 '다른 정답'이 존재할 수 있다는 것이다(Segal, 1986).

구성주의는 우리에게 세상을 바라보는 더 풍부하고 다양한 방법을 제공한다고 주장하는데, 그것으로 인해 우리가 더 많은 선택을 할 수 있기 때문이다. 치료적 상호작용에서 내담자와 치료자는 둘 사이의 어떠한 잠정적인 이해를 협상하기 위해 수많은 의미를 함께 탐색한다. 그렇지만 이것이 하나의 '문제'에 대해 어떠한 설명이라도 부여될 수 있다는 의미는 아니다. 오히려 이는 우리의 실재를 설명하기 위해 사용되는 언어의 주관성과 문화적 상대성을 강조하는 것이다. 이런 의미에서 치료는 내담자와 치료자가 문제와 문제 해결을 구성하는 대화가 되며 이를 언어적 체스게임이라고도 명할 수 있다. 즉, '문제'에 내담자가 가져오는 객관적이고 고착된 의미가 부착되어 있는 것은 아니다. 대신 내담자는 자신이 살고 있는 사회적 실재를 개선할 수 있는 언어를 사용해 자신의 이야기를 재차 수정할 것이다. 와츨라윅(Watzlawick, 1984)은 '실재는 발견되기보다는 발명되는 것이다.'라고 했다. 언어는 실재를 반영하는 것이 아니라 실재를 창조하는 것이다.

언어에 대한 구조주의자의 표상적 관점(a structuralist representational view of language)이 역사적으로 심리치료 분야를 지배해 왔다. 이러한 관점을 지니고 있는 치료자가 해야 할 일은 내담자가 사용하는 언어적 의미를 찾기 위해 표면적인 언어 사용의 이면을 파악하는 것이다. 활용하는 개입은 지식과 병리학, 그리고 인간의 본질 등에 대한 치료자의 철학적·인식론적 입장에 따라 다를 것이다.

구조주의적 접근에서 언어는, 예를 들어 성격, 행동, 자아존중감과 같은 개념에 대한 우리의 경험적 지식과 무관한 독립적 객관성

을 지닌 '진실'을 묘사한다. 이러한 관점에서 볼 때 숙련된 치료자
가 해야 할 일은 내담자가 자신의 경험에 의미를 부여할 수 있도
록 드러나지 않았던 '진실'을 탐색하도록 하는 것이다. 이러한 발
견으로부터 생기는 깨달음은 내담자가 좀 더 풍성하게 살아갈 수
있도록 안내하고 그들의 동기를 강화시킬 것이다.

　삶의 '진실'에 대한 탐색 방법은 치료자가 과거의 억눌린 피해
경험, 비합리적인 믿음, 학습된 부적절한 행동 양상, 자기실현성
의 부족 등에 대해 아는 것이 문제 해결의 열쇠가 될 수 있다는 것
을 치료자가 얼마나 신뢰하는가에 따라 달라질 것이다. 탐색 과정
에서 치료자는 처음에 가정했던 것을 확인하거나 도전이 되는 증
거 자료를 수집한다. 어느 단계에 이르게 되면 치료자는 증거 자
료에 관해 내담자에게 이야기할 것이고, 내담자는 그것을 수용할
수도 있고 거부할 수도 있다. 만일 내담자가 치료자가 탐색한 것
을 수용한다면 내담자와 치료자는 숨어 있었지만 발견할 수 있었
던 '진실'을 발견했다고 느끼게 될 것이다. 그들은 또한 '세상을
함께 알아갈 수 있는 공통된 관점'을 만들었다고 느낄 수도 있다
(Taylor, 1985).

　러셀(Russell, 1989, p. 505)은 이것을 '사회적·물리적 실재가 언
어적으로 만들어지고 서술되는 공적인 공간'으로 설명했다. 이렇
게 새롭게 학습된 지식은 내담자가 문제 상황을 이해하고 변화시
키는 가치가 있을지 입증될 것이다.

| 표 2-1 | 사회구성주의 |

사회구성주의는 ~이다.	사회구성주의는 ~이 아니다.
사회구성주의는 상담관계를 이해하기 위한 개념적 맥락을 제공한다.	사회구성주의는 새로운 치료 형태나 치료적 기법의 집합이 아니다.
사회구성주의는 이론, 개인적 이야기, 다른 증거를 진실성이나 외적 타당도의 측면에서보다는 유용성의 측면에서 다룬다.	사회구성주의가 모든 견해가 동등하게 합법적이거나 설득력이 있다고 말하는 것은 아니다.
사회구성주의는 경험과 사물을 바라보는 방식에 있어 개인적인 선호가 있음을 인정한다.	사회구성주의는 개인적 선택이 진실이나 실재에 대한 이야기를 구성한다고 보지는 않는다.
사회구성주의는 개인적인 지식이 대화와 사회적 교환에 참여하는 사회적 상호작용의 과정에서 얻어지는 것이라고 주장한다. 그리고 문제는 개인의 내부 또는 외부 요인의 산물이라기보다는 의미와 상호작용에 대한 패턴에 의해 만들어지는 것이라고 본다.	사회구성주의는 상담자가 자신의 견해를 가지지 말아야 한다거나 또는 사회구조나 사회적 '실재' 그리고 개인의 특성에 대한 기준을 만들 수 없다고 제한하는 것은 아니다.
사회구성주의는 지시적 상호작용이 특정 결과를 가질 수 없다고 제안한다. 즉, '전문가'가 '비전문가'에게 하는 말을 비전문가가 믿게 되어 그것을 알거나 하도록 결정하는 것은 아니다.	사회구성주의는 상담자가 내담자와의 관계에서 결코 전문가적인 역할이나 관계를 가정하지 않도록 요구하지는 않는다.
사회구성주의는 상담이 교정적이라기보다 건설적이라는 견해를 지지한다.	사회구성주의는 상담이 잘못된 사람이나 사회 체계를 고친다는 견해에는 맞지 않는다.

사회구성주의는 현재 일어나는 일을 설명하는 다양한 방식을 자유롭게 고려할 수 있기 위해 상담자가 규칙, 구조, 개인적 선호에 얽매이지 않을 수 있는 능력과 의지를 중요시한다.	사회구성주의는 상담자가 받은 정보에 대해 개인적으로 중립적이거나 수동적이어야 함을 강요하지는 않는다.
사회구성주의는 내담자의 경험과 이야기에 대한 개념, 규칙, 구조에 대해 이해하려고 노력한다.	사회구성주의는 설명의 구성이나 인과적인 도식(schema)에 사로잡혀 있지는 않다.
이해는 항상 해석적이며, 사회구성주의는 이해를 위한 특권적인 관점이 존재한다고 여기지 않는다.	사회구성주의는 사람들의 이야기를 단순히 '보다 나은' 설명으로 재구성하는 것은 아니다.

출처: Street, E. & Downey, J. (1996). p. 121, 저자의 허락 후 게재

〈표 2-1〉은 언어의 사회적 맥락에 초점을 두는 구성주의의 한 형태에 대해 설명하며 핵심적인 특징은 다음과 같다.

- 구성주의는 '사실'보다는 내담자의 관점과 경험을 더 중요시한다.
- 구성주의는 내담자가 원하는 변화를 위해 내담자가 선택할 수 있는 다양한 이야기를 활용한다.
- 구성주의는 새롭고 역량을 강화하는 이야기를 함께 만들기 위해 내담자와의 '합류'를 중요시한다.
- 구성주의는 치료자가 지식과 권력에 대한 특별한 지위를 버리고 내담자가 자신의 삶에 대해 가지는 전문적 견해와 특별한 경험을 인정하도록 한다.

- 구성주의는 내담자를 위한 치료적 공간을 만드는 대화를 이끄는 데 필요한 치료자의 지식과 기술을 인정한다.
- 구성주의는 내담자의 이야기가 만들어진 상황에 집중하는데, 이것은 차별성을 존중하고 함께 작업할 수 있는 잠재력을 증가시킨다.
- 구성주의는 사람의 능력과 강점을 인정한다.
- 구성주의는 자신의 가치, 맹점 그리고 편견에 관해 분명한 자각을 발전시키도록 한다.

3. 문제중심 접근

문제중심 접근의 특성은 다음과 같다.

- 문제와 해결 사이에는 불가피한 관계가 있어, 해결도 문제를 보는 것과 같이 보아야 한다 예를 들어, 내담자가 오랫동안 문제를 가지고 있었다면 사람들은 해결의 발견과 실행에도 오랜 시간이 필요할 것이라고 생각한다. 만일 문제가 복잡하다면, 해결도 복잡해야 한다고 가정한다. 이에 대한 해결중심적 입장은 문제에 대한 심층적인 분석 없이도 내담자가 변할 수 있고 또 해결책의 구성 과정은 문제의 탐색 과정과는 별개라는 것이다.
- 인과관계의 발견을 특권화한다 심리적인 측면에서 인과관계는 많은 경우 확실치 않으며 증명할 수 없는 경우가 많다. 문제의

발전에 많은 요인이 기여했을 수 있다. 그러나 그중 하나를 선택하고 또 그것에 기초해 치료 과정을 결정하는 경우 내담자가 잘못 안내되고 도움을 받지 못할 때가 적지 않다. 내담자가 우울한 원인적 요인으로는 유전적인 특성, 10대에 겪은 부모의 이혼, 가까운 관계를 만들 수 있는 사회적 기술과 자신감의 부족, 낮은 자존감, 장기간의 실직 등이 있을 수 있다. 어떤 요인을 선택할 것인가? 치료자는 이렇게 폭넓은 문제에 접근하기 위해서는 어디에서 시작하는가? 변화가 일어나기 위해 시간이 얼마나 필요한가? 어떤 가치와 원칙이 치료자의 질문을 결정하고, 어떤 질문을 먼저 할 것인가? 시걸(1986)은 폰 퓌르스터의 연구에 대해 논하며 우리가 원인이 결과에 앞서는 것에 대해 설명하는 형태인 효율적 인과관계(efficient causality)에 지나치게 집착하고 있다고 지적했다. 그렇지만 다른 형태의 인과관계도 있을 수 있다. 해결중심치료에서는 결과가 원인에 앞서는(최종적 결과가 원인에 영향을 주는 것으로서) 최종적 인과관계(final causality)가 더 중요하다고 믿는다.

관심의 초점은 미래의 목표가 현재의 실행에 영향을 미치는 것에 있다. 미래에 원하는 것이 분명하면 현재에 필요한 것을 할 수 있는 동기가 강화된다. 예를 들어, 여행 계획을 세우는 운전자는 도로, 속도, 연료의 양, 휴게소 등을 결정할 때 목적지에 언제 도착하고 싶은지를 생각하면서 역으로 계획을 세울 것이다. 즉, 목적 지점이 수단을 결정하게 된다. 공학(engineering) 분야에서는 제조업자가 자동차 엔진과 같은 경쟁사의 물건이 어떻게 만들어졌는지를 알기 위해 그것을 검사하고 분해할 것이다. 해결중심치료에서 치료자는 내담자가 원하는 모습에 대한 희망을 가질 수 있도록 촉진하고 그들이 어떻게 그곳에 도달할 수 있는지를 발견할 수 있도록 역으로 작업하는 방식으로 돕는다. 내담자가 현재 왜 그렇게 살고 있는지를 분석하려고 애쓰는 대신 내담자가 원하는 삶을 만들어 낼 수 있도록 에너지의 사용 방향을 변경하는 것이다.

• 치료에서 내담자는 특정한 단계나 사건을 거치도록 한다 예를 들어, 어떤 치료에서는 지금까지 표현하지 못했던 감정을 표면으로 끌어올리는 카타르시스 경험을 해야 한다고 주장한다. 비슷한 경우로 어떤 치료에서는 내담자가 피상적인 변화가 아닌 진정한 진전을 이루기 위해 반드시 통찰을 경험해야 한다고 주장하기도 한다. '정신 구조'에 대해 좀 더 '깊이' 조사할 때에 좀 더 '진실한' 것을 발견할 수 있다고 가정하기도 한다. 그러나 분명한 통찰을 이루었음에도 변화를 어떻게 이끌어 낼지에 대해 모르는 내담자도 많을 것이다. 어떤 사람은 '분석으로 인한 무기력 상태'로 명명할 수 있는 증상으로 고통받을 수 있다. 또한 과거가 미래를 결정한다는 숙명론을 확신하는 경우 통찰은 도움이 되지 않을 수 있다.

문제중심으로 작업할 때 치료자는 내담자의 문제 영역을 탐색하기 위해 심리적 지도를 활용한다. 내담자는 문제 영역을 탐색하면서 길 위에 있는 방해물에 대해 알게 되고, 다행히 문제를 극복할 수 있는 방법을 배울 수도 있다. 이러한 시나리오에서 치료자는 이정표와 지름길을 찾을 줄 아는 전문적인 안내자의 역할을 한다. 치료자가 어떤 길을 택하는지에 따라 치료자와 내담자가 떠나게 될 여행의 종류는 달라질 것이다. 장기 작업일 경우 치료자는 경치가 좋은 노선을 선택할 수 있고, 단기 작업일 경우는 가장 빠르고 직접적인 경로를 선택할 수 있다.

해결중심 치료자 또한 진행 체계를 가지고 있지만 내담자가 내면적인 것과 외적인 방향을 파악할 수 있는 기술과 자신에 대해 알고 있는 지식은 여정의 결정적 방향을 제시한다. 치료자는 '여행의 동반자' 역할을 유지하며, 치료자는 내담자를 무기력하게 하는(disempower) 전문적인 용어의 사용을 자제한다. 대신 치료자는 '알지 못함의 자세'를 취함으로써 숙련가의 역할 또는 내담자의 삶에서 '진실 지킴이(the keeper of the truth)'의 역할을 하지 않는다. 치료자는 내담자가 자신의 경험에 대한 새로운 의미를 구성할 수 있도록 내담자와 협조한다. 내담자와 나누는 대화의 목적은 내담자의 상황에 대한 의미를 새롭게 만드는 것이고, 의미가 달라진 상황은 변화의 가능성을 만든다. 사회구성주의자는 언어를 통해 실재의 변화를 구성하고 해체한다.

내담자와 새로운 의미를 만들며 협상된 이야기는 어떠한 치료 형태에서도 본질적인 것이다. 해결중심 실천가에게 특정한 이야기 형태는 다른 접근법보다 변화에 대한 동기를 강화하며 지지적이다. 그것은 미래 지향적이고, 역량을 기초로 하며, 내담자 중심적인 이야기다. 미래에 초점을 두는 이야기는 미래가 과거와 같을 것이라는 신념에 도전하는 것이다. 이것은 과거가 필요하지 않다는 것을 말하는 것이 아니다. 과거는 우리가 실수와 성공으로부터 배울 수 있도록 해 준다. 차를 운전할 때 후방경을 보는 것이 꼭 필요하지만 대부분의 시간은 앞을 보며 운전하는 것이 더 중요하지 않은가!

잘못된 시도를 버리는 것은 앞을 향해 일보 전진하는 것이다.
나는 1만 번을 실패한 것이 아니라 효과가 없는 1만 번의 방법을
성공적으로 발견한 것이다.

‒ 토머스 에디슨(Thomas Edison)

MRI 단기치료 모델은 사람들이 문제를 해결하려고 시도하지만 그러한 행위가 부적절할 때 문제가 발생하게 된다고 주장한다. 이러한 시도는 문제를 피하거나 부정하는 과소 반응(under-reacting)이 효과가 없거나 문제를 더 복잡하게 만드는 것 등을 포함한다. 이러한 관점에서 문제는 내담자가 실패한 해결책을 합한 것이라고 할 수 있다.

MRI 학파의 실천가 중, 예를 들어 위클랜드와 조던(Weakland & Jordan, 1992, p. 245)은 내담자가 성공하지 못한 해결 방안을 계속 사용하는 이유에 대해 다음과 같이 분명하게 설명했다.

• 시행 방법이 조금 다를 뿐 같은 형태의 '해결책'을 더 많이 활용함. 예를 들어, 단지 양을 달리하거나 빈도를 늘림.
• 해야 할 일을 피함. 해야 할 것을 알지만 에너지가 없거나 노

력하지 않음.

- 타이타닉 증상처럼 가라앉는 배의 갑판 위 의자를 정리하는 것과 같이 문제와 관련 없거나 적절하지 않은 방법으로 행동함. 예를 들어, 문제에 대해 생각하는 것을 피하기 위해 지나치게 일하는 것.

- 동시에 다른 두 방향으로 움직이며(전혀 다른 두 개의 일을 동시에 하고), 절망적인 마음에 금식 또는 폭식을 하는 것처럼 상호 도움이 되지 않는 해결책을 선택함.

- 계속해서 완벽한 해결책을 찾음. 현실적으로 가능하지 않은 것을 시도하는 것은 가능하거나 바람직한 것을 할 수 없도록 방해함. 다른 상황에서는 참을 수 있는 것도 완벽한 해결책을 찾기 때문에 참을 수 없는 것이 될 수 있음.

이 모델에서 치료자는 문제를 둘러싸고 일어나는 악순환을 탐색하여 찾아내고 내담자가 그러한 문제의 지속을 중단시킬 수 있는 방법을 찾아내야 한다. 내담자가 왜 치료에 왔는지, 또 치료를 통해 무엇을 얻고 싶어 하는지를 엄밀하게 밝히는 것도 필수적이다. 그렇지만 이러한 것이 내담자가 자신의 문제와 그 본질에 대해 모호하고 분명하지 않으며, 또 치료를 통해 이루고자 하는 자신의 희망에 대해 양가감정을 가질 수 있기 때문에 늘 쉽지는 않다. 치료자는 내담자와 주변의 주요한 사람들이 문제를 유지하기 위해 무엇을 하는지를 탐색한다. 치료자는 내담자가 분명하고, 구체적이며, 작고 현실적인 목표를 세우도록 격려한다. 이러한 전략의 목표는 성공하지 못했던 해결 방안을 다른 것으로 교체하는 것인데, 문제 현상을 지속시키는 것을 중단하도록 하거나 문제를 보는 관점이나 대처하는 방법을 전혀 다른 방법으로 바꾸도록 격려하는 것이다. 일반적으로 내담자에게는 다음 회기까지 수행할 과제를 부여한다.

치료의 초점은 근본적인 문제가 아니고 내담자가 제시하는 현재의 문제다. "전체적인 문제 가운데 현재의 문제는 내담자가 작업할 준비가 된 것이고, 그것이 어떠한 것이건 간에 잘못된 것의 집약된 표현이며, 또 치료의 효과를 알려 주는 구체적 지표의 역할을 한다."(Weakland et al., 1974, p. 147) 케이드(2007)는 MRI 접근이 문제중심이라기보다 해결중심치료와 마찬가지로 미래와 내담자의 회복탄력성 그리고 자원에 주요한 초점을 두고 있다고 주장했다.

MRI와 해결중심치료는 모두 '전략적 치료의 아버지'인 밀턴 에릭슨의 혁신적인 연구에 많은 영향을 받았다. 랭턴(Lankton, 1990)은 에릭슨의 접근이 다음과 같은 치료적 특징을 갖는다고 설명했다.

- 비병리적 문제는 내담자의 행동과 태도의 레퍼토리가 제한적인 경우에 발생한다.
- 비지시적 치료자는 내담자가 과거에 인식하지 못했던 자원을 활용하도록 도우며 간섭하는 역할은 하지 않는다.
- 활용적 내담자의 경험은 어떤 것이라도 문제 해결에 유용하게 활용된다.
- 행동적 치료자는 내담자가 원하는 변화를 만들기 위해 치료실 밖에서도 노력할 것을 기대한다.

- 전략적　치료자는 각 내담자에 독특한 개입을 계획한다.
- 미래지향적　과거와 현재보다는 미래를 강조한다.
- 강화적　치료자는 내담자가 매력적이라 여기는 방법으로 개입한다.

　치료자가 의도적으로 계획한 전략적인 개입을 제외한 대부분의 원칙은 해결중심치료에서도 발견된다. 해결중심치료에서 치료자는 내담자가 최선을 다하며, 창의적이고, 상상력과 자원이 풍부하다고 믿는다. 치료자 역시 낙관적이고, 희망적이며, 창의적이고 상상력이 풍부하다. 또한 치료자는 내담자가 목표를 향해 나아가도록 돕지만 가야 할 방향을 알거나 선택하는 전문가가 아니다.
　해결중심치료의 인식론적 기초는 치료자가 내담자의 세계에 다양한 방법으로 접근할 수 있도록 한다. 사회적으로 구성되는 문제와 언어적 힘에 대한 민감성은 다양한 치료적 대화를 가능하게 한다. 많은 다른 '진실'과 관점이 존재한다는 것을 인지하는 것은 내담자의 세계관을 인정할 수 있도록 하며, 내담자의 이야기를 '재저작'(White, 1995)할 수 있는 기초를 제공한다. 언어의 사회적 맥락에 대한 인식은 문화와 인종 그리고 성(gender)에 대한 담론이 치료에 크게 미치는 영향을 강조하는 것이다. 해결중심치료는 내담자가 자신의 문제에 전문가임을 존중하는 것을 특징으로 하는 치료자–내담자의 관계 모델을 제시한다. 해결중심치료는 문제가 내담자에 관한 고정되고 규정된 '진실'로 구체화되는 것을 거부하고, 변화의 역동적 과정을 강조하며, 변화 가능성을 증가시킨다.

실천 포인트

• 해결 방안은 문제가 아닌 내담자에게 적합해야 한다.

• 때로는 내담자를 만나기 전 그에 대해 되도록 적게 아는 것이 도움
이 된다(위험한 상황은 제외).

• 실패한 해결 방안에 관한 탐색이 유용한 시작점일 수 있다.

• 문제의 '원인'을 알아보지 않고 내담자를 도울 수도 있다.

• 진실은 발견되는 것이 아니고 만들어진다는 믿음이 당신의 치료에
영향을 미치는 것에 관해 생각해 보기 바란다.

• 사회구성주의에 기초한 치료적 자세를 취할 때 권한(power)에 대한
태도가 달라진다. 치료자는 자신이 가진 권한의 많은 부분을 내담
자에게 양도하는 것을 어떻게 받아들일 수 있는지에 대해 생각해
보아야 한다.

제3장

해결중심치료의 개관

해결중심 접근은 다양한 내담자 집단과 현장에서 활용되고 있다. 정신질환(Wilgosh, 1993; Dodd, 2003; Hawkes, 2003; Macdonald, 2007), 약물 오남용(Berg & Miller, 1992; Hanton, 2003), 아스퍼거 증상(Bliss & Edmonds, 2008), 작업치료(Duncan et al., 2007), 가정폭력(Lipchik, 1991), 자살(Henden, 2008), 신체적 · 기능적 · 심리적 문제(Burns, 2008), 성적 학대(Dolan, 1991; Turnell & Edwards, 1999; Darmody, 2003), 가족상담(Hudson & O'Hanlon, 1991; Iveson, 2003), 자녀 양육과 학교 문제(Durrant, 1993b; Lethem, 1994; Rhodes & Ajmal, 1995; Lines, 2002), 집단치료(Sharry, 2007), 조직에서의 문제(Jackson & McKergow, 2002) 등을 포함한다. 해결중심 모델은 아동에 대한 보호와 치료에 정도의 차이가 있는 것처럼 현장의 특성과 차이점이 있는 다양한 상황에서도 적용될 것이다. 치료자는 해결중심치료를 치료 현장의 규범, 목표 그리고 윤리에 적합하게 적

용해야 한다. 좋은 예로 자살 경향이 있는 내담자를 치료한 헨든 (Henden, 2008)의 사례를 들 수 있다.

해결중심치료를 발전시켰으며 미국 밀워키에 위치한 단기가족 치료센터(BFTC)를 찾은 대부분의 내담자는 사회적으로 빈곤층에 속한 사람들이었다. 그러하기에 내담자의 강점과 언어를 존중하는 해결중심치료는 중산층의 내담자가 주 대상인 치료 모델보다 사회경제적으로 어려운 내담자 집단에게 좀 더 친근하게 다가설수 있다고 할 수 있다. 또한 해결중심치료는 단기의 치료 기간을 선호하나 실제 임상에서 꼭 그런 것만은 아니다. 이 접근은 장기치료가 필요한 내담자에게도 활용될 수 있다(Simon & Nelson, 2007). 그러나 기관에서 요청하지 않는 한 해결중심 치료자는 내담자와 치료 횟수를 미리 정하지 않는 경향이 있다. 드세이저(de Shazer, 1996)는 BFTC를 거쳐 간 내담자가 평균 3회의 치료를 받았다고 보고하였다. 케이드와 오핸런(Cade & O'Hanlon, 1993) 또한 치료는 '가능한 한 존중하면서 신속히' 종료되어야 한다고 주장했다.

해결중심치료는 최소한의 개입을 원칙으로 한다. '적게 하여 성취할 수 있는 것을 많이 하여 이루려 하는 것은 잘못된 것이다.'라는 격언처럼 해결중심치료에서는 내담자의 상황을 설명하기 위해 최소한만을 가정한다(Cade & O'Hanlon, 1993). 케이드와 오핸런은 '증상'과 관련된 생각과 그것을 중심으로 일어나는 반복적인 일련의 사건에 대한 분석 정도가 치료적 개입을 위해 충분한 설명이 될 수 있다고 주장하였다.

단기치료는 관찰이 가능한 현상에 주된 관심이 있고 실용적이
다. 또한 문제는 내담자가 어려움을 보는 생각의 구조, 문제와 관
련된 반복적인 행동, 치료자의 구성과 투입에 따라 만들어지고
유지된다고 믿는다(1993, p. 5).

해결중심 치료자는 최소한의 개입이 치료를 지나치게 연장하는
위험성과 그로 인해 내담자가 의존하게 되는 것을 줄인다고 말한
다. 이론적 가정을 가능한 한 적게 하는 것은 치료가 단기가 되고,
상대적으로 단순할 수 있도록 도우며, 문제를 분류하거나 진단하
는 것을 피하게 함으로써 내담자의 개별적인 욕구를 존중한다. 최
소개입 접근의 특징 중 하나는 해결중심 치료자가 전통적인 의미
에서 내담자의 생활 역사에 대해 조사하거나 그가 겪는 어려움에
대해 설명해 주는 것에 신중한 것이다. 피시(Fisch, 1994)는 "그래서
그다음에 뭘 했지요?"와 같은 서술적 질문과 다르게 '왜'라고 질
문하는 설명적 자료를 더 많이 사용할수록 치료가 장기화될 가능
성이 많다고 하였다. 설명적 자료는 치료자와 내담자가 추측을 통
해 이야기하며 얻어지는 것이다("제가 생각하기에 저 애는 제가 일을
시작하면서부터 계속 저랬던 것 같아요. 그런데 또 생각해 보면 중학교
를 다니기 시작하면서도 문제가 많았어요."). 해결중심치료에서 치료
가 단기가 될 가능성이 있는 다른 이유는 내담자가 제시한 문제 이
외의 '문제 찾기'에 초점을 두지 않기 때문이다. 치료는 인생에서
단 한 번의 결정적인 사건이 아니며 내담자가 계속된 변화의 과정
을 시작할 수 있도록 돕는 단기적인 개입이다.

1. 문제중심과 해결중심의 비교

필자가 제공하는 훈련 과정의 초반에 참여자는 문제중심과 해결중심의 면담을 번갈아 수행해 보는 연습을 한다. 다음과 같은 참여자의 코멘트가 보여 주는 것처럼 그 두 가지의 면담은 분명한 차이를 보인다.

- 문제중심면담은 우리를 문제 속으로 빠져들게 하고, 해결중심면담은 문제에서 벗어 나오게 합니다.
- 상담자가 문제에 관해 질문하는 것은 면담을 통제하려는 것처럼 느끼게 했습니다. 그렇지만 내담자의 해결에 관해 이야기할 때는 내담자가 좀 더 힘을 갖고 있다고 느꼈습니다.
- 상담자가 내담자에게 문제에 대해 질문했을 때 내담자는 상담자가 문제를 제대로 이해하지 못했거나 이야기를 왜곡했다고 느꼈습니다.
- 해결에 대해 나누는 이야기는 우리에게 에너지를 줍니다.
- 이야기하는 것은 문제든 해결이든 간에 많이 할수록 더 커진다는 것을 깨달았습니다.
- 해결중심 접근은 문제중심 접근과 같이 갈등적이지 않다고 느꼈습니다. 문제에 관해 논쟁할수록 갈등이 더 커지는 것 같습니다.
- 문제와 해결 사이의 구분이 사라졌음을 발견했습니다. 처음

에 문제처럼 보이던 것이 나중에 해결로 변하는 것을 볼 수
있었습니다.

〈표 3-1〉은 문제중심과 해결중심 접근을 비교한 것이다. 치료
자는 이러한 질문을 상황에 맞게 변형하여 사용한다. 어떤 것은
말로 표현되지 않지만 과정을 이끄는 가정임을 유념해야 한다.
〈표 3-1〉은 두 접근을 지나치게 단순화한 것이지만 중요한 차이
를 강조하여 보여 주고 있다.

표 3-1 문제중심과 해결중심 접근의 비교

문제중심	해결중심
어떻게 도와드릴까요?	이것이 당신에게 어떻게 도움이 되나요?
그 문제에 대해 말씀해 주시겠어요?	무엇을 변화시키고 싶으세요?
그것이 근본적인 문제의 증상인가요?	이미 하고 있는 것 가운데 도움이 되는 것은 무엇입니까?
그 문제에 대해 좀 더 말씀해 주시겠어요?	또 무엇이 도움이 되었나요?
과거에 비추어 그 문제를 어떻게 이해할 수 있을까요?	원하시는 미래에 대해 말씀해 주시겠어요?
어떤 방어기제를 사용하고 있나요?	이용할 수 있는 자원은 무엇인가요?
우리에게 몇 회기가 필요할까요?	종결할 때라는 것을 언제 알 수 있을까요?

1) '어떻게 도와드릴까요?'와 '이것이 당신에게 어떻게 도움이 되나요?' 질문 비교

상담의 시작은 이후 치료관계의 설정에 매우 중요하다. 문제중심 접근에서 첫 질문은 상담자의 전문성과 권한을 강조하며, 상담자가 내담자를 위하여 무엇인가 할 수 있음을 암시한다. 두 번째 질문은 내담자가 도움을 받는 수혜자 대신에 동등한 공동의 파트너가 될 것을 제안한다. 두 번째 질문은 내담자가 무엇을 이루기를 희망하고, 성취한 것을 어떻게 알 수 있는지에 관해 생각할 수 있도록 돕는다. 이 단계에서 내담자는 원하는 결과에 대해 되도록 자세히 설명할 필요가 있다. 그러나 이것은 시작하면서 하는 말일 뿐이고 내담자가 원하는 것은 치료의 진행 과정에서 변할 수 있다.

표 3-2 목표지향적 질문

- 이번 회기에 가장 기대하는 것은 무엇인가요?
- 오늘 이곳에 오기를 잘했다는 것을 어떻게 알 수 있을까요?
- 지금이 변화하기에 좋은 시간이라는 것을 어떻게 아시나요?
- 우리가 몇 번 정도 만나야 할 것 같으세요?
- 상황이 좀 나아진다는 것을 어떻게 알 수 있을까요?
- 다른 사람들이 치료가 효과가 있었다는 것을 어떻게 알 수 있을까요?

2) '그 문제에 대해 말씀해 주시겠어요?'와 '무엇을 변화시키고 싶으세요?' 질문 비교

켈리(Kelly, 1955)는 "만일 누구에게 무엇이 잘못되었는지 알 수 없다면 그 사람에게 직접 물어보라. 그가 대답해 줄 것이다."라고 했다. 이것은 문제에 대한 내담자의 구성을 강조하며, 치료자가 문제와 해결의 기준을 설정하는 것에 대한 경고다. 문제중심 접근에서 치료자는 내담자의 문제 주기를 바꾸는 개입(cycle-breaking intervention)을 설계하기 위해 그의 문제 행동에 대해 될 수 있는 한 많은 정보를 수집한다. 이 접근의 단점은 치료자가 내담자의 실패 방법에 대한 전문가가 될 수 있다는 것이다. 이때 내담자와 치료자는 문제의 주변에 복잡한 체계를 구성하게 되는데, 이는 결과적으로 내담자가 해결 방안을 보기 어렵게 한다. 어떤 내담자는 문제중심적 이야기에 매우 숙련되어 자동으로 대답이 나오는 것처럼 느껴진다. 그렇지만 해결중심적 이야기를 할 때 그는 '좀 더 진실하고' 좀 더 자발적으로 새로운 영역을 탐험하는 느낌을 갖게 될 것이다. 내담자와 치료자는 서로 다른 이유로 문제중심 이야기와 해결중심 이야기가 모두 쉽지 않음을 발견할 것이다.

해결중심 접근은 내담자의 과거 문제보다는 그가 원하는 미래에 대해 더 많이 설명하도록 한다. 두 번째 질문은 변화를 기대하는 분위기를 조성하는데, 이는 내담자가 변화를 만들 수 있는 힘이 있음을 의미한다. 이 접근은 내담자가 원하는 것을 치료의 중심에 위치시킨다.

3) '그것이 근본적인 문제의 증상인가요?'와 '이미 하고 있는 것 가운데 도움이 되는 것은 무엇입니까?' 질문 비교

문제중심 질문은 2장에서 설명한 것처럼 언어를 구조적으로 활용하는 것을 의미하고, 치료자는 제시된 문제 '이면'에 숨어 있는 의미를 탐색한다. 이때 내담자는 치료자가 차후 대화의 본질과 범위를 결정한다는 것을 알지 못한다. 해결중심 질문은 내담자가 삶에 대처하기 위해 다른 전략을 사용했으나 심각하고 오래된 문제로 인해 묻혀 버렸거나 사용되지 않아서 잊었다고 가정한다. 상담 분야 문헌에서 널리 인용되는 빙산의 비유는 문제뿐만 아니라 해결에도 적용될 수 있다. 해결중심 접근은 어떻게 보면 단순히 빙산 아랫부분의 해결을 표면으로 끌어올리는 과정이다. 내담자는 자신의 마음속에 있는 문제뿐만 아니라 해결에 관한 것도 이야기하고 싶어 하며, 다른 사람의 확인을 받고 싶어 한다.

또한 해결중심 질문은 내담자가 문제 상황에 잘 대처했던 경우를 탐색하고 이야기하도록 한다. 지속 가능한 해결의 실마리는 이처럼 문제가 없는 예외적인 때에 있으며, 치료자는 이러한 시간에 대해 호기심을 가져야 한다. 대부분의 사람은 상담에서 자신의 성공에 대해 돌아보고, 이야기를 나누며, 성취한 것에 대해 인정받는 기회를 원한다. 아무리 작더라도 누군가의 인정을 받는 성공적인 경험은 자신감을 갖게 하고, 자신감은 더 큰 성공을 만든다. 내담자는 때때로 다른 사람들이 안심시켜 주고 격려할 때 자신만의 해결 방안을 갖게 된다.

4) '그 문제에 대해 좀 더 말씀해 주시겠어요?'와 '또 무엇이 도움이 되었나요?' 질문 비교

첫 번째 문제중심 질문은 내담자가 '문제중심적 대화'를 확대하도록 이끈다. 내담자는 확인된 문제(identified problem)에 대한 자신의 행동, 생각, 느낌 등을 포함한 더 많은 증거를 제공한다. 치료자는 문제를 반영하거나 질문하고 대화를 요약함으로써 문제를 더욱 깊이 탐색한다. 어느 시점에서는 치료자가 문제를 명확하게 이해하거나 행동 유형을 확인하기 시작할 것이다. 치료자는 내담자의 이야기를 암호 해독하듯이 내담자의 비언어적인 표현까지도 해석하려고 한다. 내담자는 복잡하고 혼란스럽고 무질서한 방법으로 설명할 수 있으며, 치료자는 이러한 문제의 규모와 한계에 압도될 수 있다. 치료자는 내담자가 전해 주는 불행과 트라우마의 홍수를 처리할 수 있는 방법을 알고 있어야 한다. 그렇지 않으면 에너지가 소진된다.

반면 해결중심 질문은 내담자에게 효과가 있는 증거를 더 많이 찾도록 격려한다. 치료자는 이러한 과정을 촉진하기 위해 적절한 조언, 자세한 조사, 그리고 강화하는 언어를 사용한다. 해결중심적인 접근에서 치료자는 내담자가 문제를 이해할 수 있도록 질문하는 대신, 해결 방안에 관해 이해할 수 있도록 질문한다.

5) '과거에 비추어 그 문제를 어떻게 이해할 수 있을까요?'와
   '원하시는 미래에 대해 말씀해 주시겠어요?' 질문 비교

　문제중심 질문은 문제에 대한 '진실'은 과거를 이해하는 것에
있으며, 해결은 내담자의 과거 및 현재의 경험과 연결되어 있다는
것을 전제로 한다. 또한 현재의 행동을 설명하기 위해 원인을 찾
는 것에 초점을 둔다. 널리 알려진 치료의 개념은 많은 내담자가
치료의 주요한 목적은 자신의 행동에 대한 무의식적 요인을 알아
내는 것이라고 믿게 한다. 어떤 사람들은 치료가 장기적이고, 사
생활을 파고들며, 고통스러운 경험이 될 것이라고 생각한다. 치료
에 대한 이러한 생각은 많은 사람이 도움을 요청하는 것을 망설이
게 한다.
　반면 해결중심적 질문은 내담자가 자신의 삶에서 이루어지길
원하는 것, 더 원하거나 덜 원하는 것, 시급한 것, 시간을 투자하고
노력할 의지가 있는 것에 관심을 갖도록 한다. 치료자는 대화가
미래지향적인 초점을 유지하도록 해야 한다. 치료자는 내담자가
원하는 것이 합법적이고 윤리적인 것을 전제로 치료를 진행한다.
내담자의 현재 행동은 부분적이라도 미래에 대한 희망에 따라 형
성된다.

6) '어떤 방어기제를 사용하고 있나요?'와 '이용할 수 있는 자
   원은 무엇인가요?' 질문 비교

이러한 질문은 치료자가 선택한 치료 모델이 어떤 것인지를 알
수 있게 한다. 첫 번째 질문은 주로 정신역동 모델(psychodynamic
model)에서 사용되는 것인데, 내담자의 행동은 위협받은 자아를
방어하기 위해 사용하는 무의식적 전략이라고 가정한다. 이러한
방어 중 하나는 저항이며, 임상적으로 치료자가 통찰한 것을 내담
자가 거부하는 것으로 이해된다. 해결중심 치료자에게 저항은 치
료자의 질문이 적절하거나 도움이 되지 않는다고 느끼는 신호로
서 내담자가 사용한 방어로 실용적으로 재구성된다. 두 번째 질문
은 내담자가 가져오는 가치, 기술, 태도, 사회망, 약점과 실패 등
어떠한 것이라도 유용함을 강조한다. 이것은 문제로부터 자유로
운 대화(problem-free talk)와 '어떻게?'와 같은 질문을 사용하고
내담자의 기술, 강점과 해결 방안에 대한 증거를 주의 깊게 경청
함으로써 가능해진다.

7) '우리에게 몇 회기가 필요할까요?'와 '종결할 때라는 것을 언
   제 알 수 있을까요?' 질문 비교

어떤 치료 모델에서는 주로 치료자가 소속된 기관의 정책과 규정
에 따라 치료 회기가 일방적으로 결정된다. 내담자를 초기 면접한
후에는, 예를 들어 6회기와 같은 특정한 횟수를 규정하기도 한다.

치료의 횟수는 반드시 내담자의 필요에 따라 결정되는 것은 아니며, 이용 가능한 예산이나 치료자가 맡고 있는 일의 양에 따라 결정되기도 한다. 해결중심 접근은 항상 실천가와 내담자 사이의 힘을 재분배하는 것을 목표로 한다. 치료자는 내담자에게 몇 회기의 치료가 필요할지에 대해 묻는다. 어떤 내담자는 이에 대해 분명한 생각이 있지만 그렇지 않은 경우도 많다. 첫 회기 이후 치료자는 내담자에게 만남이 도움이 되었는지, 또 앞으로 더 만나야 할 필요에 대해 어떻게 느끼는지를 묻는다. 그렇지만 이러한 질문은 내담자의 문제가 심각하지 않아 더 이상 도움이 필요 없다는 인상을 주지는 않는 방법으로 이루어져야 한다. 상담 횟수에 상관없이 치료과정에서 치료자와 내담자는 적절한 주제를 다루고 있는지, 매회 치료가 도움이 되고 있는지를 확인하는 대화를 할 필요가 있다. 치료자는 내담자에게 "당신이 이곳에 더 이상 올 필요가 없다는 것을 알려면 무슨 일이 일어나야 할까요?"라고 질문한다.

그러나 이것이 문제중심 대화가 피해야만 하는 나쁜 것이라는 의미는 아니다. 대화가 도움이 될지 그렇지 않을지는 치료자가 문제에 대해 어떻게 말하는가에 달렸다.

2. 치료자-내담자 관계 유형

드셰이저(1988)는 내담자와의 관계 유형을 방문형, 불평형, 고객형으로 구분해서 사용했다. 그러나 그러한 용어가 내담자에게 꼬리

표 3-3 도움이 되는 문제중심 대화와 그렇지 않은 문제중심 대화

도움이 되는 문제중심적 대화	도움이 되지 않는 문제중심적 대화
마음을 비울 수 있도록 도움	비난하고 자책하게 함
내담자가 믿고 이해할 수 있도록 함	운명주의적이고 패배주의적임
문제와 사람을 분리함	문제는 영원하고 변하지 않는다는 고정관념
할 수 있도록 돕고 역량을 강화시킴	'내가 문제야.'라고 암시
문제를 일시적인 것으로 봄	암시적으로 또는 명시적이라도 너무 많거나 적은 책임을 짐
미래에 일어날 일에 대해 자유롭게 상상할 수 있도록 함	현실적이지 않은 목표에 초점을 둠
희망을 쌓게 함	어조와 내용이 비관적임
문제를 정상적인 것으로 볼 수 있는 의지를 포함	문제라는 꼬리표를 강화함
문제는 내담자가 갖고 있는 것이지 내담자 자체가 아님	내담자의 역량을 약화시킴

표를 붙이는 것과 같이 잘못 활용될 수 있음을 발견하고 더 이상 사용하지 않았다. 구성주의적 입장에서 보면 이러한 생각은 내담자가 아니라 치료자와 내담자 사이에 형성되는 관계에 적용되는 것이다. 방문형의 관계에서 내담자는 '지금-여기의 맥락'에서 자신에게 문제가 없으며, 도움을 받는 관계에 관여하고 싶어 하지 않는다. 불평형의 관계에서 내담자는 문제에 대해 탐색할 마음은 있으나 해결은

다른 곳에 있다고 본다. 고객형의 관계에서 내담자는 자신에게 문제가 있음을 알고, 치료는 그것에 대해 무엇인가를 할 수 있는 도구로 본다. 이러한 세 개의 관계 유형에 같은 방법으로 접근하는 것은 잘못이다. 방문형이나 불평형의 관계가 고객형의 관계로 바뀌는 경우도 있다. 그것은 치료를 받는 것이 도움이 된다는 분명한 합의가 이루어질 때다. 어떤 경우에는 치료자가 내담자와 합의해서 다른 곳에 의뢰하거나 상담을 종결하는 것이 더 나을 수도 있다. 피쉬, 위클랜드와 시걸(Fisch, WEakland, & Segal, 1982, p. 39)은 첫 회기에 많은 내담자가 가져오는 양가감정을 표현하기 위해 물건을 살 마음은 없지만 소나기를 피하기 위해 가게로 들어와 마치 살 마음이 있는 것처럼 둘러보는 사람의 비유를 들었다. 다른 예로, 피콕(Peacock, 2001)은 빠른, 중간 그리고 느린 속도의 내담자에 대해 설명했다. 빠른 속도의 내담자는 행동을 취할 준비가 되어 있다. 중간 속도의 내담자에게는 무엇을 해야 할지에 대해 관찰하고, 깊이 생각하며, 검토하도록 격려해야 한다. 느린 속도의 내담자는 천천히 생각하고 싶어 하며, 긍정적인 피드백과 격려가 필요하다.

해결중심 접근은 문제나 목표 중심적이기보다는 변화중심적이다. 해결중심 접근은 내담자가 자신의 삶에서 어떠한 종류의 변화가 일어나길 희망하고, 얼마나 많은 변화가 이미 일어나고 있으며, 그것을 어떻게 더 개발할 수 있을지에 대해 탐색하는 것이다. 따라서 치료자는 변화를 향한 내담자의 태도와 그것이 어떻게 다뤄지고 있는지에 대해 관심이 많다. 내담자의 변화에 대한 태도와 대처 방법을 파악하기 위한 질문은 다음과 같다.

- 내담자는 적극적으로 변화를 주도하는가, 아니면 되도록 피하려 하는가?
- 내담자는 자신의 미래를 개선할 수 있는 힘이 있다고 생각하는가, 아니면 자신이 통제할 수 없는 더 큰 힘 앞에서 무기력하게 느끼는가?
- 내담자는 과거, 현재, 미래 중 어디에 자신의 에너지를 집중하는가?
- 내담자는 언제 문제에 매달릴지 또는 언제 문제에서 벗어날지를 알고 있는가?
- 삶을 변화시키기로 결정하는 것에 대한 내담자의 태도는 어떤가?
- 내담자는 위험을 감수하고 실험해 볼 의지가 있는가?
- 내담자는 자신의 삶에서 급진적인 변화를 만들어 내는가, 아니면 작고 점진적인 변화를 만들기를 선호하는가?
- 내담자는 낙관적인가, 아니면 비관적인가?
- 자신의 잔이 반쯤 비었다고 보는가, 아니면 반쯤 차 있다고 보는가?
- 자신의 미래가 과거와 비슷할 것이라고 믿는가?
- 변화에 대한 다른 사람들의 태도에 얼마나 영향을 받는가?
- 자신이 원하는 변화를 가져오는 것에 있어서 치료자의 역할은 무엇이라고 생각하는가?
- 고통 없이 변하기를 원하는가?
- 변할 준비가 되어 있는가? 그렇지 않다면 자신이 준비가 되어

있을 때를 어떻게 알 수 있을까?

이러한 질문에 대한 대답은 변화의 가능성을 높이는 방법으로, 내담자를 조력하는 치료자에게 매우 중요하다. 〈표 3-4〉는 변화에 대한 내담자의 여러 가지 입장을 보여 주며 변화에 대한 내담자의 태도가 단순하지 않음을 알 수 있다.

변화와 관련된 주제를 탐색하기 위해 치료자는 마음의 여유와 시간이 필요하며, 질문은 상황에 대한 새롭거나 다른 사고 방법을 발견하기 위해 개방적이어야 한다. 치료자는 내담자의 삶에서 이미 변하기 시작한 것에 호기심을 가져야 한다. 내담자는 점차적으로 지금까지의 경험과 미래에 대한 희망을 생각하게 됨으로써 변화중심의 언어를 사용하게 된다. 임박한 변화에 대해 두렵거나 흥분되기도 하며 많은 경우 양가감정이 생길 수도 있기 때문에, 내담자가 문제중심 대화와 변화중심 대화 사이를 오락가락하는 것은 전형적인 반응이다. 만일 치료자가 변화중심 대화를 성급하게

표 3-4 변화에 대한 내담자의 입장

변해야 할 것을 안다.	변해야 할 것을 모른다.
변화의 신호를 안다.	변화의 신호를 모른다.
변화를 원한다.	변화를 원치 않는다.
변하는 방법을 안다.	변하는 방법을 모른다.
변화의 방해물을 안다.	변화의 방해물을 모른다.
변화에 자신이 있다.	변화에 자신이 없다.

밀어붙이면 내담자는 문제중심 대화로 후퇴할 수도 있다. 변화중심 대화의 주요 요소는 다음과 같다.

- 유능성에 관한 대화(Competence talk) 치료자는 문제 해결에 활용될 수 있는 내담자의 강점과 자질을 강조한다(de Shazer, 1988). 내담자가 이미 활용하고 있는 대처 기제를 인정하고 강화한다.

- 예외에 관한 대화(Exception talk) 프리드먼과 콤스(Freedman & Combs, 1993, p. 296)는 예외 찾기는 '사람들이 자신에게 주로 일어나는 일과 다른 사건을 강조함으로써 새로운 이야기를 만들 수 있는 여유를 만드는 것'이라고 설명하였다. 치료자는 내담자가 문제에 예외적인 것을 발견하도록 시도하는데, 예외에 대한 탐색은 문제가 일어나지 않거나 더 잘 관리될 수 있었던 시기를 살펴보는 것이다. 이것은 다른 상황에도 적용할 수 있는 해결을 찾는 것을 포함한다(Berg, 1991; de Shazer, 1994). 지금까지 효과가 있었거나 또는 과거에 실패했던 '해결'을 찾는 것 또한 도움이 된다.

- 상황적 맥락 변화에 관한 대화(Context-changing talk) 치료자는 내담자가 문제를 좀 더 해결이 가능한 다른 틀로 보도록 돕는다(O'Hanlon & Wilk, 1987). 초점은 관찰이 가능한 행동 유형에 있다. 변화는 상황의 맥락을 재정의하거나 문제 유형을 바꿈으로써 생길 수 있다. 내담자의 관계망을 탐색하기 위해 순환적인 언어와 질문을 사용한다.

변화중심 대화를 위해 기술적 언어(descriptive language)를 주로 사용한다. 내담자가 원하는 변화를 표현하기 위하여 그가 사용하는 단어와 표현 방법을 활용한다. 내담자의 일상적인 행동을 자세하게 기술하기 위해 우울, 자아존중감과 스트레스와 같은 추상적인 용어의 사용을 자제한다. 치료자는 내담자의 기분, 태도, 성격적 특성 등을 관찰 가능한 행동으로 전환하려 노력한다. 이것은 일반적으로 내적인 생각과 감정이 행동으로 표현된다는 가정에 기초한 것이다.

3. 핵심 문제

대부분의 단기치료는 치료를 위한 핵심적이거나 중심적인 문제의 중요성을 강조한다. 원하는 것이 분명하고 구체적일수록 목표가 분명하고 효과적일 가능성이 높다. 해결중심치료에서 치료의 초점은 내담자가 제시한 문제다. 배럿-크루즈(Barret-Kruse, 1994)는 내담자가 제시하는 문제를 '치료자에게 주는 선물'로 표현하기도 했다. 내담자가 원하는 것에 초점을 둘 때에 내담자는 치료자가 자신을 공감하고 이해한다고 생각하게 될 것이다. 내담자가 제시한 문제에 치료자가 관심을 표현할 때 성공적인 결과를 이룰 가능성이 높다. 치료자는 내담자가 원하는 희망을 가능한 한 구체적이고 분명하며 실제적인 용어로 표현할 수 있도록 돕는다. 내담자는 긴장하고 방어적일 수 있고, 치료가 어떻게 도움이 될지 모르기 때문에 원하는 것을 처음부터 잘 설명할 수 있는 것은 아니다. 어떤 경우라도 문제는 변할 수 있고, 시급한 것으로 보이는 문제가 다시 나타날 수도 있다.

해결중심치료에서 치료자는 내담자가 제시한 문제를 받아들이고 문제 뒤에 숨겨진 것이나 원인 등에 관해 추측하지 않는다. 중요한 것은 내담자가 원하는 것을 설명하기 위해 공통의 언어를 발견하는 것이고, 내담자의 삶을 다르게 만들 수 있는 것을 탐색하기 시작하는 것이다. 치료자는 내담자의 이야기 속에서 그들의 강점과 해결에 대한 증거를 찾게 될 것이다.

많은 경우 내담자는 우선순위를 정해야 할 정도로 복잡하게 얽힌 여러 가지 문제를 제시하기도 한다. 그렇지만 이것이 한 문제가 풀리고 나면 다음 문제에 주의를 돌려야 함을 의미하는 것은 아니다. 치료의 초기에는 하나의 중심적인 문제에 초점을 두되 다른 문제가 있을 경우 중심 문제와 관련이 있는 것을 우선적으로 다룬다. 문제는 해결이 가능하고, 내담자가 치료받고자 원하는 것이어야 하며, 치료에 적절한 것이어야 한다. 자발성, 즉흥성, 융통성이 중요하며 지나치게 엄격하지 않는 것이 중요하다. '현재의 대화에서 일어나고 있는 일에 반응하는 것'과 '함께 다루기를 동의한 것' 사이에서 균형을 맞추는 것은 적절한 판단력과 상호 존중이 필요하다.

이러한 이해는 상담의 초점을 해치지 않는 선에서 내담자가 다른 문제의 영역에서 적절한 주제를 가져올 수 있도록 한다. 이것은 또한 치료자가 내담자가 핵심적인 문제에 초점을 둘 수 있도록

치료자: 당신은 자녀를 위해 경계를 설정하는 방법에 대해 부부가 동의하지 않는 것을 다루고 싶다고 했습니다. 다른 일과 건강의 문제에 대해서도 언급하셨는데요. 그러한 문제가 두 분과 자녀와의 관계에 영향을 미치는 경우에 한해 다루어질 필요가 있을 것 같습니다.

돕는다. 스틴바거(Steenbarger, 1994)는 많은 연구를 통해 다음과 같은 결론을 내렸다. 단기치료는 내담자가 핵심적인 문제 유형을 잘 알고 협력관계를 형성할 수 있는 경우에 가장 적합하다. 문제가 광범위하고 산만하며 내담자가 문제에 관해 충분히 이해하지 못할 경우, 그리고 내담자가 협력관계의 형성을 위해 시간이 필요한 경우 좀 더 긴 탐색 작업을 위한 시간이 필요하다. 필자의 경험으로 내담자가 자신의 문제와 목표를 잘 표현할 수 있다는 것은 큰 장점이다. 그러나 상담 초기에 미래에 관해 애매모호하고 명확성이 부족한 경우라도 그것이 해결중심치료가 적당하지 않다는 것을 의미하는 것은 아니다. 그것은 단지 치료자와 내담자가 더 열심히 작업해야 하고 시간이 조금 더 필요함을 의미할 수 있다. 많은 해결중심적 질문의 효력은 대화가 막다른 길에 이르렀을 때 초점을 다시 맞출 수 있도록 돕는 것이다. 내담자와 치료자가 과거에 관한 상세한 대화에 깊이 몰두하는 것에서 벗어날 수 있도록 돕는 것은 미래중심적인 질문이다. "그때가 인생에서 어려운 시기였군요. 만일 사정이 좀 나아지게 되면 당신에게 어떤 일이 일어나기 시작할까요?"와 같은 질문이 그 예다.

4. 해결중심의 10개 원칙

다음은 해결중심 치료자가 지켜야 하는 10개의 원칙이다. 이러한 원칙을 지속적으로 따를 때 치료자는 자신 있고 유능하게 치료과정을 이끌 수 있다.

해결중심의 10개 원칙

1. 문제가 되지 않으면 고치지 말고 그대로 유지할 필요가 있다.
2. 작은 변화가 큰 차이를 만든다.
3. 효과가 있는 것을 계속한다.
4. 효과가 없으면 다른 것을 시도한다.
5. 단순함을 유지하되 지나치게 단순화하지는 말아야 한다.
6. 문제를 이해하는 것이 해결에 선행되어야만 하는 것은 아니다. 문제를 이해해야만 해결을 할 수 있는 것은 아니다.
7. 사람은 자신만의 독특한 해결책을 사용할 때 목표를 더 빨리 성취할 수 있다.
8. 사람은 자신의 부족한 점을 부각하기보다는 강점을 구축하는 접근에 더 적극적으로 참여한다.
9. 해결과 관련된 학습을 최대화한다. 사람은 종종 자신이 과거에 해결했던 방안을 기억하지 못하거나 그것을 통해 배우지 못한다.
10. 해결 방안은 문제가 아닌 사람에게 적합한 것이어야 한다. 사람은 '모두에게 다 맞게' 공식화된 해결 방안보다 자신이 원하는 전략을 더 수용하고 이행할 가능성이 높다.

1) 문제가 되지 않으면 고치지 말고 그대로 유지할 필요가 있다

이 원칙은 치료를 위해 문제를 찾는 치료자에 대한 경고다. 사람이 문제 행동을 하는 것이지 사람 자체가 문제는 아니다. '문제가 문제일 따름이다.'라는 말이 있듯이, 문제는 상호작용적인 사회 환경의 맥락에서 일어난다. 해결중심 치료자는 내담자가 정서적으로 또는 심리적으로 아파서 치료를 필요로 하거나 손상을 입어 치유를 필요로 하기보다 아직 그것에서 빠져나오는 방법을 발견하지 못했기 때문에 일시적으로 삶의 어려움을 극복하지 못한다고 본다. 병리적인 것에서 답을 찾기 어렵기 때문에 일상생활에서 건강하고 기능적인 것에 초점을 두고 해결을 구축한다. 우리는 강점만을 구축할 수 있다. 잘못된 것을 고치는 것보다 잘 되고 있는 것 위에 구축해 가는 것(O' Hanlon & Weiner-Davis, 1989)은 내담자의 문제를 제한하고 치료가 짧아질 수 있도록 돕는다. 내담자는 문제에 압도됐다고 느낄 때 자신의 강점과 자원을 간과하는 경향이 있다. 스콧-마이어(Skott-Myhre, 1992)는 유능성을 기초로 하는 접근법의 기본 원칙을 다음과 같이 설명한다.

• 사람은 세상에 대해 자신이 진실이라고 믿는 것을 근거로 행동한다.

치료자의 첫 번째 과업은 내담자의 경험과 세상에 대한 주관적 인식을 경청하고 확인하는 것이다. 이러한 주관적 관점은 역사적

인 '사실'과 일치하지 않을 수도 있으나, 내담자 입장에서는 '진실'이다.

- 사람이 진실이라고 믿는 것은 서로 간의 대화를 통해 형성되고 발전된다.

사람은 진공 상태에서가 아니라 언어를 통해 다른 사람들에게 자신의 경험을 설명하는 사회적 맥락에서 살아간다. 따라서 사람들이 참여하는 대화에서 누가 청중인지에 대해 알 필요가 있다.

- 사람은 각자의 독특한 대화적 생태 체계 안에 존재한다.

사람은 사회·문화적 환경 속에서 살아가며, 개인과 타인 사이에 공동의 대화가 존재한다. 이러한 대화의 사회적 맥락을 이해할 수 있는 좋은 도구는 구조주의적 인식론에 근거한 담론 분석이다 (Widdicombe, 1993). 그것은 사회적 교류관계를 지배하는 규칙을 이해하기 위한 것이며, 사람이 언어를 사용하여 객관적 현실을 표현하기보다는 자신의 이해에 따라 세상을 구성하는 것으로 가정한다. 우리 모두는 여과 장치를 사용하여 세상을 해석하기 때문에 중립적인 입장에서 다른 사람의 이야기에 개입하는 것은 불가능하다. 권력의 문제는 어떤 이야기가 다른 이야기를 지배하는 것과 밀접한 관계가 있다. 예를 들어, 백인과 남성의 이야기는 흑인과 여성의 담론보다 우세하다는 것이다.

- 이러한 생태 체계의 본질과 내용은 항상 변화한다.

담론 분석에서 의미는 복합적이고 듣는 사람에 따라 항상 변화한다. 치료적 '언어 게임'에서도 언어의 활용은 유동적이다. 정신분석과 같이 지금까지 우세했던 치료적 담론이 이제 이념적 무게가 상대적으로 가벼웠던 실용적 치료 모델에 그 길을 내주고 있다고도 볼 수 있다.

- 모든 사람은 본래 능력이 있고 변화에 필요한 자원을 가지고 있다.
- 치료의 역할은 변화를 만들어 내는 것이 아니라 이미 변화가 일어나고 있는 곳을 찾아서 변화를 확장시키는 것이다.

해결중심치료의 핵심적 전략은 내담자가 보여 주는 것과 이미 변화를 만들어 내는 것을 근거로 해결 방안을 구축하는 것이다.

- 치료가 장기적일 필요는 없다.

이러한 믿음은 치료가 효과적이기 위해서는 장기여야 한다는 생각에 도전한다. 그렇지만 이것이 단기치료가 모든 내담자에게 옳은 선택임을 의미하는 것은 아니다. 어떤 내담자는 장기치료를 요하는데, 이때 단기치료를 제공하는 것은 그들이 필요로 하는 것을 박탈하는 것과도 같다.

'문제가 되지 않는다면 고치지 말라.'는 것은 문제 해결에 과도한 열의를 갖고 있는 실천가에게 유용한 조언이다. 그러나 나중에 문제가 발생하지 않도록 현재를 잘 유지할 필요도 있다!

2) 작은 변화가 큰 차이를 만든다

해결중심치료의 특징 중 하나는 해결책을 관리할 수 있는 작은 단계로 나누는 방법이다. 하나의 대화에 중요한 문제가 많이 포함될 수 있다. 그러나 상담을 마칠 때 그 안에는 작지만 중요하고 의미가 있으며 내담자가 만들어 낼 수 있는 변화가 포함되어야 한다. 이러한 작은 변화는 치료 과정에서 일어날 필요가 있다. 만일 내담자가 작은 변화를 만든다면 그것은 체계의 다른 부분에도 영향을 미칠 수 있다. 하나의 변화가 다른 변화를 이끌며, 더 많은 변화를 향한 가속과 자극을 만들기도 한다. 흔히 내담자는 그들이 상상하고 계획했던 것보다 훨씬 더 많이 성취하는데, 이것은 특히 내담자에게 중요한 사람이 변화를 알아보고 긍정적인 피드백을 제공할 때에 더욱 그렇다. 작은 변화가 내담자를 위해 돌파구와 같은 역할을 하기도 한다. 또 중요한 타인이 이러한 변화를 인식하고 지지할 때 다른 변화가 뒤따를 수도 있다. 작은 변화는 변화가 전혀 없는 것보다 훨씬 좋은 것이며 특히 나빠진 것보다 더 바람직한 것이지만, 어떤 경우에는 좋아지기 전에 상황이 더 나빠지기도 한다! 로젠바움과 동료들(Rosenbaum et al., 1990)에 따르면 이러한 접근에는 세 가지 이점이 있다.

- 치료자는 내담자가 노력하도록 지나치게 강요하지 않아도 된다. 변하기 위해 너무 열심히 노력하는 것 자체가 문제를 일으킬 수 있다. 더 하는 것보다 덜 하는 것이 현명할 때가 있다.
- 내담자는 큰 변화보다 작은 변화를 만들기 쉽다. 변화 과정에는 항상 예외적인 상황이 있으며, 치료자는 빠르고 급격한 변화를 만들 준비가 된 내담자에게 반응할 필요도 있다.
- 조그만 계기도 내담자가 희망의 불씨를 당기기에 충분할 수 있다. 내담자가 희망과 자신감을 갖도록 접근하는 것은 단기치료에서 절대로 필요한 요인이다. 문제의 규모에 압도되고 변화에 대해 양가감정이 있는 내담자는 시작하는 것을 어렵게 느낄 수 있다. 해결중심 접근은 변화를 시작하기 위해서 작지만 중요한 시작점을 발견하는 것이라 할 수 있다.

〈예〉

토니는 몸무게를 줄이려고 노력했지만 성공하지 못했다. 어느 날 자신이 가장 좋아하는 음식에 대한 설명서를 읽고는 지방과 설탕 그리고 소금이 얼마나 많이 들어 있는지 알고 충격을 받았다. 이후 그는 다른 음식의 설명서도 자세히 보면서 음식을 선택하는 것이 변했다. 자신에게 좋지 않은 음식을 줄이고 좀 더 건강한 선택을 하기 시작했다. 이러한 사고의 '돌파구'는 체중을 줄일 뿐만 아니라 더 건강하게 섭식할 수 있도록 도왔다. 자신에 대해 호의적으로 느끼기 시작하면서 그는 삶의 다른 도전에도 좀 더 자신감을 갖게 되었다. 그의 아내는 이러한 변화를 알아채고 환영하였으며, 그것을 유지할 수 있도록 지지했다.

우리 모두는 항상 변하고 있지만 단지 속도와 방향에 대해서 명확하지 않을 뿐이다. 숙련된 치료자는 내담자의 속도를 존중하고 그에 맞출 것이며, 내담자를 붙들고 있거나 그들이 원하거나 유지할 수 있는 것보다 더 빨리 변하도록 압력을 가하지 않을 것이다.

---

3) 효과가 있는 것을 계속한다

치료자는 내담자가 이미 할 수 있음을 보여 준 것을 계속하도록 격려한다. 이것은 면담 전의 변화에 대한 질문을 통해 나타날 수도 있다. "많은 사람이 면담에 오기 전 무엇인가 변했음을 발견합니다. 당신에게는 무엇이 달라졌나요?" 그렇지만 내담자는 문제로 인해 시야가 좁아졌을 수도 있어 삶에서 무엇이 효과가 있는지에 대해 처음에는 잘 모를 수 있다. 또한 실제로는 잘 기능하고 있는 삶의 측면을 간과할 수도 있다. 우리 대부분은 처음에는 변화를 열정적으로 만들다가 시간이 흐를수록 그것을 유지하는 것이 어려웠던 적이 있을 것이다. 따라서 우리의 결심이나 의지가 약해질 때 전략을 유지할 필요가 생긴다. 새로 배운 행동이나 태도도 확고하지 않고 인위적으로 느껴질 수 있다. 그러나 새로운 행동을 시험해 보는 것은 우리가 실제 연극을 하거나 좋은 음악을 연주하기 전에 대사나 악보를 외우는 것과도 같다. 치료는 예행 연습과 실험을 위한 좋은 기회를 제공한다.

4) 효과가 없으면 다른 것을 시도한다

실패한 해결 방안은 폐기한다는 MRI의 원칙을 따르며, 해결중심 치료자는 내담자가 실패의 주기를 벗어날 수 있게 다른 어떠한 것이라도 시도하도록 격려한다. 이러한 원칙은 '처음에 실패하면 또 다시 시도한다.'와 같은 치료자와 내담자가 지키고 싶은 가훈과 반대되는 것일 수도 있다. 내담자가 문제가 되는 행동을 취하는 상황, 시간, 장소를 바꾸는 것은 정해진 틀을 깨는 방법일 수 있다. 에릭슨(Erikson)의 접근법을 적용하는 치료자는 가족이 집안에서 정해진 방에서만 논쟁할 수 있게 하는 것과 같이 문제의 틀을 깰 수 있는 과제를 부여하기도 한다.

5) 단순함을 유지하되 지나치게 단순화하지는 말아야 한다

잘못 알려진 얘기일 수도 있지만, 비누가 없는 비누박스만을 샀다는 고객의 항의를 많이 받은 일본 화장품 회사의 이야기가 있다. 조립 라인에서 문제가 발생하는 것을 알고 나서 간부들은 엔지니어들에게 해결 방안을 찾아내라고 지시했다. 많은 시간과 돈을 들인 후 높은 해상도의 모니터와 함께 엑스레이 기계를 만들었고, 두 사람이 비누박스가 조립 라인을 지나갈 때 모니터를 들여다보도록 했다. 비슷한 문제를 가진 다른 회사에서는 선풍기 한 대를 사서 조립 라인에 대고 바람을 돌렸다. 비누박스가 선풍기를 지나갈 때마다 빈 박스는 바람에 날렸다. 비슷한 예로, 미국에서는 우주비행사가 무중력 상태에서 쓸 수 있는 펜을 개발하기 위해 수백만 달러를 썼다. 러시아 우주비행사는 펜 대신 연필을 썼다. 미국인은 연필을 깎아야 하는 것에 대한 걱정을 너무 많이 했기 때문에 그렇게 할 수 없었지만 러시아인에게는 그것이 큰 문제가 아니었다. 해결중심 작업은 내담자가 명백하게 눈앞에 놓여 있는 것을 볼 수 있도록 격려하고, 내담자가 그것을 무시하지 않도록 해야 하는데, 그것이 옳은 해결책일 때가 많기 때문이다! 어떤 사람은 문제를 복잡하고 복합적인 것으로 만들고 복잡한 해결 방법을 찾는다. 과도하게 분석적인 마음은 너무 많은 대안을 제시하여 결국 아무것도 할 수 없게 하기도 한다.

6) 문제를 이해해야만 해결을 할 수 있는 것은 아니다

이것은 해결 구축 과정과 문제 탐색 과정을 구분하는 핵심적인 원칙이다. 내담자는 자신의 문제에 관해 말하고 문제에 대한 질문에 대답할 것이라고 기대하지만, 문제를 파악하고 해결하는 순서만이 유일한 진행 방법은 아니다. 이론에 의하면 해결중심 치료자는 문제에 대해 전혀 모른 채로 내담자가 자신에게 효과가 있을 해결책을 찾도록 도울 수도 있다. 이것은 문제를 이해하고 발견하며 완벽하게 아는 것이 내담자가 원하는 미래를 향해 작업할 수 있도록 하는 데 필수 조건이 아니라고 믿기 때문이다. 그렇지만 해결중심 치료자가 문제에 대해 알 필요가 없다는 사실이 내담자가 치료자에게 그것에 대해 말할 필요가 없다는 의미는 아니다. 대부분의 내담자는 치료자가 문제에 대해 경청하길 기대한다. 이 부분을 짧게 끝내려는 치료자의 서툰 시도는 해결책을 찾으려는 치료자의 노력을 내담자가 방해하게 하기도 한다. 역설적으로 들릴 수도 있지만, 내담자는 가능한 해결 방안을 탐색해 봄으로써 문제에 대한 통찰을 얻을 수 있다. 내담자는 미래에 대한 희망을 이야기할 때, 이미 실행하고 있는 것이 도움이 된다는 것을 깨달을 때, 그리고 앞으로 나갈 수 있는 작은 단계를 결정하게 될 때 문제에 대한 새로운 시각을 발전시킨다.

그것은 문제에 대한 자신의 입장을 바꾸는 것과도 같다. 내담자는 문제를 설명하는 새로운 언어를 발견하게 되며 그 언어는 이전에 사용한 것보다 더 영향력이 있고 개방적이다. 일단 초점이 미래에 대한 생각으로 전환되면 현재의 문제가 뒷배경으로 사라지는 것을 볼 수 있는데 이것은 정말 놀라운 일이다. 문제 규정이 치료를 시작하는 데 필수가 아니라는 것을 발견하는 것은 치료자에게 도움이 된다. 즉, 자신은 문제가 없으니 다른 사람이나 제도를 비난해야 한다고 믿는 내담자를 치료할 수 있는 가능성을 높여 준다. 내담자가 법적이고 윤리적인 해결을 원하는 한 조력의 관계가 가능하다.

7) 사람은 자신만의 독특한 해결책을 사용할 때 목표를 더 빨리 성취할 수 있다

만일 어떤 사람이 치료 면담을 엿듣는다면, 그 사람은 내담자만이 알 수 있는 대답을 묻는 질문이 해결중심 치료자의 주요 개입이라는 것을 알아챌 것이다. 수집된 정보는 내담자의 고유한 해결에 관한 것이며, 이미 효과가 있었던 해결 유형이기도 하다. 치료

자는 내담자가 생각하고 기억해 내는 동안 조용히 기다린다. 만일 해결 방안이 내담자에게 적합한 것이라면 치료자는 내담자가 해결 방안을 만들어 낼 수 있도록 충분한 시간을 주어야 한다. 치료자는 문제를 이해하기 위해 질문하는 것이 아니라 내담자가 자신의 해결 방안을 이해할 수 있도록 질문한다.

8) 사람은 자신의 부족한 점을 부각하기보다는 강점을 구축하는 접근에 더 적극적으로 참여한다

부족한 점을 부각하는 것은 내담자에게 방어와 자기 합리화를 일으킨다. 의도적으로 시도하는 도전이 내담자에게는 비평과 비난으로 생각될 수도 있다. 도움이 되지 않는 행동에 도전할 때도 있지만, 대화에서 내담자가 만들어 낸 진전을 존중하고 그것을 성취하기 위해 내담자가 활용한 자질, 강점, 전략 등에 대한 진심 어린 호기심을 보여 줄 때 협동심이 더 생긴다. 이것이 더 큰 도전을 위한 발판을 제공하는 것이다.

9) 해결과 관련된 학습을 최대화한다. 사람은 종종 자신이 과거에 해결했던 방안을 기억하지 못하거나 그것을 통해 배우지 못한다

"어떻게 그렇게 하셨지요?"라고 질문하는 것은 내담자가 잠깐 멈추고 전체든 부분이든 어떻게 성공했는지에 관해 생각하도록

한다. 내담자 자신의 통찰은 치료자의 그것보다 더 큰 영향을 줄 수 있다. 사람은 급한 위기를 피했거나 어려움을 극복했을 때 또 다시 이전의 행동 방식으로 회귀하는 경향이 있다. 사람은 어려움을 극복하기 위해 사용한 전략을 잊는 경향이 있으며, 비슷한 문제가 다시 발생했을 때 전에 사용한 기술이나 전략을 사용할 수 없게 되기도 한다. 해결중심 치료자는 필요할 때 다시 활용할 수 있도록 내담자가 자신만의 해결 방법을 터득하고 발견하도록 격려한다. 해결책을 써 놓거나, 전화에 메모를 하거나, 누군가에게 그것에 대해 얘기하는 것도 그러한 방법일 수도 있다.

10) 해결 방안은 문제가 아닌 사람에게 적합한 것이어야 한다(사람은 '모두에게 다 맞게' 공식화된 해결 방안보다 자신이 원하는 전략을 더 수용하고 이행할 가능성이 높다)

이것은 해결중심 작업의 근본적인 가치인데, 이 책을 통해 독자는 이 원칙이 실제에서 어떻게 활용되는지 발견하게 될 것이다. 이것은 내담자가 다른 치료 모델에서보다 해야 할 일이 더 많다는 의미다. 치료자는 내담자가 자신의 상황에 맞는 현실적인 해결책을 구성하도록 확고하면서도 부드럽게 격려한다. 치료자는 마치 배경과도 같은 역할을 취하기 때문에 내담자는 전면에서 계획을 세우는 데 결정적인 역할을 하게 된다.

5. 해결중심 과정

이 장에서는 해결중심 과정에 관한 독자의 이해를 돕기 위해 몇 가지 방식을 제안하였다. 실제로 상담을 진행하는 것은 치료자의 직감과 내담자에 대한 '느낌', 내담자의 속도와 능력, 상황적 제한 등 많은 요인에 의해 영향을 받는다. 해결중심 대화를 잘 진행하기 위해서는 즉시성, 통찰력, 공감과 존중, 우연한 순간들 그리고 언어적·비언어적 표현에 대한 민감성뿐만 아니라 세심한 집중과 인내가 필요하다.

쉽게 기억되는 머리글자를 딴 두문자(acronym)가 많은 사람에게 도움이 된다는 것을 알기에 두 가지를 제안한다! 'SOLUTION'이라는 두문자는 다음과 같은 해결 과정의 중요한 여덟 가지 요소를 나타낸다.

표 3-6 SOLUTION 모델(Williams et al., 2011)

S(Share updates) - 새로운 정보를 공유한다.
O(Observe interests) - 관심사를 관찰한다.
L(Listen to hopes and goals) - 희망과 목표를 경청한다.
U(Understand exceptions) - 예외를 이해한다.
T(Tap potential) - 잠재력을 이끌어 낸다.
I(Imagine success) - 성공을 상상한다.
O(Own outcomes) - 결과를 인정한다.
N(Note contributions) - 기여한 것을 주목한다.

S(Share updates)-새로운 정보를 공유한다

면담 전 관찰한 변화나 행동에 대해 생각해 보고 말할 수 있도록 한다.

O(Observe interests)-관심사를 관찰한다

관심과 취미는 핵심적인 강점과 동기의 원천을 나타낼 수 있다. 내담자가 문제시하지 않는 것에 관해 이야기하고 강점과 자원에 관해 경청하도록 한다.

L(Listen to hopes and goals)-희망과 목표를 경청한다

내담자의 문제와 걱정을 검증할 수 있는 정도로만 문제에 관한 대화를 나눈다. 대화가 문제에 초점을 두는 것에서 해결에 초점을 두는 것으로 바뀌고, 내담자가 원하는 것을 설명하고 미래지향적인 목표를 만들어 낼 수 있도록 돕는다.

U(Understand exceptions)-예외를 이해한다

예외를 이해할 수 있는 다음과 같은 질문을 한다. 문제가 언제 나타나지 않는가? 언제 내담자가 다르게 반응하고 긍정적인 결과를 성취했는가? 그 상황은 무엇이 다르고, 내담자는 어떤 강점, 기술, 자원을 사용했는가?

T(Tap potential)-잠재력을 이끌어 낸다

내담자의 강점, 기술, 능력, 해결 방법, 중요한 자원에 대해 다시

인식하도록 한다. 내담자가 현재의 문제를 해결하거나 도전하는 데 있어 이러한 것을 어떻게 사용할 것인지에 관해 생각하도록 돕는다.

I(Imagine success)-성공을 상상한다

'기적 질문'(de Shazer, 1988)을 사용해서 내담자가 원하는 미래가 어떻게 생겼는지를 상상해 볼 수 있도록 돕는다(예, 아침에 일어나 자신의 문제가 해결되었다는 것을 발견하는 것). 다른 무엇을 주목하는가? 내담자는 어떻게 생각하고, 느끼고, 행동하는가? 다른 사람들의 반응은 어떤가?

O(Own outcomes)-결과를 인정한다

다음 단계에서 해야 할 것에 관해 명확히 한다. 목표를 성취하는 과정으로서 다음에 해야 하는 작은 단계는 무엇인가? 실행할 수 있는 내담자의 자신감 수준을 확인하기 위해 척도 질문을 사용한다. 1과 10 사이의 척도에서 10이 완전히 자신이 있는 것을 말할 때, 내담자가 느끼는 자신감은 몇 점인가? 만일 자신감이 7보다 낮다면 자신감을 더 갖기 위해 무엇이 도움이 될까? 다음 단계를 확실히 한다.

N(Note contributions)-기여한 것을 주목한다

회기 동안 내담자가 기여한 것에 대해 인정하는 피드백을 제공하고 목표를 설정해 가는 과정에 반영한다. 회기에서 인정할 수 있는 피드백을 찾는다. 무엇이 잘 이루어졌고 앞으로 다르게 할 수 있는 것은 무엇인가? 내담자의 목표가 이루어진 정도를 탐색한다.

'FOCUS'라는 두문자는 앞의 해결중심 과정을 다음과 같은 다섯 단계로 정리한다.

表 3-7　FOCUS 모델(Williams et al., 2011)

F(Free-talk)-자유로운 대화
O(Openly explore goals)-자유로운 목표 탐색
C(Consider resources and exceptions)-자원과 예외 고려
U(Understand the preferred future)-원하는 미래에 대한 이해
S(Sign up to small steps)-작은 단계를 밟게 하기

F(Free-talk)-자유로운 대화

내담자의 취미와 관심사에 대해 말하도록 격려한다. 이것은 치료 과정에서 놀라울 만큼 유용한 단계로, 내담자와 치료자가 서로를 좀 더 잘 알 수 있게 하고, 현재의 문제를 해결하는 데 유용하게 적용할 수 있는 강점과 자원에 관심을 갖게 한다.

O(Openly explore goals)-자유로운 목표 탐색

내담자가 자신의 목표와 원하는 것을 이야기하도록 이끈다. 면담에 오기 전까지 목표와 원하는 것에 관해 어떻게 생각했는가? 내담자는 구체적이고, 측정 가능하며, 성취할 수 있는 목표가 무엇이라고 생각하는가?

C(Consider resources and exceptions)-자원과 예외 고려

내담자가 자신의 핵심적인 강점, 지식, 기술, 자질 그리고 다른 자원을 발견할 수 있도록 돕는다. 내담자가 최상으로 느낄 때는 언제인가? 최근에 어떤 성공을 했으며 그것을 어떻게 성취하였는가? 현재의 어려움이 문제가 되지 않았을 때는 언제인가? 문제시되지 않을 때 내담자의 사고, 감정, 행동은 어떠한가?

U(Understand the preferred future)-원하는 미래에 대한 이해

'기적 질문'(de Shazer, 1988)을 이용하여 내담자가 원하는 미래가 어떤 모습일지를 상상할 수 있도록 돕는다. 가까운 미래에 내담자가 자신이 원하는 목표를 성취했을 때, 그들은 어떤 일이 일어난 것을 볼 수 있으며 무엇을 하고 있을까?

S(Sign up to small steps)-작은 단계를 밟게 하기

다음 단계를 확인하고 회기에서 보여 준 내담자의 진전과 기여에 대해 인정하는 피드백을 제공한다. 치료 과정에 대한 내담자의 피드백을 묻고 더 이상의 회기가 필요한지에 대해 내담자와 동의한다.

'SOLUTION' 모델과 'FOCUS' 모델을 어떻게 실제에 활용할 수 있는지는 나머지 장에서 다룰 것이다.

6. 결 론

해결중심 질문을 사용해서 대화를 진전시키고 긍정적인 결과를 성취하기 위해 추진력을 발전시킬 수 있는 판단력을 갖는 것은 매우 유용하다. 이 장에서는 이 모델의 초심자에게 큰 도움이 될 다음과 같은 노선도(route maps)를 제공한다. 경험이 많은 실천가라면 모델을 제대로 실천하고 있는지를 확인하기 위해 제시된 노선도를 사용할 수 있을 것이다.

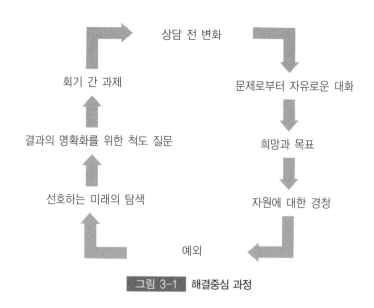

그림 3-1 해결중심 과정

• 유용한 접근을 발견하기 위해 노선도를 가지고 실험을 해 볼 수 있다.

• 내담자 집단에 적합하도록 이 장에서 제시된 모델의 언어를 어떻게 변화시킬 수 있을지에 대해 생각해 본다.

• 치료에서 실천가보다 내담자가 더 많이 움직여야 함을 생각해 본다.

• 가능하다면 시간의 80%는 해결을 구성하는 데 쓰고, 20%는 문제를 탐색하는 데 쓴다.

• 문제에 대해서 이야기할 수 있으나, 중요한 것은 사건에 대해 어떻게 이야기하는가임을 기억한다.

• 변화에 대한 주제가 치료의 중앙무대에 있도록 한다.

• 제시된 10개의 원칙을 따른다.

제4장

첫 회기

치료는 흔히 첫 도미노를 넘어트리는 일과 같다.

밀턴 에릭슨(Milton Erickson), 로시(Rossi, 1980)에서 인용

1. 첫 회기 목표

첫 회기에서 해결중심 실천가가 하는 일은 다음과 같다.

- 내담자가 가장 원하는 희망에 대한 계약
- 내담자와 협력적인 관계 형성
- 변화를 위한 분위기 조성
- 내담자의 목표를 가능한 한 명확하게 하기
- 내담자의 자원 강조

• 과제의 협상

글을 통해 무형의 치료적 관계를 제대로 보여 주기는 어렵다. 해결중심치료의 진행에 대한 상담 기록은 완벽하고, 공식적이며, 신비감이 없어 보일 수 있다. 한 인간으로서 내담자와 맺는 관계의 질은 우리가 활용하는 기법이나 지지하는 이론보다 더 중요하다는 것을 재차 언급하고 싶다. 기법이 존중하는 태도와 세심한 경청, 반영적인 침묵과 공감, 진솔함, 즉시성 그리고 수용을 바탕으로 형성된 내담자와의 관계를 대신할 수는 없다. 해결중심치료를 활용할 때 실천가는 명확해야 하는데, 내담자가 이후의 치료 작업에 대한 정보를 얻고 이를 기초로 치료 회기에 대해 현실적인 기대를 가질 수 있도록 돕기 위해서다.

치료자는 내담자에게 충분한 정보를 제공하여 내담자가 치료에 동의하며 적극적으로 참여하고 합리적인 기대를 가질 수 있도록 치료 모델과 진행 과정에 관하여 간략하게 설명해야 한다. 예를 들어, 일반적으로 사람들은 메뉴가 없고 웨이터가 무엇을 먹고 싶은지에 대해 질문하는 식당에는 가길 원하지는 않을 것이다. 사람들은 식당에서 먹거리에 대한 정보가 담겨 있는 메뉴를 기대한다. 심리치료의 경우 '메뉴'는 기관의 안내장에 열거된 내용이나 치료자의 설명으로 대체될 수 있으며 그 예는 다음과 같다.

치료자: 시작하기 전에 우리가 함께 이 시간을 어떻게 쓸 것인지와
이것이 당신에게 어떻게 도움이 될 수 있을지에 대해 설명
을 드리고 싶습니다. 당신의 걱정거리가 무엇인지 이해하는
것이 제게 중요합니다.

또 당신이 삶에서 무슨 일이 일어나기를 기대하는지에 대해
서로 아는 것이 중요하다고 생각합니다. 저는 당신이 어려
움을 극복하는 데 도움이 되는 많은 강점과 기술이 있다고
믿습니다. 그것이 무엇인지 잘 듣고 그에 대해 질문하는 것
이 저의 일이기도 합니다. 또한 저는 당신의 삶에서 순조롭
게 진행되는 일에서 많은 것을 배울 수 있다고 믿기 때문에
그것에 대해서도 이야기 나누기를 바랍니다.

당신에게 무엇을 하라고 지시하지는 않을 것이며, 대신 효과
가 있는 해결 방안을 당신 스스로 찾을 수 있도록 도울 것
입니다.

이렇게 명확하게 표현한 문구는 상황에 따라 달라질 수 있지만,
치료자의 설명은 차분하고 자신 있고 긍정적이며 우호적인 방식
으로 전달되어야 한다. 치료자는 비밀보장의 원칙이나 기관의 규
정에 대해서도 설명할 필요가 있다. 그런 후 내담자는 설명된 내
용과 과정에 대해 궁금한 것을 질문할 수 있다. 내담자가 치료 초
기에 하는 말을 잘 듣는 것도 매우 중요하다. 치료자가 치료를 순
조롭게 시작하지 못할 때 내담자는 상담실을 방문한 것이 실수였
다고 생각하며 협력하지 않거나 해결중심적으로 대화하려 하지
않을 수도 있다.

2. 계약과 사정

1) 계 약

치료자와 내담자가 계약(contracting)을 체결하는 목적은 치료 작업에 대해 분명하며 상호 동의적인 기초를 마련하기 위해서다. 내담자는 도움을 요청하는 것에 대한 자신과 다른 사람들의 경험, 의지의 정도, 고통의 수준, 문제에 대한 사회적 태도 등에 관한 인식을 포함하여 많은 기대 속에 치료자를 찾는다. 치료자는 내담자가 원하는 것과 치료가 적절하게 도움을 줄 수 있을 것인지를 파악할 필요가 있다. 만일 내담자가 원하는 것이 '왜 이러한 문제에 봉착한 것인지에 대한 이해'나 치료자가 충고를 해 주고 대신 자신의 문제를 해결해 주는 것이라면, 이것은 해결중심 치료자에게 특별한 도전이 될 수 있다.

치료자는 "문제에 관해 충분히 이해를 한다면 당신의 삶에서 무엇이 달라지기를 바라나요?"와 같이 질문할 수 있다. 치료자는 내담자가 문제에 관해 이해했다는 것을 어떻게 알 수 있는지에 대해 호기심을 가질 것이다. 또한 "당신이 문제에 대해 충분히 이해했다는 것을 알 수 있으려면 무슨 일이 있어야 할까요?"와 같은 질문을 할 수도 있다. 해결중심치료의 작업 방법은 심오하게 내담자 중심이라 할 수 있다. 해결중심치료는 내담자가 '해결 방안을 가지고 돌아가 스스로 실행해 보는 형태의 치료'다. 대화에서는 내담자를 무대 중심에 세우고 그들의 지식과 잘하고 있는 것을 존중한다. 그러므로 내담자는 스스로 많은 치료과정을 진행하게 된다! 치료자가 사용하는 질문의 목적은 내담자가 자신에 대해 깊이 인식하고 진전 상황을 측정하기 위한 것이다. 해결중심치료는 내담자가 치료자의 통찰을 수동적으로 받기만 하는 난해한 전문가 중심의 과정이 아니다.

계약의 초기 단계에서는 내담자의 속도에 맞추는 작업이 중요하다. 단기라는 것이 재촉을 의미하는 것은 아니며, 내담자를 압박하는 것은 비생산적이고 무례한 일일 수도 있다. 해결중심 치료자는 온화하고 긍정적이며 수용적인 관계에서 내담자와 협력적으로 '합류'하는 것을 목적으로 하며, 내담자가 자신의 세계관과 치료자와 어떻게 협력할 수 있는지에 관해 이야기해 줄 수 있도록 호의적이며 낮은 자세를 취해야 한다. 이본 돌런(Yvonne Dolan)은 치료자의 반응은 "내담자에게 신중하게 맞춰져야 한다."고 강조했다. 소비자는 자신이 선호하는 것과 중요시하는 것을 서비스 제공자가 신중하게 받아 주기를 원한다. 내담자와 합류하는 것은 내담자의 언어와 어울리고, 긍정적인 피드백을 제공하며, 내담자에게 적합하게 치료자의 인터뷰 스타일을 맞추는 것을 포함한다. 치료자는 내담자를 자신의 삶에 대한 전문가로 취급하면서도 치료적 환경을 만들어 내고 대화를 이끄는 것에 대한 전문성을 갖춰야 한다. "치료자는 자신의 이론이나 가정 그리고 예상하는 바를 확인하기 위해 경청하기보다 필요한 정보를 얻기 위하여 내담자에게 전적으로 초점을 맞추는 버릇을 키워야 한다."(Winbolt, 2011, p. 54) 그러나 이렇게 말하기는 쉽지만 정작 그렇게 하는 것은 매우 어려운 일이다!

치료의 구조는 다음과 같은 여러 요인에 따라 달라질 수 있다.

- 기관의 정책은 치료 회기의 최대 횟수, 시간 그리고 빈도까지도 결정할 수 있다.
- 특정한 계약의 조건에 의해 내담자가 신속하게 치료될 것을 요구할 수도 있다.
- 단기치료 접근과 효과에 대한 치료자의 태도가 중요하다. 단기치료자가 자신이 행하는 치료 방법을 신뢰하는 것은 필수다. 만일 치료자가 단기치료가 차선책이며 내담자에게 지속적인 변화를 가져올 수 없을 것이라고 생각한다면 단기치료가 효과적이기 위해 필수적인 내담자의 기대에 대해 적절한 의사소통을 하지 못할 수도 있다.

대부분의 해결중심 치료자는 내담자와 치료의 횟수에 관해 미리 계약하는 것을 피한다. 치료자는 치료 횟수를 미리 정하는 것이 내담자의 진전을 늦출 수도 있다고 믿는다. 예를 들어, 6회기 또는 그 이상의 회기를 미리 정하는 경우 남은 시간을 채우려 하여 작업의 탄력과 초점을 상실하는 위험성이 생긴다. 어떤 내담자는 첫 회기나 둘째 회기 이후 자신의 목표를 이루었다고 느낄 수도 있다. 해결중심 치료자는 첫 회기가 끝날 무렵 내담자에게 오늘의 만남이 도움이 되었는지, 다시 만나고 싶은지, 만일 그렇다면 언제 다시 만날지에 대해 질문한다. 내담자가 이러한 질문에 대해 생각할 시간을 주는 것은 내담자가 앞으로의 작업에 대해 선택할 수 있는 힘을 유지하도록 하는 데 도움이 된다. 필자는 내담자와 언제 다시 만날지에 대해 의논할 때 많은 내담자가 대개의 상담에서 그렇듯 다음 주에 다시 만나자고 하는 것 대신 자신의 생활 형편에 맞는 시간을 선택하는 것에 대해 놀라곤 한다. 그렇지만 모든 치료자가 이렇게 내담자에게 결정권을 주는 것을 선호하는 것은 아니다. 어떤 치료자는 치료에서 필요한 것에 대한 '전문가'로서의 자신의 역할을 신뢰하고 또 자신이 주도적으로 치료의 계획을 만들 수 있도록 구조화된 치료 횟수를 선호하기도 한다.

〈예〉

치료자: 다시 만나는 것에 대해 어떻게 생각하는지 궁금합니다. 다시 올 필요가 없다고 생각할 수도 있지만, 올 필요가 있다면 언제 다시 만나고 싶으신지요?
내담자: 오늘 정말 도움이 많이 되었습니다. 다시 뵙고 싶어요.
치료자: 언제 다시 만나고 싶으신가요?
내담자: 지금 당장은 일이 많아요. 아이들이 개학할 때까지 기다리고 싶습니다. 한 4~5주 후 정도면 어떨까요?

현명한 치료자는 내담자의 중도 탈락을 줄이고 참석 동기를 강화시키기 위해 준비가 필요하다는 것에 동의할 것이다. 시간 제한이 있는 계약의 경우에는 큰 문제에 관해 이야기하는 것이 불안하고, 충분히 탐색할 시간이 부족할 것을 염려하는 내담자가 있다. 내담자는 자신에게 필요한 시간을 가지면서도 치료자의 시간을 낭비하고 있지 않다는 것에 안심할 필요가 있다. 많은 내담자에게는 매주 치료에 참석하는 것이 비용과 같은 심각한 실질적인 문제가 될 수 있다. 그러나 치료 회기 사이에 긴 간격을 두는 것은 해결 방안을 실천해 볼 수 있는 더 많은 기회를 줄 수도 있다. 그렇지만 치료 회기 간격이 너무 길면 치료에 필요한 집중력과 추진력을 약화시킬 수도 있다. 치료자는 내담자가 필요에 따라 약정한 회기 이후 또는 새로운 어려움이 생겼을 때 활용할 수 있도록 한 회기 또는 몇 회기의 치료를 마치 '은행 계좌에 보관'하는 것과 같은 방법을 제안할 수도 있다.

또 다른 방법으로는 처음 2~3주 정도는 치료의 추진력이 생길 수 있도록 매주 회기를 갖고, 그 후부터는 2주에 한 번이나 한 달에 한 번 정도 만나는 것이다. 내담자는 문제 해결을 위해 투자할 수 있는 시간의 양에 대해 다양한 태도를 보인다. 이러한 태도는 빠르게 진행하기를 희망하는 것부터 장기적인 치료만이 효과적이라고 믿는 것까지 다양하다. 초기에 작은 진전의 신호를 경험하여 희망을 가질 수 있도록 돕기 위해 상담자는 내담자의 서로 다른 기대를 파악할 수 있어야 한다. 대부분의 해결중심 실천가는 내담자 중 많은 수가 4회기에서 5회기 정도 치료에 참여하는 것으로 보고한다.

회기의 길이에 있어 일반적인 50분의 치료 시간이 절대적인 것은 아니다. 치료자를 포함한 많은 사람은 50분 동안 집중하는 것을 어려워한다! 50분 정도나 그 이상의 시간을 요하는 상황이 있을 수 있으나 조금 일찍 상담을 끝내는 것이 더 치료적인 경우도 많다. 예를 들어, 내담자가 중대한 결심을 했거나 중요한 통찰을 얻었을 때가 그렇다. 과도하게 회기의 시간을 늘리는 것보다 강하고 긍정적으로 회기를 끝내는 것이 더 좋은 경우가 있다.

2) 사 정

대부분의 기관에서 사정(assessment)은 중심적인 활동이다. 내담자에 대한 기초선(base line)을 아는 것은 진전과 개입의 효과성을 보여 주기 위해 매우 중요하다. 사정은 근거기반의 실천(evidence-based practice)을 강조한다. 그러나 실천가가 치료 과정을 이끌고 전문적인 용어를 사용하며 내담자의 삶에서 문제적인 측면에 지나친 초점을 두는 사정은 해결중심치료의 정신뿐만 아니라 구성주의 철학과도 상반된다. 그러한 사정은 내담자의 결핍, 병리, 위기, 실패와 외상에 초점을 두며, 내담자가 지금까지 보여 준 대처 전략, 성격적 강점, 용기와 끈기 등을 충분히 인식하지 못한다.

많은 내담자가 이미 초점이 매우 다른 전문가에게 사정받은 경험이 있을 수 있다. 그러한 사정의 과정은 아마도 관료주의가 팽배하고 자원이 부족한 경우를 포함하여 특히 그 결과가 긍정적 개입과 행동으로 연결되지 않았을 때 내담자의 역량과 사기를 떨어뜨리는 자기 충족적 예언이 될 수 있다. 전문적 권위를 가진 치료자가 치료에서 언어의 활용을 주관하며 내담자의 '현실'에 대해 자신의 언어를 이용하여 정의하는 경우 내담자의 목소리는 무시되곤 한다.

해결중심 실천가 또한 현실 세계에서 살아가기 때문에 자신이 내담자를 전혀 다른 방법으로 사정하는 것을 선호한다 할지라도 자신이 속해 있는 조직의 요구에 따라야 할 필요가 있을 경우가 있다. 어떤 실천가는 창의적인 방법으로 사정하고 문제지향적인 질문과 해결지향적인 질문을 균형 있게 활용하기도 한다. 내담자에 대해 반드시 사정하도록 하는 기관의 요구가 있을 때라도 내담자의 강점과 약점에 균형적으로 접근하는 해결중심 접근은 내담자에게 즉각적인 치료적 경험을 제공할 수 있다(Duncan et al., 2007).

어떤 실천가는 사정과 치료 사이에 휴식 시간을 가짐으로써 두 활동 사이에 분명한 구분을 만들어야 한다고 주장하기도 한다. 만일 사정이 조직에 의해 요구되는 것이 아니라면 해결중심 치료자는 어떤 내담자가 자발적으로 찾아왔든 또는 의뢰되었든 간에 그들과 함께 작업하는 것을 선호한다. 그 이유는 해결중심치료에 참여하여 도움을 받거나 받을 수 없는 내담자의 능력을 미리 분명히 예측할 수는 없기 때문이다. 해결중심치료에서 사정은 치료와 분명한 차이가 없다. 개입은 치료자가 내담자를 만나기 전부터 이미 시작된다. 해결중심치료의 첫 회기가 시작되는 단계에서 치료자는 내담자에게 이전의 원조관계에서 도움이 되었거나 도움이 되지 않았던 것에 대해 질문하는데, 이것은 치료자가 내담자와 어떻게 협력할 수 있는지 알 수 있는 중요한 정보를 제공한다.

〈예〉

치료자: 지난번 우울했을 때 다른 치료자를 만났다고 했지요. 도움이 된 것과 도움이 되지 않았던 것은 무엇이었나요?
내담자: 그들은 제가 우울증을 스스로 다룰 수 있는 실용적인 조언을 주지 않았습니다. 우울증에 대해서만 너무 많은 얘기를

나눴다고 생각해요.

치료자: 그렇다면 우리의 초점이 당신의 우울증에 대해 얘기하는 것 외에 당신이 취할 수 있는 실용적인 단계를 탐색해 보는 것으로 넓어지는 것이 중요하단 말씀이신가요?

3. 협력적 관계 형성

모든 내담자는 치료에 대한 기대를 가지는데 어떤 것은 도움이 되고 또 어떤 것은 그렇지 않기도 하다.

- 내담자는 도움 요청에 대한 부정적인 경험이 있을 수 있다 치료자와 내담자는 모두 이전의 경험에서 배울 수 있으며, 이는 탐색을 통해 이루어진다. 이것은 동료에게 하듯이 이루어져야 한다. 상담자는 이러한 지식을 근거로 자신의 스타일을 내담자에게 맞추는데, 이는 내담자에 대한 존중의 신호다. 내담자가 이전의 긍정적인 경험에 관해 이야기하는 것은 내담자와 가장 잘 협력할 수 있는 방법을 알려 주는 측면에서 매우 유용하다. '당신이 돕는 방식으로 학습자가 변하지 않으면 그들이 변하는 방식으로 도와야 한다.'는 교육 분야의 격언을 이러한 상황에 응용해 볼 수 있다.
- 내담자는 무슨 일이 일어나야 하는지에 대한 고정된 생각을 가질 수 있다 이전에 상담을 받았거나 상담 관련 웹사이트를 샅샅이 찾아본 내담자는 내담자와 상담자가 어떻게 행동해야 하는지

에 대한 견해를 미리 가지고 있을 수 있는데, 이때 해결중심 실천가가 정형화된 상담자의 모습에 맞지 않을 수도 있다. 문제와 실패, 콤플렉스와 약점에 대한 긴 대화를 기대한 내담자에게는 상담자가 내담자의 강점과 성공에 관해 관심을 갖는 것이 놀라운 일일 수 있다. 만일 내담자가 상담이 효과적이기 위해 문제에 대한 분석이 필수라고 생각한다면 해결중심 접근을 받아들이기 어려울 수도 있다.

해결중심 상담자는 처음에 내담자의 관심에 대해 주의 깊고 공감적으로 경청한다. 해결중심치료에 관한 초기의 문헌에서 치료적 관계의 질에 대한 언급은 매우 드물다. 중요한 몇몇 저서의 색인에도 공감이라는 용어는 없었다. 마찬가지로 상담자의 성격적 특성이 관계의 질에 미치는 영향에 대한 논의도 적었다. 오늘날까지도 해결중심 공동체에서는 훈련의 중요한 일부분으로 치료자가 직접 치료를 받아 볼 것을 요구하지는 않는다. 이것은 치료자의 자격을 부여하기 전에 개인치료를 받아 볼 것을 조건으로 요구하는 다른 치료 접근과 해결중심 치료자 사이의 핵심적 논쟁 중 하나다.

드셰이저(de Shazer, 1996)는 상담자가 내담자를 면담할 때 공감은 당연하다고 생각했지만 그 단어를 직접 사용하거나 정의하지는 않았다. 오핸런과 비들(O' Hanlon & Beadle, 1994)은 공감이라는 용어를 사용하는 대신 '내담자의 경험을 확인하고 인정하기'와 같은 그들만의 표현을 선호했는데, 이것은 공감에 대한 기존의 의미와 매우 가까운 것으로 보인다. 그렇지만 공감 자체에 대한 개념은 그것이 처음 논의되었을 때처럼 이제는 그렇게 간단하지만은 않다. 배철러(Bachelor, 1988)는 공감에 대한 연구에서 44%의 내담 자가 상담자의 공감을 인지적인 것으로, 30%는 정서적인 것으로 인식하고, 18%는 나눔, 7%는 돌봄과 배려로 인식한다는 것을 발견했다. 배철러는 내담자마다 공감의 의미가 다르기 때문에 상담 자는 그것을 보편적인 개념으로 생각해서는 안 된다고 지적했다. 던컨(Duncan, 1992, p. 21)은 공감을 다음과 같이 설명한다.

> 내담자의 인식과 경험은 이론적 내용과 개인적 가치보다 상위 에 위치한 태도이며 행동이다. 공감은 내담자의 내면적 준거 틀 을 받아들일 뿐만 아니라, 더 중요하게는 내담자가 표현한 의미 체계 내에서 작업하려는 치료자의 시도에 따라 일어난다.

이러한 정의는 드셰이저(1994)가 사용한 '독자중심(reader-focused)'이라는 용어와 매우 비슷하다. 이는 내담자의 이야기에 대한 인간중심적 접근(person-centred approach)을 설명하기 위해 사용한 것으로, 텍스트에 초점(text-focused)'을 두는 접근법과는 상반된다.

해결중심 상담자는 인간중심 접근에서처럼 자주 감정을 반영하 지는 않으나 내담자와의 치료적 동맹을 형성하기 위해 공감을 사용한다. 해결중심 상담자는 내담자가 원하는 미래에 관심을 갖고 접근하기 위해 친절하며 협동적인 자세를 취한다. 공감적인 관계 는 내담자가 자신과 상담자가 변화하기 위해 함께 작업하고 있다고 느낄 때 형성된다. 이러한 관점에서 보면 공감은 내담자의 변화를 위한 전제 조건이라기보다는 변화와 함께 나타나거나 뒤따라 일어나는 것이라고 볼 수 있다. 내담자가 회기에 참여하는 것과 성공적인 경험 사이에 분명한 관계를 볼 수 있을 때 공감은 더 잘 일어난다. 공감은 치료적 관계의 질로서 상담자가 보여 주는 이해, 온화함과 수용으로부터 나타난다. 내담자의 목표가 불법적이거나 비윤리적이지 않는 한 그들의 목표를 존중하며 합류하려는 것이 해결중심의 핵심적인 가치다. 이러한 내담자 중심의 협력은 변화를 위한 과정을 이끌게 된다.

4. 변화를 위한 분위기 조성

변화는 치료적 만남의 궁극적 목표라고 할 수 있지만, 많은 사람은 변화에 대해 양가감정을 갖거나 심지어 변화를 꺼리기도 한다. 그들은 변화를 통해 얻을 수 있는 것이 잃는 것보다 더 많을 수 있음을 알아야 할 필요가 있다. 그러나 긍정적인 변화가 보장된 것이 아니기 때문에 치료 과정에 대한 확신이 필요하다. 구성주의자에게는 사람의 성격처럼 변해야 하는 '것'이 존재한다기보다 내담자마다 당면해 있는 다양한 선택이 있을 뿐이다. 그들은 내담자가 현재의 상황을 원하지 않는다고 가정하며 내담자가 문제를 재구성하거나 해결책을 찾도록 돕는다. 해결중심치료에서는 내담자가 문제를 분명하게 표현하도록 서두르지 않는다. 치료자는 문제에

서 자유로운 대화(problem-free talk)와 회기 전에 이미 일어난 변화
에 대해 논의함으로써 내담자가 더 큰 그림을 볼 수 있도록 한다.

1) 문제에서 자유로운 대화(problem-free talk)

해결중심치료에서는 내담자가 문제에서 벗어난 이야기를 할 수
있도록 격려한다(George et al., 1990). 일반적으로 그러한 대화는
내담자가 즐기면서 하는 일("자유 시간을 어떻게 보내나요?")에 관
해 비공식적인 대화의 형태로 진행된다. 그러나 이것은 단지 어색
함을 깨거나 관계를 구축하기 위한 것이 아니다. 흔히 이러한 시
간은 해결을 구성할 때 도움이 될 수 있는 내담자의 기술이나 선
호 그리고 전략에 대한 증거를 제공한다.

사람들은 자신의 관심과 열정에 대해 얘기할 때 대체로 생기가
돌고 열정적이기 마련이다. 또한 내담자가 자신의 '취미'에 대해
치료자를 가르치며 전문가로서의 역할을 하게 되는 역할의 반전
이 생기기도 한다. 이것은 인터뷰를 매우 다르게 시작할 수 있는
방법이다. 한 예로, 어떤 사람이 필자에게 지난 20년 동안 1990년
대의 추억거리를 수집하는 자신의 열정에 대해 얘기한 적이 있다.
그는 같은 관심거리를 가진 다른 사람들과 수집품을 교환하기도
하고 포럼에도 기여하며, 1990년대에 관련된 컨벤션 행사에 참석
하기도 하였다. 그의 얘기를 통해 그가 사회 기술이 좋고, 정리정
돈을 잘하며, 여행에도 취미가 있고, 한 가지 일에 전념하며 그것
에 대한 충성심이 매우 높은 사람임을 알 수 있었다. 필자가 제공

한 피드백은 다음과 같다. "당신이 쉽게 포기하지 않는 사람이라는 것을 알았습니다. 당신은 무엇인가에 관심이 있을 때 어떤 고난이 있더라도 그것을 포기하지 않습니다. 당신은 어떤 변화가 일어나길 원할 때 그것을 위해 최선을 다하고 또 해결을 찾는 것이 시간이 좀 걸릴지라도 포기하지 않을 것임을 알게 되었습니다." 어떤 내담자는 자신의 문제를 다루는 데 너무 많은 시간을 투자하기 때문에 정작 자신이 관심 있는 것을 못하기도 한다.

필자와 동료들은 내담자와 함께 문제에서 자유로운 대화를 나눔으로써 상당히 성공적인 경험을 했다. 우리는 내담자가 일상생활에서 경시했던 것에 관해 탐색하고, 내담자의 문제가 음악, 영화, 산책, 외식 등과 같이 가장 큰 즐거움을 주는 것을 무시하게 만들었다는 것을 발견했다. 많은 경우 내담자는 최소한 '해결 방안'의 한 부분으로서 다시 즐거운 생활을 할 수 있는 것을 결정하기도 한다. 어떤 치료자는 내담자와의 친밀한 관계 형성을 위해 자신의 관심과 취미에 대해 이야기하지만 이것은 아주 조심스럽게 해야 한다. 개인적으로 필자는 필자의 것이라고 밝히지 않으면서 필자의 생각과 경험에 대해 내담자와 이야기하는 것을 선호한다.

문제에서 자유로운 대화의 다른 형태는 특정한 내담자에게 적절하게 접근하도록 돕는 질문을 하는 것이다. 그러한 질문으로 얻은 정보는 치료의 초점을 좀 더 명확하게 하는 데 도움이 된다.

표 4-1 문제에서 자유로운 대화에서 활용할 수 있는 질문

당신은 어떤 사람인가요?
• 결정에 신중한 사람인가요?
• 무엇을 할 때 항상 다른 사람의 이야기를 듣는 것을 좋아하나요?
• 도전해서 다시 일어서는 사람인가요?
• 다른 사람에게 방해받지 않는 사람인가요?

이러한 질문에 대한 치료자의 반응은 다음과 같을 수 있다.

"지금까지 알게 된 것 중 하나는 당신은 신중한 사람이어서 서
두르는 것을 좋아하지 않는다는 것입니다."
"당신은 제가 직접 말씀드리는 것보다 스스로 방법을 찾는 것
을 더 좋아하는 것 같습니다."

해결중심 치료자는 문제보다 그 사람에 대해 더 많이 탐색하려
는 경향이 있다(Bliss & Edmonds, 2008).

2) 회기 전 변화

많은 사람은 치료기관에 오기 전 자신의 문제를 해결하기 위해
'많은 것'을 시도한다. 이러한 방법 중 어떤 것은 조금 도움이 되
었을 것이고, 또 어떤 것은 문제를 악화시켰을 수도 있다. 어떤 것
은 한동안 도움이 되었을 수도 있고, 또 어떤 것은 항구적인 해결
방안의 실마리가 될 수도 있다. 해결중심 치료자는 내담자가 이미

하고 있는 것으로 도움이 되는 어떤 것이라도 끌어내기 위해 상담 전 변화에 대한 질문을 한다. 이 질문은 내담자가 변화를 만들어 낼 능력을 가지고 있고 이미 그것을 시작했으나 다만 인식하지 못할 뿐이라는 가정에 기초한다.

상담 예약을 하고 내담자가 처음 상담에 왔을 때, 상담자는 예약을 했을 당시와 첫 회기 사이에 있었던 변화에 관심을 갖고 질문한다. 과거에 상담자는 내담자가 전문적 도움을 받기 전에 자신의 문제를 해결하기 시작했다는 것을 무시하거나 부정하기도 했다. 어떤 실천가는 내담자가 보고하는 변화를 착각이나 일시적인 것 또는 '진짜' 문제에 직면하지 않으려고 문제를 부정하는 것으로 보고 가볍게 다루기도 하였다.

와이너-데이비스, 드셰이저와 깅그리치(Weiner-Davis, de Shazer & Gingerich, 1987)는 회기 전 변화에 대해 탐색하던 중 가족문제를 가진 30명의 부모 중 20명(66%)이 회기 전에 이미 긍정적인 변화가 있었다는 것을 발견했다. 연구자는 나머지 사람도 치료 전에 변화가 있었던 것을 나중에 기억해 냈다는 것을 발견했다. 비슷한 연구로, 로슨(Lawson, 1994)은 82명의 내담자를 인터뷰하였다. 그중 51명(62%)은 회기 전에 이미 긍정적인 변화를 관찰했고, 31명(37.8%)은 변화가 없거나(28명) 오히려 악화(3명)된 것으로 보고했다. 맥도널드(Macdonald, 2007)는 존슨과 동료들(Johnson et al., 1998)의 연구와 다른 연구를 인용하여 치료자가 치료 이전 변화에 대해 탐색했을 때 치료가 조기에 성급하게 종결되는 수가 적은 것으로 보았다.

긍정적인 상담 전 변화는 내담자가 독립적으로 만든 것이기 때문에 내담자의 역량을 강화하는 것이다. 내담자가 상담 전 변화에 대해 인식할 수 있도록 함으로써 상담자는 내담자가 이미 시작한 것 위에 해결을 구축하도록 도울 수 있다. 상담 전 변화는 내담자의 전략, 믿음, 가치와 기술이 어떤 것인지 보여 주며, 이런 것들은 결국 해결 방안을 구성하는 데 도움이 된다. 이러한 '좋은 시작'은 변화 과정을 가속시키고 치료가 단기에 종결될 가능성을 높인다.

내담자는 상담자가 자신의 노력과 이미 만들어 낸 진전을 인정해 줄 때 좋아하며 놀라곤 한다. 흔히 내담자는 상처받기 쉽고, 당혹해하며, 창피한 느낌이나 실패자라는 생각을 가지고 상담실을 찾는다. 그들은 그동안 다른 사람들로부터 받아 온 반응처럼 비판이나 비난을 받거나 심지어 거부당할 수도 있을 것이라고 생각한다. 그러나 그들은 해결중심 실천가로부터 노력에 대한 존중과 성취에 대한 진심 어린 축하를 받는 경험을 하게 된다.

이것은 많은 내담자에게 감동적인 사건이다. 내담자의 힘든 상황과 그런 상황에서 보여 준 내담자의 대처에 대한 상담자의 이해는 내담자에게 깊은 긍정적 느낌을 주며, 그 자체가 변화일 수 있다. 그것은 내담자에게 상황이 계속해서 좋아질 것이라는 희망을 주고 긍정적인 시각을 가질 수 있도록 돕는다. 치료가 시작되는 시점에서 내담자에게 긍정적인 피드백을 주는 것은 앞으로의 진행에 대한 분위기를 조성한다.

상담자: 지난주에 우리에게 전화를 주신 후 어떤 변화가 있었나요?

내담자: 전화를 했을 때 완전 바닥이었지요. 울음을 멈출 수가 없었어요. 먹을 수도, 잠을 잘 수도, 외출을 할 수도 없었어요. 지금도 좋지는 않지만 그렇게 많이 울지는 않습니다.

상담자: 힘든 시간을 보내고 있는데, 어떻게 그렇게 하실 수 있었습니까?

내담자: 친구들이 굉장히 많은 지지를 해 주었습니다. 제가 혼자가 아니라는 것을 알게 해 주려고 노력했어요.

상담자: 많은 시간을 누군가와 함께 있는 것이 기분을 좀 낫게 한다는 것인가요?

내담자: 그들 없이 제가 뭘 할 수 있었을지 모르겠어요.

상담자: 또 뭐가 도움이 되었나요?

내담자: 나 자신에게 삶은 계속되어야 한다고 말했죠. 그것에 대해 제가 할 수 있는 일이 아무것도 없어요.

상담자: 최선을 다해야겠다고 느끼고 어떻게 해서든지 그렇게 하시는군요.

내담자: 익숙해지려면 시간이 걸릴 것을 알고 있습니다.

상담자: 또 뭐가 도움이 되었나요?

내담자: 처음 며칠간 술을 많이 마셨는데 아침에 일어나 너무 힘들었습니다.

상담자: 과음을 하는 것이 도움이 되지 않는다는 것을 발견하셨군요?

내담자: 네.

상담자: 상황이 좋지 않았지만 상황이 나아지도록 많은 것을 하셨네요. 도움이 되었다고 느낀 것을 이미 했거나 더 이상 하지 않은 것이 있나요?

이 예에서 내담자는 이미 노력한 것과 문제 해결 사이에 분명한 연결을 보지만 때로는 그러한 것을 중요한 진전으로 보지 못하기도 한다. 일상생활에서 중요한 사람들의 영향으로 인해 내담자는

작고, 우연적이고, 예외적인 과정에 관해 가치를 두지 않을 수도 있다. 그러나 해결중심 치료자는 그러한 반응으로 인해 대화의 방향을 전환하지 않는다. 많은 경우 자신이 만들어 낸 발전을 처음에 믿지 않았던 내담자는 작은 성공에 대한 기록을 통해 자신이 큰 성공을 만들어 냈다는 것을 나중에 알게 되기도 한다. 어떻게 상황이 좋아졌는지에 대해 어리둥절해하는 내담자는 나중에 사건에 관해 곰곰이 생각해 보며 비로소 그것이 나아진 것임을 알게 된다. 위기를 겪고 있는 상황에서 자신이 만든 작은 진전을 보는 것은 힘든 일이다.

비록 변화의 어떤 부분은 내담자의 통제 밖에서 일어나지만, 많은 변화는 내담자의 견해가 바뀌거나 행동이 변화하는 데 기인한다. 상담자가 변화에 대해 좀 더 자세히 탐색할 때, 많은 경우 내담자는 좀 더 큰 그림을 그리는 데 도움이 되는 사건을 기억할 수 있게 된다. 이러한 그림은 상담자와 내담자 사이의 상호작용의 결과다. 매킬과 와이너-데이비스(McKeel & Weiner-Davis, 1995)는 상담 전 변화 질문을 상담자가 내담자에게 그들의 상황이 상담을 약속한 이후 변하지 않았다는 것을 의미하는 방식으로 했고, 이에 67%의 내담자가 그들의 상황이 이전과 같다고 보고했다. 이것이 의미하는 것은 만일 상담자가 상담 전 변화에 대해 믿지 않는다면 내담자 또한 믿지 않을 것이라는 것이다.

내담자의 일상생활에서 변화가 가능한 것과 그렇지 않은 것을 탐색할 때 상담자는 질문의 속도를 조절하고 적당한 시간에 적절한 질문을 할 수 있도록 민감해야 한다. 내담자가 생각할 수 있는 시간을 주고 조용히 기다려 줄 필요도 있다. 좋은 질문은 내담자에게 같은 상황에 대해 새롭거나 다른 사고방식을 제공하는 것이다. "이러한 과정에서 중요한 것은 치료자가 진심으로 내담자의 경험과 의미에 대해 궁금해하며 질문하는 것이다."(Thomas & Nelson, 2007, p. 5) 상담자는 내담자의 삶에서 이미 경험한 해결에 대해 호기심을 갖는다. 상담자가 일관되게 해결중심적이며 변화지향적인 언어를 사용하는 경우, 내담자는 상담이 끝났을 때라도 해결중심적인 개입을 스스로 시도해 볼 수 있을 정도로 그 접근에 익숙하게 된다. 변화의 분위기를 조성할 수 있는 질문은 다음과 같다.

- 상황이 변화될 가능성이 있는 어떤 것이 실제 생활에서 일어나고 있나요?
- 상담에 와서 얘기를 나눌 좋은 시기가 지금이라고 느끼게 한 것은 무엇인가요?
- 당신이 원하는 것이 변화되었을 때 당신에게 도움이 되는 것은 무엇일까요?
- 당신이 말한 변화가 계속 일어난다면 상황이 올바른 방향으로 가고 있다고 느끼시겠습니까?
- 당신 삶의 한 부분에서 성취된 것이 다른 부분에 도움을 줄 수 있다고 생각하시나요?

내담자는 이야기할 수 있는 충분한 시간과 공간을 기대한다. 내담자는 마음을 털어놓고 싶어 한다. 우리 모두가 잘 알듯이 마음을 털어놓는 것 자체가 치료적이고 어떤 경우는 앞으로 나아가기에 충분하다. 대부분의 내담자는 현재 상황에 관해 경청받고 신뢰되며 존중받지 못하는 상태에서 일어나는 미래의 변화에 관한 탐색을 충분히 안전한 것으로 받아들이지 못한다.

나일런드와 코시글리아(Nylund & Corsiglia, 1994)는 내담자가 준비가 되지도 않았는데 해결을 만들어 내도록 강요하는 것과 같이 해결중심치료가 잘못 사용되는 경우를 해결을 '강요'하는 치료(solution- 'forced' therapy)라고 언급한 바 있다. 이것은 초보 해결중심 상담자가 종종 저지르는 실수다. 상담자가 성급하게 해결을 강요하면 내담자는 그에 저항하고, 상담자는 더 강하게 변화를 위한 압력을 가한다. 이것은 실천가가 담당 사례가 많고 결과를 만들어 내야 하는 시간적인 압력을 받을 때 더 많이 일어날 가능성이 있다.

효과적인 해결중심 실천가가 되는 중요한 기술 중 하나는 시간 조절에 대한 감(sense of timing)이다. 즉, 언제 뒤로 물러나고, 언제 느리게 진행하며, 또 언제 내담자와 함께 앞으로 나아갈지를 아는 것이다. 이러한 과정에 대한 학습은 실천가가 긴장을 풀고 해결에 대한 내담자 고유의 시간 조절 감각을 신뢰할 수 있도록 돕는다. 신속하게 결과를 만들고자 하는 상담자의 열망은 내담자의 이야기에서 긍정적인 부분을 놓치게 한다. 상담에 익숙하지 않은 실천가가 해결중심 접근을 사용할 때 버려야 할 버릇 중 하나는 문제해결사로서의 역할이다. 해결중심 상담자는 내담자가 상황이 나아지고 원하는 목표를 성취하기 위해 필요로 하는 것을 파악할 때 내담자보다 현명한 사람으로서의 역할과 신념을 포기해야 하는데, 이는 결코 쉬운 일이 아니다. 내담자에게 어떠한 해결책도 없을 때 상담자는 해결 방안을 제안하려는 유혹을 받는다. 상담자는 자신의 해결 방안에 미련을 갖고 유도 질문을 함으로써 내담자가 자신이 원하는 방향으로 가도록 이끌 수도 있다. 효과적인 해결중심치료를 위해 모든 상담자에게 공통적으로 필요한 것은 충분한 대인관계 기술이다〈표 4-2〉 참조).

리얼리티 TV, 페이스북, 트위터 등 현 시대에 사생활의 경계가 변하고 있는 것처럼 보이지만, 여전히 낮선 사람과 사적인 이야기를 나누기에는 용기가 필요하다. 사람이 혼자 문제에 관해 생각하며 많은 시간을 보낼 때는 그것을 밖으로 꺼내 이야기하는 것을 변화의 시작으로 볼 수 있다. 그러한 행동은 내담자가 문제의 현실성이나 비현실성에 대해 깨닫게 할 수 있다. 내적인 생각과 감

표 4-2 상담 기술

- 적극적 경청
- 공감
- 목표 설정
- 즉시성
- 최소한의 재촉
- 바꿔 표현하기
- 개방적 질문
- 재구성
- 은유의 활용
- 종결을 다루는 능력

정을 말로 표현하고 이를 들어 보는 경험은 우리가 그것을 얼마나 많이 믿고 있는지를 알 수 있게 해 준다. 어떤 경우에는 소리를 내어 말하는 이야기를 듣는 것 자체로 문제가 별로 큰 것이 아니라는 것을 깨닫기도 하고, 내면에서 혼자 생각했던 것과는 다른 것을 알게 되기도 한다!

　문제에 이름을 붙이는 것은 걱정과 죄책감을 줄일 수 있을 뿐 아니라 확신과 희망이나 때때로 그것에 대한 현실감을 주기도 한다. 이러한 작업은 문제가 사람을 사로잡는 힘을 줄일 수도 있다. 문제의 현실을 인정하는 것은 사회가 치료를 자원화할 수 있도록 돕기도 한다. 또한 문제를 공개하는 것은 자조 집단이 발전될 수도 있게 하고, 집단에 소속된 개개인이 자신의 상황을 상상해 왔거나 과장하지 않았다는 것을 알게 할 수도 있다.

　변화에 대한 태도는 문화에 따라 다르다. 다문화 사회에서는 개인이 자신의 운명을 관리하고 그러한 시도가 얼마나 바람직한 것인가에 대해 알려 주는 다양한 철학이 존재한다. 어떤 사회는 개인이 자신의 미래를 적극적이고 직접적으로 개선할 수 있다는 생각을 독려하는 반면, 어떤 사회는 사람들에게 자신에게 주어진 삶을 그대로 받아들여야 한다는 것을 강조한다. 개방적인 사회에서는 이처럼 상이한 관점 간에 합의가 있을 수 있다. 이러한 다양성은 해결중심 실천가가 '한 단계 낮은' 자세를 취하고 내담자의 문화적 환경 내에서 '효과가 있는 것'에 대해 호기심을 갖는 것이 중요함을 강조한다.

　해결중심 상담자가 첫 회기에 당면하는 과제 중 하나는 내담자

그림 4-1 문제의 섬

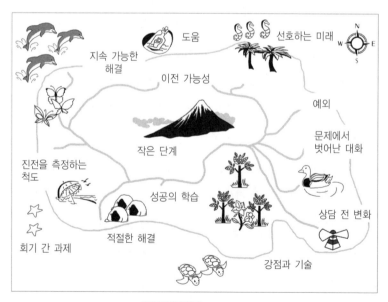

그림 4-2 해결의 섬

의 감정과 관심을 확인하고 인정하는 것이다. 그러한 관심은 문제뿐 아니라 내담자가 심사숙고하고 있는 해결 방안과도 연결될 수 있다. 많은 사람이 변화를 만드는 것이 자신의 능력 밖이라고 느끼거나 변화가 상황을 더 나쁘게 할까 두려워한다. 어떤 사람은 변화 과정이 일단 시작되면 그것을 통제할 수 없을까 두려워하기도 한다. 다른 사람은 새로운 어려움을 만들어 내기보다 이미 갖고 있던 어려움을 그대로 간직하려는 경향이 있다. 내담자는 흔히 문제중심 대화와 해결중심 대화의 사이를 오간다.

필자는 이러한 움직임을 문제의 섬(the problem-island)과 해결의 섬(the solution-island)이라는 은유를 이용해 생각하는 것이 도움이 된다는 것을 발견했다(O'Connell, 2001). 즉, 내담자가 처음 도움을 요청하며 상담실에 찾아왔을 때 그는 문제의 섬 위에 있다고 볼 수 있다. 그것은 내담자가 매우 익숙한 영역이다. 내담자는 문제의 섬 구석구석을 잘 알고 있는데 그 섬에서 지난 몇 년간 살았을 수도 있다. 그곳은 내담자가 알고 있는 유일한 곳일 수도 있고, 그 섬 밖에서 지낸 시간을 기억해 낼 수 없는 내담자도 있을 수 있다. 아마 내담자가 알고 있는 모든 사람이 문제의 섬에 살고 있다고 느낄 수도 있다. 만일 상담자가 내담자의 신뢰를 얻게 된다면 내담자가 사는 문제의 섬에 초대될 수 있는데, 만일 상담자가 진정으로 관심을 보이면 내담자는 상담자가 섬을 둘러보도록 돕고 또 섬의 이곳저곳에 연결된 사건에 대해서도 들려줄 것이다. 내담자는 문제의 섬에서 살아가는 삶에 대해 할 말이 매우 많을 수도 있다. 상담자는 내담자와 함께 섬을 둘러보는 일을 끝냈을 때 뭔가 다른 것을 해야 할 필요가 있는데, 그렇지 않을 경우 둘 다 같은 섬에 갇히게 되고 끝도 없이 그곳을 계속 둘러볼 가능성이 있기 때문이다. 그러나 내담자를 문제의 섬에 남겨 둔 채 상담자 혼자 해결의 섬으로 갈 수 있는 방법은 없다. 따라서 해결지향적인 질문을 통해 상담자는 내담자가 잠시 문제의 섬을 떠나 해결의 섬이 어떤 모습인지 탐색해 보고 어떻게 그곳에 갈 수 있으며 또 언제 그곳에 가게 될지에 대해 생각해 보도록 격려한다(Bramwell, 2003).

그러나 내담자가 탐색에 성공한다 해도 문제의 섬에 있는 안전요원이 다시 부르기 전까지 그 기간은 아주 짧을 수도 있다. 상담자는 내담자가 조금 더 오랜 시간 머무를 수 있다고 느낄 때까지 해결의 섬을 계속해서 방문하길 바랄 것이다. 어떤 단계에서 내담자는 해결의 섬에 가장 가까운 문제의 섬 가장자리에 거주하게 되거나 문제의 섬에서 해결의 장소(solution spot)를 지정할 수도 있다(Melchior, 2003). 만일 해결의 섬에 대한 방문이 긍정적이었다면, 내담자는 문제의 섬을 잠시 피해야 할 때 어디로 가야 할지 알 것이다. 내담자는 해결의 섬에서 살게 될 수도 있지만, 인간의 삶이 좋고 나쁜 시간으로 가득 차 있다는 것을 생각해 볼 때 내담자는 문제의 섬으로 가끔 여행을 갈 수도 있다.

어떤 내담자에게는 문제중심에서 해결중심으로 대화를 전환하는 것이 처음부터 가능하지 않을 수도 있다. 그의 부정적 감정과 긍정적 미래 사이에 너무 큰 차이가 있을 수 있다. 그러한 경우 내담자는 문제중심의 대화를 나눌 필요가 있고 상담자는 내담자에게 이러한 시간을 허락해야 한다. 그들의 대화는 상황이 나아지기 위해 무엇을 할 수 있는지에 집중하기보다 대처 전략과 무엇이 상황을 더 나빠지지 않도록 도왔는지에 더 초점을 둘 수 있다. 이럴 때에는 문제를 유지하거나 더 나빠지지 않도록 하는 시도만이 가능한 전략일 수도 있다.

어떤 내담자에게는 미래에 대해 이야기하는 것이 과거에 대한 것보다 훨씬 더 쉬울 수 있다. 과거는 지난 일에 대한 방어적인 설명이 있는 갈등의 장면이지만 미래는 아직 쓰지 않은 빈 공책이다. 인간은 과거로부터 배울 수 있고 모든 것을 뒤로하고 앞으로 나갈 수만은 없다 하더라도 새로운 가능성을 경험하는 것은 가능하다. 문제중심에서 해결중심 이야기로 전환될 때 인터뷰의 분위기와 에너지 수준이 변화하는 것을 주목하는 것은 의미가 있다.

상담자는 내담자의 생활을 탐색하기 위해 기술적인 언어(descriptive language)를 사용하며 이것은 내담자에게 모범이 될 수 있다. 내담자가 목표를 성취하기 위해 필요한 것으로서 관찰이 가능한 변화를 명확히 하도록 상담자는 내담자가 사용한 단어를 사용한다. 상담자는 우울, 낮은 자존감, 관심을 끌기 위한 행동, 스트레스 등과 같은 추상적이고 모호한 단어를 피하고, 각 내담자의 일상적인 행동을 구체적으로 기술한다. 점차적으로 상담자는 내담자의 감정이나 태도 또는 성격적 특성에 관한 이야기를 관찰 가능하고 행동적인 것으로 기술할 수 있도록 이끈다. 그러나 상담자가 관찰 가능한 행동을 묘사하는 것을 강조한 나머지 내담자의 내적인 감정과 태도를 대화에서 제외해야 한다는 뜻은 아니다.

상담자: 당신이 우울하다고 느끼게 하는 신호는 무엇입니까?

내담자: 온종일 침대에 누워만 있어요. 외모에 대해서 신경 쓰지 않고요. 꼭 나가야만 하는 일이 아니면 외출도 하지 않아요. 우리 식구는 각자 알아서 해결해야 해요. 저는 밥도 제대로 먹을 수가 없어요.

상담자: 당신이 우울하다고 느낄 때 또 어떤 일이 일어나지요?

내담자: 되도록 사람들과 접촉하지 않아요. 에너지도 없고 어떤 것에도 열의가 없어요. 제가 좋아하는 일도 포기합니다. 그냥 혼자 있고만 싶어요.

이 내담자는 자신의 경험을 설명하기 위하여 우울이라는 용어를 사용하였다. 내담자의 분명하고 사실적인 언어는 상담자가 내담자의 우울한 경험에 대해 이해할 수 있도록 도왔다. 이런 경우 상담자는 시작부터 내담자와 목표에 관해 협상할 수 있다. 내담자는 다음에 열거된 사항 중 한두 가지를 시작하기로 결심할 수도 있다.

• 침대에서 조금 더 일찍 일어나기
• 점심 식사 챙기기
• 외모에 조금 더 신경 쓰기
• 10분 정도 외출하기

이와 다르게 시작할 수 있는 방법으로 내담자가 효과가 없다고 알고 있는 실패한 해결책에 관해 이야기하는 것을 들 수 있다.

3) 실패한 해결책

내담자가 실패한 해결책(failed solutions)의 유형을 확인하는 것은 단기문제중심상담(brief problem-focused counselling)의 한 형태인 MRI 모델의 특징 중 하나다. 대부분의 해결중심 상담가도 이러한 MRI적인 요소를 자신의 레퍼토리 안에 갖고 있다. MRI 모델은 지금과는 다른 결과를 성취하기 위해서 내담자가 현재 하는 것과는 뭔가 다른 것을 할 필요가 있다고 제안한다. "만일 지금까지 해왔던 것을 계속한다면 앞으로도 지금까지 얻은 것과 같은 것을 얻게 될 것이다." 따라서 내담자는 과거에 계속해서 실패한 '해결'을 저버릴 필요가 있다. 이것은 '처음에 성공하지 못하면 계속해서 다시 노력해야 한다.'는 일반적으로 알려진 문화적인 메시지에 역행하는 것이기도 하다.

그렇지만 어떤 사람은 철학적인 만화영화 주인공인 호머 심슨(Homer Simpson)이 말했듯 '만일 처음에 성공하지 못한다면 그것은 너무 힘든 일일 것이다.'라거나, 조금 더 운명주의적으로 들릴 수도 있지만 '만일 처음에 성공하지 못하면 실패가 남아 있을 뿐이다.'와 같은 태도 중 하나를 선택할 수도 있다. 성공적인 상담 과정의 종결 부분에서 해결중심 상담자는 내담자에게 비슷한 문제를 가진 다른 내담자에게 어떤 충고를 하겠냐고 물을 수도 있다. 상담자는 좋은 사례를 기록한 노트나 내담자를 위한 치료적 비결에 관한 파일을 만들어 어렵게 얻은 지혜를 축적해 나갈 필요가 있다.

5. 내담자의 목표 명료화

우리는 달성할 수 없는 것을 추구하면서도 불가능한 것을 현실로 만들기도 한다.

로버트 아드리(Robert Ardrey, 1970)

때로는 시작이 종결이기도 하고, 종결이 시작이기도 하다. 종결은 우리의 시작점이다.

T. S. 엘리엇(T. S. Eliot, *The Four Quartets*, 1963)

상담자는 내담자가 문제를 해결할 수 있는 방법으로 정의하고, 분명하고 간단하며 성취할 수 있는 목표를 만들어 내도록 돕는다. 내담자의 목표는 의뢰인의 목표와 일치하지 않을 수도 있고 이는 상담자에게 도전이 될 수도 있다. 해결중심치료에 대한 맥도널드(1994)의 연구에 의하면 긍정적인 결과와 구체적인 치료 목표에 관한 성공적인 협상 사이에 상당한 상관관계가 있다. 즉, 목표가 부정적으로 정의되었거나 분명치 않을 때 결과는 덜 성공적이었다.

해결중심치료에서 상담자는 내담자가 상담이 성공적이기 위해 어떤 것이 일어나기를 원하는지 분명히 하려 하나 이것이 항상 가능한 것은 아니다. 내담자는 종종 문제에 대해 분명하지 않고, 당황스러워하며, 또 무엇이 좋은 결과일지에 대해서도 명확하지 않기 때문이다. 주관이 없고 초점이 약한 것을 막기 위해 상담자는 분명한 종결에 대해 내담자와 협상해야 한다.

- 이곳에 오면서 바라는 것이 무엇인가요?
- 당신의 일상생활에서 달라진 것으로 어떤 것을 보게 되면 여기에 오길 잘 했다고 생각할까요?
- 상황이 나아지고 있다는 것을 알려 주는 첫 번째 신호는 무엇일까요?

간혹 시간을 예측하는 질문이 내담자가 주어진 시간에 목표를 얼마나 이룰 것으로 느끼는지 알아내는 데 도움이 된다.

- 만일 우리가 3개월에서 6개월 후에 다시 만나 당신이 제게 상황이 많이 좋아졌다고 말을 하게 된다면, 당신과 다른 사람에게 도움이 된 것은 무엇일까요? 첫 번째로 일어난 일은 무엇이었을까요?

상담자는 내담자가 하는 모든 말을 세심하게 경청하고 면밀히 반응하지만 특히 내담자에게 효과가 있었던 것과 변화를 촉진한 것에 대한 증거에 집중한다. 어떤 내담자의 '해결'에는 외부적 해결 방안이 없을 수도 있다. 내담자가 문제에 대한 분명한 해결 방안이 없다는 사실을 수용하는 것에는 그들의 강점과 자질 그리고 전략을 요한다. 토머스(Thomas, 2007)는 다음과 같이 표현하였다.

모든 것이 해결될 수 있는 것은 아니며, 모든 것에 대해 내담자가 해답을 갖고 있다는 가정도 적합하지 않다. 우리가 모든 것을 고치고 설명할 수 있는 것은 아니다.

또한 내담자의 행동이 변화할 때 감정까지 항상 함께 변하는 것이 아닐 수 있다는 것을 아는 것도 도움이 된다. 비슷한 측면에서 보면 내담자가 자신의 상황을 개선하기 위해 행동을 취하기 전에 꼭 긍정적으로 느껴야 할 필요는 없다. 내담자가 적극적으로 행동함으로써 더 좋게 느낄 가능성은 많아진다.

해결중심 실천가는 내담자에게 효과가 있는 것을 중심으로, 점진적인 변화, 즉 작은 단계를 중심으로 내담자가 이미 수행하고 있는 바람직한 행동을 확대해 나간다. 이러한 단계는 문제에 대한 예외 탐색 및 기적 질문에 대한 응답에서 나타난다.

1) 기적질문

당신은 자신의 이미지를 만들어 내야 합니다. 그것은 태어날 미래이며… 낯설게 느껴지더라도 두려워 마세요. 미래는 실제로 일어나기 훨씬 전부터 당신과 함께 있었습니다.

릴케(Rilke, 1990, p. 115)

기적 질문은 해결중심 학파와 가장 밀접한 연관이 있는 개입이다. 필자의 경험에 의하면 기적 질문은 이 모델에 대해 잘 알지 못하는 사람들이 많은 오해를 하며 잘못 사용하는 기법이기도 하다. 기적 질문은 전형적으로 첫 회기에 사용되나 첫 회기 이후에도 사용될 수 있다. 기적 질문은 내담자에게 이미 존재하는 해결 방안과 자원에 대한 증거를 끌어내고 목표를 명확히 하기 위해 사용된다. 기적 질문은 내담자가 자신의 문제가 해결되거나 좀 더 잘 관리되고 있을 때 자신의 삶이 어떨 것 같은지에 대해 되도록 분명하고 구체적으로 묘사할 수 있게 하는 미래지향적인 질문이다.

기적 질문은 다양한 형태로 사용되지만 드세이저(1988, p. 5)가 고안한 표준화된 공식은 다음과 같다.

어느 날 당신이 잠들었을 때 기적이 일어나 우리가 얘기하던 문제가 사라졌다고 상상해 보세요. 당신은 잠을 자고 있었기 때문에 기적이 일어난 것을 모릅니다. 당신이 깨어났을 때 기적이 일어났음을 알 수 있는 첫 번째 신호는 무엇일까요?

이 질문은 아들러(Adler, 1925)의 '근본적 질문(fundamental question)'과 유사하다. "만일 당신의 모든 문제가 해결된다면 무엇이 다를까요?" 그것은 또한 에릭슨의 수정구슬 기법과도 비슷한데 내담자에게 수정구슬 속의 미래를 들여다보도록 하고 그것이 어떻게 해서 일어나게 되었는지를 설명하도록 하는 것이다. 또한 에릭슨은 내담자가 달력의 어떤 날을 정해 상황이 나아졌다고 상상하도록 한 후 그것에 이르게 되는 다양한 지점에서 어떤 일이 일어났는지를 알아내기 위해 역으로 작업하는 방법을 활용하기도 했다.

기적 질문을 사용할 때는 천천히 조심스럽게 소개하는 것이 도움이 되는데 내담자가 질문이 의도한 바를 이해하고 적응할 수 있도록 구절과 구절 사이에 잠깐 멈춘다. 기적 질문은 상상력을 활용해야 하지만 그렇다고 그것을 공상 여행이라 말할 수는 없다. 기적 질문은 내담자가 부정적이고 문제중심적인 사고를 초월하여 원하는 미래를 분명하게 표현할 수 있도록 돕는다. 그렇지만 이것이 모든 내담자에게 쉬운 일은 아니다. 자신의 미래가 다르거나 좋을 것이라는 믿음을 갖지 못한 채 과거에 갇혀 있는 사람도 많다. 많은 사람이 삶을 발전시키는 데 제한된 자원과 적은 에너지만을 갖고 있는 것도 사실이다. 대다수의 상황과 환경에서 기적이 필요한 것은 개인이 아니라 오히려 조직과 사회일 수도 있다. 그러나 상황이 어떠하든지 우리의 행복이나 평화의 수준은 그것에 대한 우리의 반응을 재평가해 봄으로써 도움받을 수 있다.

기적 질문은 내담자가 자신의 목표와 그것을 성취할 수 있는 방법을 명확히 하도록 돕는다. 그뿐 아니라 변화의 분위기를 조성하며 이미 존재하는 해결 방안과 자원을 확인할 수 있게 한다. 기적 질문은 내담자에게 다른 삶을 살 수 있는 가능성을 제기하지만 나중에 환멸이나 심지어 절망을 일으킬 수 있는 헛된 희망을 갖게 하는 방식이어서는 안 된다. 기적 질문의 의도는 내담자가 문제가 없는 삶에 관해 풍부하고 자세하며 실질적으로 묘사할 수 있도록 돕는 것이다. 그러한 미래의 시각화는 내담자에게 역량 강화적이며 앞으로 어떻게 행동해야 하는지를 알려 준다.

이것은 자주 일어나는 초기 반응으로 실천가가 이러한 반응에

<예>

상담자: 앤, 제가 많은 사람이 도움이 된다고 말하는 좀 색다른 질문을 할게요.

(이러한 소개는 내담자에게 다음의 질문이 좀 놀라울 것이라고 미리 알리는 것이다. 동시에 많은 사람이 경험을 하고 얻은 것이 있기 때문에 대답하려고 노력하는 것은 가치가 있다고 제안하는 것이다.)

상담자: 오늘 밤 당신이 잠에 들었을 때 기적이 일어나 집의 모든 문제가 사라졌다고 상상해 보세요. 당신은 잠을 자고 있었기 때문에 기적이 일어난 것을 모릅니다. 당신이 깨어났을 때 기적이 일어난 것을 알 수 있는 첫 번째 신호는 무엇일까요?

내담자: 모르겠어요. [멈춤]

포기하지 않는 것이 중요하다. 다음의 반응이 도움이 될 수 있다.

- 침묵하며 내담자에게 그것에 대해 생각할 기회를 준다.
- 내담자에게 옳고 그른 대답이 없다고 말한다.
- "어떻게 생각하세요?"라고 내담자에게 다시 묻는다.
- "당신이 주목할 좋아진 것이 무엇이라고 생각하세요?"라고 묻는다.
- "기적이 일어났을 때 다른 사람들은 당신에 대해 무엇을 주목하게 될까요?"라고 묻는다.

때때로 내담자는 "부자가 되고, 큰 집을 갖고, 완벽한 배우자도 갖고…"와 같은 대답을 하기도 한다. 이러한 답은 가벼운 농담처럼 들릴 수 있으나 내담자가 간절히 바라는 희망을 보여 주는 것이기도 하다. 필자는 이와 반대로 기적 질문에 대해 "제가 죽는겁니다."라고 대답하는 내담자를 만난 적이 있다. 이러한 대답을 들으면 그것이 어떻게 그리고 왜 해결 방안처럼 느껴지는지에 대해 내담자와 이야기해야 한다. 이때 상담자는 내담자의 대답을 인정하지만 그가 처한 위험에 대해서도 함께 사정해야 한다. 그리고 나서 상담자는 다시 한 번 내담자에게 문제가 성공적으로 다뤄졌고 여전히 그가 살아 있는 기적 이후에 맞는 아침에 대해 설명해 달라고 요청해야 한다. 어떤 경우 기적 질문은 내담자에게 감정 정화의 경험을 일으키기도 하는데, 내담자는 눈물을 흘리며 만일 기적이 일어난다면 사라질 상처의 경험을 털어놓기도 한다. 그러므로 상담자는 기적 질문에 대해 내담자가 항상 긍정적인 대답을 할 것으로 기대해서는 안 된다.

앞에서 소개했던 내담자의 경우로 다시 돌아가 보면, 내담자는 상담자의 지지를 받은 후 다음과 같이 반응할 수 있다.

〈예〉

내담자: 아마 우리 두 사람이 좀 더 가깝게 느낄 것 같아요.
상담자: 두 분이 서로 가깝게 느끼는 것을 어떻게 알 수 있을까요?
내담자: 편안하고 차분하게 느끼며, 그냥 좀 더 행복할 것 같아요.

내담자의 감정을 인정하는 한편 그것을 관찰 가능한 행동으로

전환하는 것이 도움이 된다. 피쉬(Fisch, 1994)는 기적 질문을 다음
과 같이 변형하여 활용하였다.

내일 아침 잠에서 깨어나는 것을 생각해 보세요. 그런데 어떤
이유인지 모르지만 당신의 감정에 더 이상 문제가 없습니다. 그
러면 뭐가 다를까요? 그것을 어떻게 아시겠어요?

퀵(Quick, 1994)이 지적하듯이 이것은 두 개의 가능한 시나리오
를 만든다. 하나는 문제가 되는 감정이 없어진 경우이고, 다른 하
나는 여전히 마음속에 감정이 존재하나 더 이상 문제가 되지 않는
경우다.

만일 내담자가 어떤 일이 더 이상 벌어지지 않는 것을 기적이라
고 말한다면, 예를 들어 더 이상 걱정하지 않을 것이라고 한다면
상담자는 내담자에게 걱정 대신 무엇을 할 것인지에 대해 물어야

〈예〉

상담자: 기적이 일어나서 더 편하고 행복하게 느낀다면 뭘 다르게
　　　할 것 같나요?
내담자: 남편과 잘 지낼 겁니다.
상담자: 그러면 하루를 어떻게 시작하며 상황이 달라진 것을 어떻
　　　게 알 수 있을까요?
내담자: 우리는 함께 일어날 것이고, 직장에 가는 날이 아니면 그날
　　　함께 뭘 할지 계획을 세울 것 같아요.
상담자: 또 무슨 일이 일어날까요?

한다.

"또 다른 것은요?"와 같은 표현은 해결중심 실천가가 척도, 기적·예외 질문 등에 대해 자세한 답을 얻어 낼 때 반복적으로 사용한다. 더불어 다른 할 말이 생각나지 않을 때도 "또 다른 것은요?"라고 물어볼 것을 추천한다!

내담자는 기적 질문에 대해 한 개 이상의 대답을 찾아보고 싶을 수도 있다. 예를 들어, 부부관계를 유지한다면 어떤 기적이 일어나고, 부부가 헤어진다면 어떤 기적이 일어날 것인지를 생각할 수 있다. 해결중심적인 방법에 익숙하지 않은 상담자는 기적 질문에 대한 대답을 충분하고 자세하게 탐색하는 것이 어려울 수 있다. 내담자가 '해결 궤도(solution track)'에 머물도록 하는 데 필요한 질문 기술을 개발하기 위해서는 시간이 필요하다. 기적 질문이 성공하기 위해선 대답이 상세하고 자세한 그림처럼 표현되어야 하는데, 그러기 위해 상담자가 질문의 기술을 발전시키는 것이 중요하다.

〈예〉

내담자: 남편이 화를 내지 않으며 제가 하는 비난을 받아들일 수 있을 겁니다.
상담자: 좀 더 편안하고 행복하게 느끼기 때문에 조금 다른 방식으로 비난하게 될까요?

기적 질문은 상황을 호전시키기 위해 내담자가 어떻게 다르게 행동할 것인지가 드러나도록 하는 것이 목표다. 다음의 대화에서 상담자는 좀 더 평화로운 관계를 위해 내담자가 다르게 행동할 필요가 있다는 것을 제시한다.

내담자: 아마도, 네. 좀 더 솜씨 있게 말할 것 같아요.
상담자: 그것은 당신에게 어떤 의미인가요?
내담자: 남편에게 소리를 지르지 않고 말할 것 같아요.
상담자: 그러면 남편은 어떻게 반응할까요?
내담자: 좀 낫겠죠. 그게 상황이 나아질 수 있는 유일한 방법이기 때문이죠, 대화를 통해서요.

상담자는 내담자와 남편 사이의 대화 유형을 변화시키기 위해 내담자가 사용할 수 있는 전략에 대해 탐색한다. 내담자가 이미 자신이 무엇을 할 것인지 안다고 말했지만 내담자가 해야 하는 것에 관해 구체적이고 정확하게 설명하도록 격려하는 것이 도움이 된다. 상담자는 '한 단계 낮은' 자세를 유지하며 내담자가 생각하고 있는 것에 관해 호기심을 갖는다. 그러한 상담자의 자세는 내담자가 자신의 방법을 자신 있게 제시하도록 돕는 방식으로 내담자에게 전달된다.

상담자: 만일 상황이 좀 나아져서 두 분이 함께 앉아 서로 화 내지 않고 좀 더 분명하게 대화할 수 있고, 또 당신이 일어나길 원하는 것에 관해 말할 수 있고, 남편이 해 주기를 바라는 것과 남편이 당신에게 원하는 것에 관해서도 이야기할 수

있다고 생각해 보세요. 그러면 무슨 얘기를 하고 싶으세요?

내담자: 아마도 애들과 함께 저를 조금 더 도와달라는 것에 관한 것일 거예요. 제가 도움을 요청하면 남편은 너무 바쁘다고 말하지만 제가 괴롭히지 않고 그냥 놔두면 곧 돌아오곤 하죠.

내담자의 마지막 대답에서 문제중심('남편은 너무 바쁘다고 말하지만')과 해결중심('제가 그 사람을 괴롭히지 않고 그냥 놔두면')이 합쳐 있다는 것을 볼 수 있다. 이렇게 문제와 해결이 공존하는 양극적 대화는 내담자의 반응에서 흔히 나타난다. 이 시점에서 상담자는 내담자에게 경청하며 공감해야 하지만 그렇다고 문제중심의 대화를 확장해서는 안 되는데, 이것이 내담자가 해결을 찾으려는 노력의 탄력을 느슨하게 할 수 있기 때문이다. 만일 내담자가 기적 질문에 대답하지 않고 계속해서 문제중심의 대화를 한다면, 상담자는 내담자와의 대화 속에서 실제로 기적이 일어나 문제가 극복되었다고 가정한 것을 내담자가 다시 생각하도록 해야 한다.

〈예〉

상담자: 만일 당신이 원하는 방식으로 상황을 다룰 수 있게 되면 감정의 동요 없이 남편에게 도움을 요청할 수 있게 될 것이라는 말씀이지요.

내담자: 그게 제가 남편에게 할 일이에요.

상담자: 그때 어떻게 하겠어요? 그것을 다시 하려면 어떻게 해야 하나요?

원하는 행동의 변화를 확인하면서 상담자와 내담자는 그러한 변화를 만드는 데 도움이 될 수 있는 전략을 협상한다. 이때 상담자는 내담자가 더욱 발전시킬 수 있는 것으로서 어렵지 않은 성공적인 전략에 구체적인 관심을 가진다. 먼저 상담자는 현재 효과가 있는 전략이 존재하는지 발견하고자 한다. 만일 그러한 전략이 있다면 내담자는 그것을 어떻게 유지하거나 확대할 수 있는지를 생각해야 한다. 만일 효과가 없다면 내담자는 그러한 전략을 버리고 뭔가 다른 것을 시도해야 한다. 내담자가 어떠한 것도 효과가 없고 모든 것을 다 해 보았다고 느낄 때, 상담자는 내담자를 지지하고 공감해야 하지만 좀 더 낙관적이 되도록 강요해서는 안 된다. 내담자가 할 수 있는 한 최선을 다해 협조하고 있다고 믿으면서 상담자는 서두르지 않고 내담자의 속도에 맞게 진행한다.

일반적으로 내담자는 기적 질문에 답할 때 흥분하며 에너지가 많아진다. 상담의 분위기도 바뀌며 내담자와 상담자 모두 활기가 생긴다. 기적 질문을 통해서 내담자가 자신의 희망을 밖으로 표현하는 것만으로도 목표를 향해 나아갈 수 있도록 동기화하는 데 도움이 된다. 많은 경우 내담자는 기적 질문에 대한 자신의 대답에 얼마나 놀랐는지 말하곤 한다.

상담자는 내담자가 기적 질문에 대한 답을 발전시킬 수 있도록 적극적으로 경청하고, 격려하며, 공감하고, 또 치료적으로 질문한다. 상담자는 이것을 두 가지 방식으로 실시한다. 첫 번째는 내담자에게 기적이 일어난 다음 날을 자세히 설명하도록 하고, 한 부분에서의 변화가 다른 부분에 어떠한 영향을 미칠지에 대해 탐색한다.

- 직장에서 일이 훨씬 순조롭게 진행되면 저녁에 집에 돌아와 어떠실 것 같아요?
- 낮에 아이들을 더 잘 다룰 수 있게 되면 저녁에는 무슨 일이 있을까요?

두 번째로, 상담자는 기적이 내담자에게 중요한 다른 사람들에게 어떤 영향을 미칠 것인지에 대해 순환적인 질문을 사용한다.

- 기적이 일어났다는 것을 누가 처음으로 알아볼까요? 그들이 어떻게 반응할까요?
- 그것이 당신에게 어떤 차이를 만들까요?
- 당신은 그들이 알아보았다는 것을 어떻게 알 수 있을까요?
- 기적이 일어났을 때 남편이나 친구가 어떻게 행동할까요?

질문은 행동뿐 아니라 감정에도 초점을 둔다.

- 그렇게 할 수 있을 때 당신은 어떻게 느낄까요?

그렇다면 기적 질문을 사용하는 것이 항상 적절할까? 기적 질문을 민감한 상황에서 사용할 때는 주의가 필요하다. 내담자가 불치병을 앓거나 최근 사별을 경험한 것과 같은 상황이 그 예다. 기적 질문에 대한 대답이 어려울 때가 이런 상황인데, 내담자는 죽은 사람이 되돌아오길 원할 수도 있다. 어떤 상담자는 내담자에게 고통스러울 수 있는 대답을 봉쇄하기 위해 기적 질문을 변형해 사용하기도 한다. 또 다른 상담자는 앞에서 언급한 민감한 상황에서도 원형 그대로 기적 질문을 사용하는데, 그 이유는 이를 통해 내담자에게 도움이 되는 많은 정보를 얻을 수 있기 때문이다(Butler & Powers, 1996). 필자의 경험으로는 내담자가 질문에 어떻게 반응할지를 예상하는 것은 불가능하다. 필자는 이 질문을 하는 것이 가장 망설여졌을 때 가장 생산적인 반응을 얻을 수 있었던 경험이 있다. 그렇지만 반대의 경우도 있었다.

때때로 기적 질문을 변형한 것이 더 적절하게 느껴지는 상황이 존재한다. 다음의 대안적인 예를 살펴보자.

- 당신의 인생에서 이 부분에 변화를 가져오는 것이 목표라면, 진전하고 있음을 보여 주는 첫 신호는 무엇일까요?
- 이 상황에서 당신이 희망하는 바가 이루어졌다면, 상황이 달라지고 좋아졌다는 것을 알아볼 수 있는 첫 번째 것은 무엇이 될까요?
- 내일 직장(또는 학교, 가정, 혹은 문제가 일어나는 어떤 곳이라도)에 갔는데 당신의 문제가 모두 해결되어 있다면 무슨 일이 일어난 것일까요?
- 당신이 직장에서 일(또는 관계)을 다시 시작했다고 가정해 보세요. 이번에는 무엇이 다르면 좋겠습니까?

• 내일 직장(집, 학교)에 일하러 갔는데 고민의 원인이었던 상황
이 달라진다면, 당신이 무엇을 알아볼 것이라 생각하세요?

기적 질문은 집단상담과 부부·가족상담에서도 사용할 수 있는
강력한 도구다. 각 구성원은 문제가 없는 삶에 대한 자신만의 대
답을 할 수 있으며, 이것은 다른 가족 성원에게도 깨달음의 경험
이 될 수 있다. 여기서의 차이점은 한 내담자가 다른 성원이 기적
질문에 어떻게 대답할지 예상할 수 있도록 순환적인 질문을 사용
한다는 것이다. 뒤이어 전개되는 대화는 비난하고, 부정적이며 비
판적인 생각에서 벗어나지 못하던 사람들이 그러한 생각에서 벗
어날 수 있도록 도와준다. 갈등의 상황에서 상담자는 서로의 공통
적인 의견을 부각하고, 내담자가 서로의 요구를 경청할 수 있도록
격려하며 불합리한 요구를 수정할 수 있도록 돕는다. 상담자는 특
히 내담자가 문제를 해결하기 위해 이미 하고 있는 것에 대해 칭
찬한다. 기적 질문에 대한 논의에서 앞으로 나아갈 수 있는 한 방
법은 기적의 한 부분 또는 여러 부분에 대해 척도 질문을 사용하
는 것이다.

2) 첫 회기에서의 척도 질문

우리가 살아가는 디지털 시대에 단어와 글로 언어적 소통이 어
려울 때는 숫자가 도움이 되는 경우가 많다. 복잡한 인간관계에서
우리는 다른 사람들이 전달하는 정보에 관해 의미를 파악하지 못

하는 경우가 많다. 다른 사람들이 말하는 내용을 알고 있다고 가정하나 종종 그러한 가정의 근거를 찾을 수 없는 경우가 많다. 드셰이저와 김인수(de Shazer & Berg, 1992)는 내담자와의 치료에서 처음으로 척도를 사용하기 시작했다. 그들은 내담자들이 자신이 의미한 바를 표현하기 위해, 또 심지어 그 의미가 분명하지 않을 때조차 척도를 사용할 수 있다는 것을 발견하였다. 내담자의 자기 이해는 상담자가 내담자를 이해하는 것보다 더 중요하다.

상담자는 0에서 10까지의 척도를 이용하는데([그림 4-3]을 참조), 10은 가장 좋은 상태를 의미하고 0은 가장 나빴던 상태(또는 내담자가 서비스를 받기 위해 상담자를 만나기 전에 느낀 것)를 의미한다. 척도 질문의 주목적은 내담자가 실현 가능한 작은 목표를 세우고, 진전을 측정하며(시작, 중간, 종결), 해야 할 일의 우선순위를 결정하도록 돕는 것이다. 또 상담자는 내담자의 동기와 자신감을 사정하기

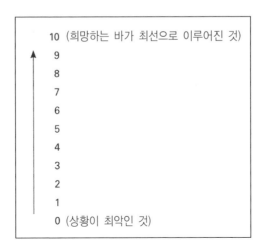

그림 4-3 척도

위해 척도 질문을 사용하기도 한다. 실제로 척도 질문은 상담 과정의 어떠한 측면에서도 다양하게 사용될 수 있다. 척도 질문이 특정한 순서에 따라 사용되는 것은 아니지만 다음의 예가 도움이 될 수 있다.

- 0에서 10까지의 척도에서 10은 가장 좋은 것을 의미하고, 0은 최악이라고 하면 오늘 어디에 있다고 말하겠어요?
- 하루나 이틀 전에는 어디에 있었다고 할 수 있나요?
- 척도에서 조금 더 높은 점수일 때는 무슨 일이 일어나고 있었나요?
- 점수가 아래로 떨어졌을 때 더 떨어지는 것을 어떻게 막을 수 있었나요?
- 과거에 척도의 더 높은 지점에 있었던 적이 있나요? 그때는 어떻게 그럴 수 있었죠?
- 현실적으로 다음 며칠/몇 주 안에 어디까지 올라가고 싶은가요?
- 지금 경험하는 모든 어려움을 생각할 때 현재 척도 점수에 계속 머무는 것이 괜찮은 건가요?
- 척도 점수가 올라간다면, 무슨 일이 일어나서 그 점수에 도달했다고 말할까요?
- 다음 며칠 동안 척도에서 1점 정도 올라가려면 무슨 일이 일어나야 하나요?
- 척도 점수가 내려가는 것을 막기 위해 해야 하거나 하지 말아

야 할 것에 대해 말씀해 주시겠어요?

- 노력을 방해하는 것은 무엇이며, 그것에 어떻게 대처할 수 있나요?
- 현재 상황에서 당신이 원하는 것을 성취할 수 있다는 희망을 주는 것은 무엇인가요?
- 살아오면서 배운 것 중 현재 당신에게 도움이 되는 것은 무엇인가요?
- 지금 당신에게 정말 도움이 될 수 있는 기술·자질·강점은 무엇입니까?

상담자는 척도 질문을 첫 회기에서뿐만 아니라 계속되는 상담에서도 사용한다. 척도 질문은 내담자가 상담의 회기와 회기 사이에 사용할 수 있는 실용적인 도구다. 내담자는 숫자를 자신의 임의대로 사용하는데, 내담자의 판단이 불분명하거나 의심스러울 때라도 상담자는 내담자의 점수에 대해 도전하지 않는다.

내담자: 남편은 제가 다시 자기에게 돌아오길 바란다고 말해요.

상담자: 0과 10 사이의 척도에서 10은 당신이 다시 돌아가길 원한다는 것이 확실한 것이고 0은 질문할 필요도 없는 것입니다. 지금 당신은 어디에 있다고 느끼나요?

내담자: 6쯤이요. 그 사람이 저를 어떻게 취급했는지를 생각하면 잘 봐 준거죠. 만일 지난주에 물으셨다면 1이라고 대답했을 겁니다.

다음의 예는 첫 회기의 한 부분으로, 내담자는 남편과 별거 중이며 이혼을 고려하고 있다. 내담자는 여기서 세 가지에 대해 얘기하고 있다.

- 남편에 대한 나의 신뢰는 유동적이어서 올라가거나 내려갈 수 있다.
- 나는 우울함에도 불구하고 나의 태도나 행동을 변화시킬 수 있었다.
- 나는 우리 부부가 다시 합치는 방향으로 변화하고 있다.

희생 없이 이러한 변화가 만들어진 것은 아니며, 내담자는 현재의 6점을 더욱 공고히 하거나 현재 자신의 상태를 다시 한 번 생각해 볼 수 있는 시간이 필요할 수 있다.

<예>

상담자: 1에서 6까지 어떻게 올라갔나요?

내담자: 며칠간 그 사람과 떨어져 지내는 게 도움이 되었습니다. 그 사람보고 전화나 편지로 절 괴롭히지 말라고 했고, 그 사람은 그 말을 따랐습니다. 실직을 하면서 그 사람이 얼마나 어려운 시기를 보냈는지에 대해서도 기억했어요. 아마 우리 둘 다 도움이 필요한 것 같습니다. 그 사람은 다른 사람에게 절대 자기 얘기를 하지 않아요.

문제를 해결하려는 내담자의 헌신을 볼 수 있다. 그녀는 남편의 관점에서 보고자 노력하고 있으며, 시간을 가지면서 문제를 곰곰이 생각하고 있다.

상담자: 어떻게 그렇게 할 수 있었지요? 6점까지 도달하는 것은 큰 상승인데요, 그렇지 않나요?

내담자: 제 생각엔 이것이 아마도 우리의 마지막 기회일 수도 있다는 것을 알기 때문인 것 같아요. 예전 같은 방식으론 안 돼요. 어떠한 방향으로든 변해야 합니다. 우리가 몇 가지에 대해 동의할 수만 있다면 마지막으로 한 번 더 노력해 볼 수 있습니다.

상담자: 다르게 행동하고 있는 것은 무엇인가요? 왜냐하면 이번이 마지막 기회라고 느끼시는 것 같아서요.

내담자: 애들 앞에서 그 사람을 비난하는 것을 멈췄습니다. 그 사람이 애들을 보려 할 때 힘들지 않게 응했어요. 만일 우리가 다시 합친다면 그 사람이 애들과 더 잘 지내야만 해요.

상담자: 함께 살고 싶어 하는 점에서 그분은 척도의 어디쯤에 있다고 생각하세요?

내담자: 아마도 저랑 같을 것 같아요. 제 생각엔 지금은 우리 둘 다 서로에 대한 확신이 좀 더 필요합니다.

척도는 내담자만이 아니라 배우자, 친구나 동료의 견해를 다루는 데 유용하다.

상담자: 현재 두 분 다 6점이군요. 그것이 다시 함께 살기 시작하는 데 당신에게 괜찮은 점수인가요, 아니면 7점이나 그 이상으로 올라가야 한다고 생각하나요?

내담자: 저는 그 사람이 집으로 돌아오기 전 우리 둘 다 6점을 좀 더 오래 유지해야 한다고 생각해요.

상담자: 다음 주나 그다음 두 주 동안 두 분이 6점을 유지하기 위해 무슨 일이 있어야 할까요?

내담자: 진지하게 제게 필요한 지지를 보여 주어야 합니다.

상담자: 남편이 좋아지고 있다는 첫 신호는 무엇이 될까요?

내담자: 제가 어떻게 느끼는지 말할 때 제 말을 잘 듣고, 항상 자신을 우선시하는 식으로 이기적이지 않아야 합니다. 그 사람은 자기 문제에 대해서 말하는 것은 괜찮다고 생각하면서 제가 애들과 집에서 얼마나 힘든지에 대해 말하기 시작하면 들으려 하지도 않습니다.

상담자: 남편이 지금 하는 것보다 더 잘 듣기 시작할 때 6점을 유지하는 것에 대해 더 확신할 수 있다는 거지요. 또 다른 것은요?

내담자: 어디에 있는지 알려 주고 저녁 늦게 집에 들어오지 않으면요.

상담자: 그렇게 하는 것이 당신에게 어떤 차이가 있나요?

내담자: 그 사람을 더 신뢰하게 될 겁니다. 지금은 그 사람이 뭘 하는지 모르니까요.

어떻게 6점을 유지할 수 있는지에 대한 논의는 내담자가 남편에게 바라는 관찰 가능한 행동에 대한 설명을 이끌어 낸다. 내담자가 원하는 것을 부정적인 용어(무엇이 일어나지 않을지)로 표현할 때 상담자는 그것을 긍정적인 용어(대신 무엇이 일어날지)로 바꿔 말한다.

3) 동기를 확인하기

비전이 없는 꿈은 몽상이고, 꿈 없는 비전은 악몽이다.

작자 미상

우리는 스스로 목표를 선택할 때 그것을 향해 나아가는 경향이 있다. 다른 사람이 우리의 목표를 정해 주면 강요받거나 예의상 따를 수 있으나 많은 경우 회피할 방법을 찾게 된다. 해결중심치료의 강점 중 하나는 대화의 초점이 내담자가 선호하는 미래에 매우 가깝게 머물며 그것을 다른 것으로 바꾸려고 노력하지 않는 것이다.

〈예〉

상담자: 0과 10의 척도에서 10은 말씀하신 공황발작을 극복하기 위해 무엇이라도 할 것을 의미하고, 0은 정말 하고 싶지만 아무것도 하지 않을 것이라고 생각하는 것입니다. 오늘은 어디에 있습니까?

내담자: 3이요.

상담자: 3이 현재의 시점에서 충분한 것인가요?

내담자: 아니요. 저는 지금까지 모든 것을 해 본 것 같은데 아무것도 효과가 없었어요. 저는 그것이 좋아질 것이라는 희망을 거의 포기했습니다.

상담자: 비록 후퇴도 많이 했지만 계속해서 노력을 하셨군요. 어떤 사람들은 완전히 포기했을 텐데요. 어떻게 계속해서 그렇게 할 수 있었습니까?

내담자: 우리 가족은 항상 투사와도 같았습니다. 어머니는 일이 잘 진행되지 않을 때 계속 노력하라고 가르치셨어요.

상담자: 만일 어머님이 여기 계시다면 계속해서 싸우라고 할까요?

내담자: 네.

상담자: 공황발작과 싸워서 이길 기회를 가졌다고 느끼려면 몇 점 정도에 있어야 할까요?

내담자: 5점이요.

상담자: 5점에 올랐다는 것을 어떻게 알 수 있나요?

내담자: 제가 조금 더 편안해질 수 있으면요. 저는 주로 매우 긴장

해 있는 것 같아요. 그래서 두통이 생기고 그러면 포기하고 싶어집니다.

상담자: 어떻게 긴장을 풀고 5점에 가깝게 갔다고 느낄 수 있을까요?

내담자: 모르겠어요.

상담자: 당신이 평소보다 조금 덜 편안하다고 느낄 때는 무엇이 도움이 되었나요?

내담자: 혼자 있으며 음악을 들을 때요.

상담자: 또 다른 것은요?

내담자: 저는 직장에 가지 않아도 되는 토요일을 좋아합니다. 누워서 좀 빈둥거릴 수 있죠.

상담자: 이번 토요일에 음악을 틀어놓고 편안하게 하루를 시작한다면, 5점이라고 느끼고 조금 더 공황발작에 대항해서 싸울 수 있는 것을 의미할까요?

내담자: 네, 그렇게 생각해요.

상담자: 오늘은 3점인데요, 무엇이 4점으로 올라가는 데 도움이 될까요?

비슷한 질문을 통해 문제와 관련된 내담자의 자신감 수준을 탐색할 수 있다.

6. 내담자의 자원 발견

1) 유능성 찾기

상담자는 내담자가 자신의 문제를 '해결'하기 위해 활용할 수 있는 자원과 강점 그리고 자질을 찾고 확인할 수 있도록 돕는 것부터 시작한다(de Shazer, 1988). 그러나 아이비슨(Iveson, 2008, p. 10)은 "강점은 여행 자체가 아니라 내담자가 원하는 여행지에 도착할 수 있도록 돕는 여행가방 같은 것이다."라고 했다. 아이비슨은 우리의 강점은 유동적인 것이어서 항상 신뢰할 수 있는 것은 아니라고도 말했다. 우리는 어떤 날 스스로 강하다고 느끼지 못하며 하루를 견뎌 내기 위해 전에 그랬듯 다시 일상적인 방식으로 돌아가게 된다. 설령 우리가 자원을 발견할 수 있을 때라도 우리는 그러한 자원이 어떻게 활용되었으며, 그것을 어떻게 활성화할 수 있는지에 관해 이해할 필요가 있다. 서로 다른 경험 사이에 연결이 존재할 수 있으며, 따라서 비슷한 전략이 성공적으로 활용될 수도 있다. 내담자의 상실 경험과 같은 것을 예로 들 수 있다.

〈예〉

어머니의 죽음 후 자살 충동을 느꼈던 한 내담자는 자신의 결혼이 잘못되고 있는 것에 관해 그때와 비슷한 생각과 감정을 경험하였다. 상담자와 함께 내담자는 자신이 그때의 슬픔을 어떻게 극복했는지를 기억하고 그 당시 활용된 자원을 어떻게 사용해야 하는지에 관해 생각했다.

우리는 심리 문제가 있는 많은 사람이 '자연적으로 좋아지고' 또 대부분의 사람은 삶에서 문제를 경험할 때 전문적인 도움을 구하지 않는다는 것을 알고 있다. 그러한 사람들은 자신의 환경이 만들어 낸 문제에 적응하기 위하여 자신의 기술, 믿음, 성격적 자질과 사회적 지지망 등을 이용한다. 해결중심치료에서 우리는 각각의 내담자가 그러한 자신만의 자원을 인식할 수 있도록 돕는다. 그렇지만 이것이 내담자가 완전하게 형성된 해결 방안을 갖고 있다는 것을 의미하는 것은 아니다. 다만 우리는 내담자가 자신의 문제를 해결할 수 있는 잠재력을 갖고 있다고 믿는다. 내담자는 문제의 해결을 위해 자원을 적용하거나, 이미 갖고 있는 기술을 확대하거나 수정하는 것에 도움을 받기 위해 상담자가 필요한 것이다.

2) 예외 찾기

이 개입에서 상담자는 내담자가 문제에 대한 예외를 찾도록 하는 책임을 가진다. 즉, 문제가 발생하지 않거나 좀 덜 심하게 유지된 때를 찾는 것이다. 세벌리어(Chevalier, 1995)는 드셰이저의 연구를 인용하여 의도적 예외와 우연적 예외의 차이를 설명했다.

'의도적 예외'는 문제와 다르게 행동한 것을 내담자가 볼 수 있으며 반복해서 할 수 있다고 느끼는 것이다. 무엇을 하거나 또는 하기를 멈추어 문제가 되는 상황이 나아지도록 변화시킨다면 그것을 다시 해 볼 가치가 있음을 말한다. 그렇지만 이것이 내담자가 과거에 효과가 있던 것과 똑같이 해야만 한다는 것을 의미하는 것은 아니다. 상황이 바뀌었을 수도 있기 때문에 단순한 반복은 더 이상 적절하지 않을 수 있다. 또한 기계적인 반복은 문제의 한 부분일 수도 있다!

짐은 그가 공황발작을 일으킬 때 여러 기법을 사용하는 것이 필요했다는 것을 매우 분명히 알았으나 어떤 것도 장기간 효과가 없었다. 그는 발작의 심각성에 따라 사용할 수 있는 기법의 우선순위를 만들었다. 그에게는 자신이 정신적인 기법(알파벳 거꾸로 외우기)과 더불어 신체적인 기법(편안한 호흡), 심리적 기법(스스로에게 말하기), 시각적 기법(자신을 강하고 상황에 대처할 수 있는 사람으로 그리는 것)과 같이 상황에 따라 다른 도전에 대응하기 위해 다양한 기법을 인지하는 것이 중요했다.

'우연적 예외'는 무슨 이유인지 잘 모르거나 내담자가 통제할 수 없는 이유로 문제가 발생하지 않았거나 평소보다 문제가 덜 심했던 때를 말한다. 내담자는 이러한 예외에 대해 자신이 어떠한 것을 했다고 느끼지 못하며, 반복될 것 같지 않은 상황 때문이었다고 믿는다. 내담자가 관심을 갖는 한 이것은 반갑고 놀라운 일이다. 그러나 문제 해결에 기여하는 바는 별로 없다. 예외는 내담자가 그것이 자신에게 적절하고 의미가 있다고 볼 때 더욱 유용하다.

상담자는 내담자가 효과가 있는 것은 계속하고 가능하다면 그것을 더욱 확장할 수 있도록 격려한다. 반면 우연적 예외와 관련해서 내담자는 그것이 언제 일어나는지를 주목하고, 그것에 대해 내담자가 어느 정도 개입하는지 관찰해야 한다. 그러나 그것이 어떻게 일어났는지 알 수 없는 우연적 예외라도 이는 여전히 축하받을 일이다. 상담자가 더 열심히 들여다본다면 우연적 예외에서도 배울 것은 있다.

내담자: 지난주에는 스트레스를 많이 받지 않았습니다.

상담자: 어떻게 그렇게 하셨죠?

내담자: 휴가였습니다.

상담자: 휴가 중이라도 어떻게 긴장을 풀 수 있었죠?

내담자: 제게 호의적이지 않은 환경에서 벗어나는 것이 정말 좋았습니다. 며칠이 지난 후 정말 긴장을 풀고 일에 대해 잊을 수 있었습니다. 그렇지만 다시 직장으로 돌아가는 것이 어려울 것 같습니다.

상담자: 잠시 동안이라도 일을 잊는 데 어떻게 성공할 수 있었습니까? 그건 분명 어려운 일이었을 텐데요.

내담자: 시간이 조금 걸렸지만 그것 때문에 내 휴가를 망칠 수는 없다고 결심했죠. 전화번호를 남기지 않아 사람들이 제게 전화를 할 수 없었고 아내에게 만일 제가 휴가 중 직장 얘기를 시작하면 멈추게 하라고 말했거든요.

상담자: 신경을 끊을 수 있었을 때 그게 도움이 되었군요. 집에서도 그렇게 할 수 있었던 적이 있나요?

내담자: 아니요, 저는 일이 제 삶을 점령해 버린 것처럼 느낍니다.

상담자: 신경을 끊을 수 있었던 것 말고 또 뭐가 휴가 때 도움이 되었나요?

내담자: 평화롭고 조용한 시간을 갖는 것이 좋았습니다. 늘 내가 해 주기만 바라던 사람들도 없었습니다. 나만의 시간을 갖는 것이었습니다.

상담자: 혼자 있을 때 무엇을 하나요?

내담자: 아무것도 하지 않는 것이요. 소설을 좀 읽었는데, 그건 제가 오랫동안 못했던 것이지요. 그리고 음악을 들었습니다.

상담자: 그래서 당신은 어딘가 평화롭고 조용한 곳에서 그냥 아무것도 하지 않고 가만히 있든지 책을 읽거나 음악을 들을 수 있는 것이 스트레스에 대처하는 데 도움이 된다는 것을 알았다는 것이군요.

내담자: 네. 긴 휴가를 가지고 싶어요!

상담자: 그것이 가능하지 않더라도, 혹시 당신이 휴가 중 했거나 하

지 않았던 것 중에서 계속하고 싶거나 하고 싶지 않은 것
이 있나요? 만일 그렇다면 어떻게 그 일이 일어나게 할 수
있을까요?

  예외에 관련된 상황('어디서' '무엇을' '언제' '어떻게')을 탐색하
는 것은 내담자가 실제로 무엇을 했는지뿐만 아니라 그때 어떻게
생각했는지를 포함한다. 예를 들어, 어떤 혼잣말을 했고, 예외의
전후 그리고 예외가 진행되는 동안 어떻게 느꼈는지를 탐색한다.
중요한 사람들이 예외에 어떻게 반응했는지도 탐색한다. 상담자
는 "그 예외가 일어났을 때 당신의 동료, 친구, 부인, 자녀에게 어
떻게 다르게 행동했나요?"와 같이 질문한다. 상담자는 예외의 수
를 늘리거나 줄이거나 하는 것과 같은 언어의 사용에 대해 내담자
가 조금 더 잘 인식하도록 적극적으로 돕는다.
  내담자는 "나는 항상 실패한다/화가 난다/바보처럼 느낀다."라
고 말하지만 실제로 그것은 '나는 때로는 실패하고/화가 나고/바
보 같고, 때로는 그렇지 않다.'는 것을 의미함을 깨닫기 시작한다.
우리는 스스로 주목하기로 선택한 것을 보게 되며, 우리가 말하는
것에 대해 더 많이 알게 된다. 아나이스 닌(Anais Ninn)이 말했듯
이, "우리는 사물을 있는 그대로 보는 것이 아니라 우리가 보고 싶
은 것을 본다." 그래서 우리는 부정적인 것보다는 긍정적인 것을
더 많이 볼 수 있는 여과 장치를 사용할 필요가 있다. 비난하고 비
판하며 파괴적인 이야기는 우리를 좌절과 죄책감 그리고 실패의
함정에 빠뜨린다. 만일 우리가 내담자의 잘못이나 실패 그리고 단

점에만 주목한다면 해결에 필수적인 증거를 놓치게 된다. 물론 우리는 실수와 실패에서도 배울 수 있고, 일이 잘되었던 시간에서도 배울 수 있지만, 쉽게 잘못 되었던 시기에 관해 과도하게 분석하는 악순환의 함정에 빠질 수도 있다.

예외는 미래에 대한 전체적인 생각과 해결 방안을 찾아낼 수 있는 실마리를 제공할 뿐 아니라 실패한 전략을 포기할 수 있는 증거도 제공한다. 내담자는 문제에만 집중하는 전문가에게 익숙하기 때문에 해결 방안을 찾으려는 경험은 그들에게 신선한 변화로 다가올 수 있다. 내담자에게 문제가 아닌 행동의 증거를 강조하는 것은 그들의 능력과 자원을 인정하는 것이고, 자신감과 동기를 증가시키며, 낙관적일 수 있도록 돕고 희망의 수준을 높여 준다.

퀵(1994)은 내담자가 예외적인 것을 어떻게 만들었는지에 관해 분명하지 않을 수도 있지만, 그러한 상황에서라도 예외에 관심을 두는 것은 해결의 씨를 뿌리는 것과도 같다고 했다. 예외적인 것에 대한 우리의 인식은 중요한 가치에 대한 내담자의 의식을 높여줄 수 있다. 예를 들어, 주기적으로 음주 운전을 하는 내담자도 손자가 함께 타고 있을 때에는 달라지는 것과도 같다. 이러한 가치를 중요시하는 것은 다른 변화를 만드는 데 충분한 동기가 될 수있다. 상담자는 내담자가 과거의 역사를 반영해 볼 수 있도록 최근의 예외에 대한 증거를 활용할 수도 있다. 예를 들어, "그런 행동이 갑작스럽게 나오지는 않았을 것 같은데요, 그런가요? 그런 것을 전에도 해 보신 적이 있나요? 혹시 다른 사람이 그렇게 하도록 격려한 적이 있나요?"와 같은 질문을 할 수 있다.

화이트(White, 1989)는 예외를 내담자에 대한 대안적인 이야기를 말해 주는 '독특한 결과(unique outcomes)'로 설명했다. 많은 경우 내담자는 문제중심적 이야기를 열심히 발전시키지만 해결중심적 이야기는 그렇지 않다. 지나치게 정교하게 만들어진 문제 중심적 이야기를 격려하는 경우, 내담자는 스스로가 규정한 '문제 정체성'을 점점 변화시킬 수 없다고 느끼고 상담자에게 더욱 의존하게 된다. 이러한 이유로 해결중심 상담자는 내담자가 역량 강화적으로 자신의 정체성을 수정할 수 있는 대안적인 해결중심적 이야기를 만들도록 촉진한다. 예외적인 것은 새로운 삶의 이야기에 대한 통로다. 그렇지만 예외적인 것을 이끌어 내는 것이 항상 즉각적인 결과를 만드는 것은 아니다. 비유적으로 말하면, 사람들은 운전을 처음 배울 때 시동을 걸 때마다 엔진을 꺼트리지만 시간이 지나 차를 부드럽게 운전하게 되면서 예전의 경험을 잊어버리는 경향이 있다. 예외의 횟수가 증가하고 그것이 규칙이 되면, 코너를 주행하는 것과 같은 다음의 문제 영역으로 관심이 옮겨 간다! 이것에 집중하다 보면 시동이 꺼지는 문제가 있었던 것조차 잊게 될 것이다. 내담자는 예외에 대한 의식을 확장할수록 삶에서 문제의 영향력을 더 많이 줄여 나갈 수 있다.

필자의 경험으로는 대부분의 내담자는 "최근에 문제가 없었거나 좀 나았던 시간이 있었습니까?"와 같이 직접적인 예외 질문을 받을 때 거의 본능적으로 부정적인 반응을 보인다. 그렇지만 나중에는 자신도 모르게 몇몇 예외에 대한 증거를 언급한다. 필자는 예외에 대한 증거를 찾기 위해 내담자의 암시적인 말을 경청하며,

내담자와 함께 이러한 것을 탐색할 수 있는 지지적인 방법을 찾도록 노력한다. 경청해야 하는 내담자의 표현은 다음과 같다.

- 대부분의 시간(most of the time)
- 매우 자주(quite often)
- 일반적으로(normally)
- 간혹(sometimes)
- 지금 현재(at the moment)
- 지금까지(so far)
- 좋아졌다가 나빴다(it's up and down)

이러한 표현은 과거에 예외가 있었거나 내담자가 미래에 예외가 일어날 것에 대한 희망을 포기하지 않았다는 것을 말해 준다.

7. 과제의 탐색

1) 메시지

해결중심치료에서 내담자는 치료가 시작되기 전에 받은 정보를 통해 매 회기가 끝날 때에 상담자가 메시지를 작성하기 위해 잠시 치료적 휴식을 갖는다는 것을 안다. 휴식을 취하기 전 상담자는 내담자가 이 상담에서 하고 싶은 말이 더 있는지 확인한다. 내담자에게 줄 피드백을 생각하거나 동료와 상의하기 위해 상담실 밖으로 나가는 상담자가 있는가 하면, 내담자와 상담실에 함께 머물며 잠시 동안 자신이 기록한 것을 살펴보는 상담자도 있다. 어떤 사람은 상담이 내담자에게 도움이 된 것과 그 결과 무엇을 할 것인지에 대해 이야기하도록 한다. 그러나 필자가 선호하는 것은 회기의 마지막 과정을 통제하는 것이다. 그럼으로써 회기가 긍정적으로 마무리될 수 있으며, 마지막 순간에 새로운 문제가 나타나지 않게 할 수도 있다. 피드백은 〈표 4-3〉에 제시된 것 같은 표준적인 구조를 따른다.

표 4-3 피드백

- 내담자에게 긍정적인 피드백을 제공한다.
- 내담자가 성취한 것을 요약한다.
- 내담자의 목표와 연결한다.
- 과제에 동의한다.

(1) 내담자에게 긍정적 피드백을 준다

피드백의 긍정성은 내담자의 요구에 맞아야 하며 성별과 문화적 이슈가 고려되어야 한다. 일반적으로 '메시지'의 첫 부분은 회기 내에서의 내담자의 건설적 기여에 대한 긍정적인 피드백으로 구성한다. 예를 들어, 상담실에 오게 된 용기와 정직하게 이야기한 것 등이다. 피드백은 다음과 같아야 한다.

- 실제 상담에서 일어난 증거에 기초해야 한다.

- 상담의 결론을 짧고 분명하게 해야 한다.
- 내담자가 받아들일 수 있는 방식으로 맞추어야 한다.
- 너무 낙관적이지 않으면서 믿을 수 있을 만큼 긍정적이어야 한다.
- 자신이 믿는 것만을 말하는 진실성을 가져야 한다.

피드백에는 다음의 표현이 사용될 수 있다.

- 제가 얼마나 감사했는지에 대해 말씀드리고 싶습니다.
- 제게는 ～이 감동적이었습니다.
- 당신의 ～이 대단하다고 생각했습니다.

메시지는 내담자가 자신의 개인적이고 환경적인 어려움을 극복하기 위해 이미 해 온 노력에 대해 인정받을 수 있도록 한다. 상담자가 진심 어린 칭찬을 하는 것은 내담자와의 거리를 줄이는 데 도움이 되고 협동심을 증가시킬 수 있다. 진정성이 없는 아첨과는 달리 진실된 칭찬은 오랫동안 실패와 소외를 경험한 사람들에게 동기부여가 되기도 한다. 한 내담자는 누군가가 자신에게 칭찬하면 항상 그 뒤에 칭찬의 긍정성을 약화시키는 '그러나'가 나오기를 기다린다고 말했다. 상담자의 피드백에 '그러나'가 등장하지 않을 때 그 내담자는 그것을 있는 그대로 받아들일 수 있다.

⑵ 내담자가 성취한 것을 요약한다

다음 단계에서 상담자는 내담자가 이미 사용하기 시작한 긍정적인 전략을 요약한다. 상담자는 이미 도움이 된다고 증명된 것을 내담자가 강화할 수 있도록 격려한다. 다음 대화록은 스트레스로 고통받고 있는 내담자에게 전달한 메시지의 일부다.

상담자: 오늘 제게 정말 인상적이었던 것은 당신이 자신의 마음을 잘 알고 있다는 겁니다…. 당신은 자신에게 도움이 되는 정도의 자아 인식을 개발했습니다. 당신은 그러한 인식을 행동으로 옮기고 있고, 또 그렇게 함으로써 상황을 인식하게 될 때 자신에게 이렇게 말을 합니다. "예전의 각본을 따르지 않을 거야. 난 이것을 다르게 할 수 있어. 5초 안에 0에서 60까지 갈 필요는 없어."
당신은 자동적 사고가 저장된 것처럼 문제가 쌓이는 것을 예방하는 기술을 개발하여… 당신을 무력하게 만들지는 못하게 하지요…. 저는 당신이 기어를 변속해 속도를 늦추려고 한다고 생각하며, 또 당신이 그렇게 할 때 자동차를 더 잘 통제할 수 있게 된다고 생각합니다. 당신은 자신에게 속도를 늦추라고 가르쳤어요.

⑶ 내담자의 목표와 연결한다

가능하다면 상담자는 내담자의 자원과 그동안의 성취를 내담자의 목표와 연결하는 문장을 만들어야 한다.

〈예〉

> 상담자: 지난 목요일 사람들이 당신을 힘들게 했을 때 그것을 외면
> 할 수 있게 한 방법은 당신이 직장에서 매니저 때문에 좌
> 절할 때 도움이 될 것 같네요.

(4) 과제에 동의한다

전략적 치료의 영향을 받고 있던 초기의 해결중심치료에서는 내담자에게 과제를 주는 것을 치료 과정의 필수적인 한 부분으로 보았다. 치료자가 이러한 과제를 만들고 내담자가 그것을 따를 것으로 기대했다. 그러나 이러한 실천 방법은 오늘날의 해결중심치료에서 많이 사라졌다. 오늘날의 치료자는 내담자의 일상생활에서 지속되기를 바라고, 효과가 있는 것을 계속하도록 격려한다. 성공적인 상담에서 상담자는 내담자에게 효과가 있는 것과 더불어 그들의 강점과 자원 그리고 미래를 향한 희망에 대한 증거를 이끌어 낸다. 이러한 형태의 과제에 덧붙여 치료자는 경우에 따라 다음 중 하나의 과제를 고려해 볼 수 있다.

- 주의를 기울이는 과제
- 무작위 과제
- 무엇인가 다른 것을 해 보는 과제
- 가정하기 과제

주의를 기울이는 과제는 다음의 경우에 해당하는 내담자에게

제안할 수 있다.

- 문제에 대한 예외를 찾기 어려워하는 경우
- 기적 질문에 대한 대답이 불분명한 경우
- 사정이 나아지도록 하는 것에 대해 아이디어가 적은 경우

내담자에게 위협적이지 않는 이러한 과제는 내담자가 다음과 같은 때를 관찰하도록 한다.

- 건설적이거나 긍정적인 일이 생길 때
- 자신이 아닌 다른 사람들이 하는 일이 자신에게 도움이 될 때
- 기대했던 문제가 발생하지 않았거나 잘 관리되었을 때
- 삶에서 계속되길 바라는 부분을 깨달았을 때

'첫 회기 공식 과제(Formula First Session Task: FFST)'로 알려진 주의를 기울이도록 하는 과제(de Shazer & Molnar, 1984, p. 297)는 원래 첫회기의 마지막 부분에서 사용했다.

우리가 다음에 만날 때까지 당신의 생활, 가족, 직장에서 계속되기를 바라는 것 중 어떤 것이 일어나는지를 관찰하고 돌아와서 말씀해 주세요.

이러한 과제는 의도적으로 모호하게 한 것이지만 내담자가 자

신의 삶에서 긍정적이고 가치 있다고 여기는 것을 잘 보도록 도울 수 있다. 또한 그러한 일이 일어나도록 하는 데 필요한 동기를 부여하기도 하다. 이 과제는 해결중심치료가 지향하는 바를 집약하는 것이며, 사건에 대한 내담자의 인식과 의미를 바꾸도록 돕는다. 과제는 원하는 미래와 이미 존재하는 요소에 대해 좀 더 알기 시작하는 방법이다.

(5) 무작위 과제

내담자가 갈등적인 선택을 하면서 매우 고통스러워하는 상황에서 상담자는 내담자가 임의적인 선택을 하도록 도울 수 있다. 예를 들어, 동전을 던진다든지 날짜가 바뀔 때 전략을 변경하는 것 등이다. 내담자는 도움이 되거나 그렇지 않은 것을 검증해 보고 그러한 경험을 근거로 합리적인 결정을 내릴 수 있다.

(6) 무엇인가 다른 것을 해 보는 과제

이 과제는 '당신이 항상 해 왔던 것을 계속한다면 지금까지와 같은 결과를 가질 것이다.'라는 가정에 기초한 해결중심치료의 원리와도 같은 것이다. 그러나 '뭔가 다른 것'은 내담자가 결정하는 것이어야 한다. 이 과제는 내담자가 실험을 해 보고, 오래되고 문제중심적인 일상에서 벗어나 좀 더 나은 것을 발견하도록 돕는다.

(7) 가정하기 과제

호크스와 동료들(Hawkes et al., 1998)은 가정하기 과제의 유용성에 대해 보고한 바 있다. 가정하기 과제는 내담자에게 '마치 기적이 이미 일어난 것처럼' 행동하도록 하는 것이다. 〈옳은 길 또는 다른 길(The Right Path or the Other Rath?)?〉(de Shazer, 1998)이라는 비디오에서 드쉐이저는 내담자에게 매일 아침 한 시간 동안 이미 기적이 일어난 것처럼 상상해 보도록 한다. 그 내담자에게 기적은 부모와 더 잘 지내고, 마약도 끊고, 학교에 더 자주 등교하여 삶을 다시 제자리로 돌리는 것이었다. 한 시간 동안 기적이 일어났다고 가정했을 때, 내담자는 부모님이 매우 지지적이고, 긍정적인 방법으로 반응한다는 것을 발견하였고, 결국 매일 한 시간 이상 기적이 '일어난 척' 행동하게 되었다. 내담자의 이러한 상상적인 전략이 더 나은 삶에 대한 돌파구가 된 것이다.

첫 회기는 앞에 소개한 것 가운데 일부 또는 모든 개입을 포함할 수 있다. 그렇지만 적절한 혼합과 균형은 내담자에 따라 달라져야 한다. 해결중심치료는 내담자와 상담자가 '그 순간에 함께 공존하는' 창의적인 접근이다. 따라서 해결중심의 대화에 항상 등장하는 어떤 특징적인 것이 존재할 수 있지만, 그렇다고 매 회기마다 따라야만 하는 정해진 틀이 있는 것은 아니다.

실천 포인트

- '최대의' 경청이라는 표현이 의미하는 것에 대해 생각한다.

- 내담자의 진전에 대해 충분한 인정과 칭찬을 제공하는지에 대해 스스로 질문한다.

- 가능하다면 원하는 결과를 명확하게 하기 위해 회기 초반에 좀 더 느리게 진행하도록 노력한다.

- 내담자가 '문제의 섬'에 머물도록 했던 때가 있었는지 검토한다.

- 내담자의 역사를 조사하는 것보다 미래에 대해 이야기하는 것으로 회기를 시작하도록 노력한다.

- 문제에 대한 예외를 이끌어 내는 것을 얼마나 잘하고 있는지에 대해 생각한다.

제5장

2회기 이후: 해결책에 초점 유지

만일 당신이 아니라면 누구겠습니까? 만일 지금이 아니라면 언제인가요?

랍비 힐렐(Rabbi Hillel), 호이트(Hoyt, 1995)에서 인용

무엇이 이것을 문제로 만드나요? 왜 지금 그렇습니까?

슬라이브 외(Slive et al., 1995)

2회기 이후의 상담에 대해 설명하기 전 앞 장에서 언급했던 치료적 경고에 대해 다시 한 번 상기할 필요가 있다. 즉, 현실에는 교과서적 내담자가 존재하지 않으며, 실천가 또한 자동로봇이 아니다. 내담자는 자신만의 욕구와 능력을 갖고 있는 독특한 조합체다. 그렇기에 변화가 갑작스럽고 극적으로 일어날 수 있는 사람이 있는가 하면 느리고 어렵게 진행되는 사람도 있다. 그러므로 여기

에서 소개되는 두 번째 회기에 대한 개요는 안내의 역할을 할 뿐 최종 답안이 아니라는 것을 인식할 필요가 있다. 모델은 내담자를 위해 존재하는 것이지 내담자가 모델에 맞추어서는 안 된다. 또한 모델은 필요에 따라 만들어지는 대화이지 미리 결정된 논리적 순서에 따라 차례대로 투입되는 개입이 아니다. 즉, 심리상담을 위한 기계적인 공식은 존재하지 않는다. 오핸런과 와이너-데이비스 (O' Hanlon & Weiner-Davis, 1989, p. 77)는 치료적 과정을 다음과 같이 설명했다.

치료 과정은 어쩌면 암벽 등반과도 같다. 특정한 봉우리를 오르겠다는 목표를 가지고 있지만, 실제로 산에 오르기 위해서는 일반적인 암벽 등반을 위한 방법도 알아야 한다. 목표에 도달하기 위해 어떤 때에는 일반적인 규칙을 따르지 않을 수도 있다. 그것을 어떻게 할지는 산이 '가르쳐 줄' 것이다. 같은 측면에서 내담자는 목표에 도달할 수 있도록 우리가 어떻게 도울 수 있는지를 가르쳤고, 때때로 목표에 도달하기 위해 통상의 방법과는 다른 것을 하도록 알려 주었다.

1. 2회기의 목표

내담자와 계속해서 협력하면서, 2회기 이후 목표는 다음과 같다.

- 과제 수행의 검토
- 문제의 해체
- 해결의 공동 구축
- 건설적인 변화의 강화
- 변화를 위한 새로운 전략의 개발 또는 강화
- 평가와 종결에 대한 계획 수립

평가와 종결에 대한 계획 수립을 제외한 다른 목표의 경우 반드시 나열된 순서를 따르는 것은 아니다. 어떤 해결중심 실천가는 "뭐가 달라졌나요, 뭐가 더 좋은가요, 또는 뭐가 다르죠?"라고 물어보며 2회기 상담을 시작한다. 또 어떤 사람은 조금 덜 직접적인 방법을 취하며 내담자가 지난주에 있었던 모든 성공과 실패에 대해 말하기를 원한다고 가정한다. 만일 내담자가 문제에 대해 더 깊게 의논할 필요가 있다고 표현하는 경우 이를 존중하고 주의 깊게 경청하여야 한다. 내담자는 상담자가 자신을 이해한다고 생각하고 또 믿을 수 있을 때까지 반복해서 이야기하거나 또는 새로운 이야기를 시작할 필요가 있을 수도 있다. 상담자는 경청을 하며 내담자가 어떻게 자신의 세계를 구축하는지 알게 된다. 동시에 이러한 대화를 통해 내담자는 자신의 현재와 미래에 취할 가능성이 있는 행동에 대한 '현실 가능성을 시험'해 볼 수 있게 된다. 내담자의 이야기를 경청하는 것과 더불어, 상담자는 내담자가 자신의 문제가 별것 아니게 취급되거나 또는 과도하게 낙관적인 경험을 하지 않도록 주의하며 대처 질문과 척도 질문을 사용할 수 있다.

2. 과제 수행의 검토

상담자에 따라 내담자에게 부여하는 과제를 중요하게 생각하는 정도가 다르다. 해결중심의 초창기에 과제 부여는 지금보다 좀 더 핵심적인 역할을 수행했다. 현재는 상담자가 과제를 처방하는 대신 내담자가 직접 고안한 과제를 수행하도록 지지하는 것으로 바뀌었다. 상식적으로 내담자는 다른 사람이 제시한 것보다 자신이 시작한 변화를 더 잘 수행하는 경향이 있다. 그러나 권위를 가진 사람이 제시하는 방향에 더 긍정적으로 반응하는 사람도 있다. 실제 상담에서 어떤 내담자는 다른 사람보다 상담자의 제안을 그대로 따르기보다 자신의 상황에 맞게 수정하기도 한다. 예를 들어, 제임스는 문제에 대해 걱정하며 낭비하는 시간을 줄이려는 시도로 매일 15분씩 문제에 대해서만 생각하는 역설적 과제를 부여받았다. 그는 3일 동안 그 과제를 수행하며 더 이상 흥미를 느끼지 못하고 차라리 문제를 해결하기 위해 그가 할 수 있는 일에 대해 생각하며 시간을 보내는 것이 더 생산적일 것이라고 생각했다. 제임스가 자신의 생각을 상담자에게 보고했을 때 상담자는 그를 축하해 주었고, 그에게 무엇이 가장 도움이 될지에 대해 계속해서 생각해 보도록 격려했다.

드셰이저(de Shazer, 1996)는 내담자가 이미 부여받은 과제를 실패할 경우 다른 과제를 다시 부여하는 것에 대해 경고한다. 이러한 경우, 상담자는 서로가 동의한 과제를 시행할 적당한 시기가 아님을 내담자가 깨닫게 된 것에 대해 축하해 줄 수 있다. 이후 상담자는 "그 대신 뭘 하셨나요?"라고 물을 수 있다. 내담자가 상담 중에 동의했던 것과는 다르지만 건설적인 해결책에 대해 말할 수 있을 때 상담자는 내담자가 독립적인 결정을 내릴 수 있었던 것에 대해 축하할 수 있다. 순응하지 않는 것은 종종 건강한 신호이기도 하다! 대부분의 상담자는 내담자가 자신만의 행동 계획을 세우고 실천할 때 기쁨을 느낀다. 내담자가 받아들이지 못할 행동 계획을 상담자가 주장하는 것은 쓸모없는 일이다. 과제는 내담자의 삶에서 특별한 시간과 상황에 맞아야 한다. 그러나 내담자를 위해 내담자에게 맞지 않는 '영리한' 전략을 만들려고 애쓰는 상담자도 있다.

모든 내담자가 회기 사이에 과제를 수행할 동기가 충분한 것은 아니다. 그들은 어떤 경험을 해도 변화를 만들 수 없다고 믿을 수도 있다. 모든 것을 다 시도해 보았지만 아무런 효과가 없다고 느낄 수도 있다. 어떤 사람은 삶에서 수동적인 피해자가 되었거나 학습된 무기력을 경험했던 상황에 처했을 수도 있다. 그렇지만 운명에 굴복하지 않기 위해 한계적 상황에 대처하는 능력이 필요하다. 그러한 경우 상담자는 상황이 더 나빠지지 않도록 내담자가 대처 전략을 활용했다는 것을 알 수 있도록 돕는다. 그러한 일을 더 많이 할 수 있을 때 상황이 호전될 수 있기 때문이다.

어떤 내담자에게는 "당신의 삶에서 계속되기를 바라는 것에 대해 주시하고 다음 상담에 와서 말해 줄래요?"라고 물어보는 첫 상담 공식 과제를 부여한다. 따라서 2회기는 의도적으로 준 모호한 과제에 대한 내담자의 답변으로 시작할 수도 있다. 이러한 대답은 내담자가 그때까지 가지고 있던 문제중심적인 견해를 바꾸는 데 도움이 된다.

3. 문제의 해체

화이트(White, 1993, p. 34)는 해체에 대해 다음과 같이 규정했다.

> 당연시되어 온 현실과 습관에서 벗어나는 과정이다. '진실'이라고 하는 것은 그것이 만들어진 조건과 상황과는 별개의 것이다. 이것은 편견과 선입견을 숨기고 말하는 것을 해체하는 것이다. 자기 자신과 관계에 관해 익숙한 습관은 삶을 지배한다.

문제에 대한 내담자의 인식과 독특한 경험을 존중하는 것과 그러한 상황에 대한 다른 해석과 '진실'에 대해 탐색하는 것에는 미묘한 차이가 있다. 이러한 것을 인지치료의 장면에서처럼 '상담자가 교육자'로서 내담자에게 직면하는 방법은 해결중심치료의 정신을 제대로 표현하는 것이 아니다. 오히려 해결중심 상담자는 문제가 일어날 때와 일어나지 않을 때를 내담자가 비교할 수 있도록 도와 스스로 문제를 명확화할 수 있도록 돕는다. 이러한 접근 방법을 사용할 때 나타나는 재구성(reframing)은 내담자와 협력하지 않는 방법을 사용하는 경우보다 내담자의 가치 및 견해와 더 나은 조화를 이룬다.

내담자가 자신에게 붙인 별칭(self-labelling)은 오랫동안 사회적으로 구성된 언어적 표현의 결과물이기도 하다. 이때 내담자가 채택한 단어는 매우 중요한 역할을 하는데, 내담자가 질병에 대한 진단을 통해 안도와 확신을 갖게 되는 경우도 있지만 반대로 그것이 평생을 따라다니며 괴롭히는 벌이 되기도 한다. 해결중심 작업에서 상담자는 언어가 사회적 실재를 구성하는 힘을 갖고 있기에 문제를 설명하며 사용하는 언어가 문제의 부분이 될 수도 있다는 것을 인식한다. 그 결과 상담자는 내담자가 사용하는 언어에 대한 상담자 자신의 구성과 기여에 대해서도 의식할 필요가 생긴다. 여기서 상담자는 내담자뿐만 아니라 자신에게도 질문하며, 내담자가 붙인 별칭을 의심하는 자신의 동기에 대해서도 의식해야 한다.

인간으로서 우리는 삶의 경험에 대해 이해하려고 노력하지만, 때때로 개인으로서 그리고 하나의 지역사회로서 그 의미를 이해하기 어려운 경우가 있어 이는 난해한 수수께끼로 남기도 한다. 현대 사회의 빠른 삶의 속도와 전통적인 정치, 사회 그리고 종교적인 믿음의 쇠퇴는 사람들이 '경험은 하지만 그 의미를 찾지 못하는' 것과 같은 느낌을 갖게 할 수도 있다. 이러한 의미의 부재가 인간의 개인적인 고통과 불안의 중심에 있는 경우가 적지 않다. 의미와 목적을 찾고자 하는 인간의 열망은 때때로 경험에 대해 경직되고 폐쇄적인 태도를 갖게 하며, 그 결과 세상을 바라보는 하나의 관점만이 존재한다는 태도를 갖게 할 수도 있다. 이러한 편협한 태도는 빠르게 변하며 도전적인 환경에 당면하는 현대의 상황에 적합하지 않을 수 있다. 인간의 문제는 종종 삶을 바라보는 인간의 견해에 스스로를 구속시키는 것으로부터 생길 수 있다.

상담자로서 우리는 우리의 가정, 편견, 선입견이 내담자에 대한 우리의 이해를 어떻게 오염시키는지에 대해 의식해야 한다. 우리의 목표는 사람들이 삶의 특정한 상황에서 의미를 찾도록 돕는 것이다. 고고학적 발굴에서 어떤 특별한 발견물의 의미와 목적은 그것의 위치와 다른 유물들과의 관계에 대한 세심한 조사를 통해서만 알 수 있다. 만일 어떤 이유로 서로의 관계 유형이 소실되었거나 알 수 없다면, 그 유물의 의미와 목적은 모호해진다. 심리학적 측면에서도 마찬가지로 내담자의 삶의 맥락에 본질적으로 연결되어 있는 의미를 선택할 필요가 있다. 해결중심 상담자가 내담자와 문제를 해체할 때 활용할 수 있는 다양한 기법이 있다.

1) 재구성

재구성(reframing)은 문제에 대한 새로운 관점을 제공한다. 와즐라윅과 동료들(Watzlawick et al., 1974, p. 95)은 다음과 같이 설명했다.

재구성은 이미 경험한 상황과 관련된 개념, 정서, 관점을 변화시키는 것을 의미한다. 매우 구체적인 상황의 '사실'에 적합하거나 더 잘 맞는 다른 개념의 틀을 적용해서 전체적인 의미를 변화시키는 것이다.

이것의 예는 결정을 내리지 못하는 행동을 현명하고 신중한 것으로 재구성하는 것이다. 신중한 것의 가치를 인정하며, 특히 그것이 다른 사람의 충동성을 상쇄하는 데 효과가 있었을 경우, 상담자는 내담자가 의무감에서 벗어나 잠깐이지만 조금이라도 덜 신중했던 때가 있었는지를 탐색할 수 있다. 다음의 대화에서 두 참여자는 울음의 의미에 대해 협의하고 있다.

〈예〉

여자 내담자: 어머니가 돌아가신 후 저는 별로 울지 않았습니다. 아직도 제가 어머니의 죽음에 대해 울 것 같지 않은데, 그게 이상한 것인지, 아님 그럴 필요가 없는 것인지 잘 모르겠습니다. 사람들은 제 안에 있는 것을 모두 꺼내 놓을 수 있다면 기분이 훨씬 나아질 것이라고 말합니다. 한두 번 앉아서 실컷 울고 싶을 때도 있었습니다.

상담자: 다른 일에 대해서도 자주 우시나요?

여자 내담자: 아니요. 저는 화날 때 울지 않습니다.

상담자: 제 생각에 사람들은 자신을 위해서 필요한 것을 합니다. 모두 다 다르겠지만 당신이 울고 난 후 어떻게 느끼고 또 무엇을 달리 할지에 대해 생각해 볼 필요는 있을 것 같습니다. 그렇지만 '울지 않는 것이 내게 뭔가 잘못된 것이 있기 때문이야.'라고 스스로에 대해 생각할 필요는 없다고 느낍니다.

구성주의적 관점에서 보면 눈물은 여러 가지 의미를 가질 수 있으며 이 모든 것은 대화를 나누는 두 사람 사이에서 협의된다. 이 내담자의 경우 자신의 상실에 대해 울 수 있어야 하는데 그러기 전까지는 자신이 나아지지 않을 것이라는 강한 문화적 믿음을 가지고 있다. 이 내담자는 다른 사람들처럼 자주 울 수 없기 때문에 불안하고 이상하다고 느낀다. 상담자는 울음이라는 것이 내담자의 현재 삶에서 갖고 있는 의미를 탐색하며, 울음이 반드시 필요한 것이 아닌 선택이라는 관점을 제시한다. 상담자는 감정을 표현하는 것에 하나의 옳은 방법만이 존재하는 것은 아니라고 제안한다. 만일 내담자가 이러한 관점을 받아들인다면 울어야 한다는 의무감에서 해방감을 느낄 수 있고, 이것은 울어야 하는 것과 내담자가 회복하는 것 사이의 인과관계를 단절시킬 수 있다. 그녀가 생각하는 것처럼 일반적으로 기대되는 문화적 방법(여성의 삶에서 울음에 대한 강한 성별적 기대)을 배우는 것은 매우 어려운 일일 수 있고 오랜 시간이 필요할 수도 있다. 그러는 동안 상담이 도움이 되지 않을 정도로 연장될 수도 있다.

2) 외재화

문제의 외재화(externalization)는 재구성의 한 형태다. 그것은 문제를 사람의 내부가 아닌 '외부'에 내놓는 치료적 대화의 한 방법이다. 그것은 내담자가 자신의 문제를 다르게 볼 수 있는 관점을 제시한다. 문제를 외재화하는 것은 문제에 대한 태도를 바꿀 가능성을 시사한다. 예를 들어, 전에는 수동적인 피해자의 자세를 가지고 있던 내담자가 자신감과 힘을 경험할 수도 있다. 문제가 내담자 자체이거나 내담자가 가지고 있는 것으로 보기보다는 내담자와 '관계가 있는' 것으로 말하는 것은 문제에 대한 상담자의 접근까지도 변화시킨다. 상담자는 내담자의 사고와 감정이 내적으로 어떻게 작동하는지에 대한 심오한 지식을 가진 전문가가 되는 것 대신 재화를 통해 조금 더 '내담자와 합류'하는 느낌을 가질 수 있다.

프랭크는 계속된 우울을 경험하였다. 그는 아버지처럼 자신도 우울한 사람이 되도록 유전적으로 조건화되었다고 확신했다. 그에게 우울은 내부에 깊게 존재하는 '무엇'과도 같았다. 그의 이러한 태도는 우울을 심하게 경험하며 체념하고 절망하게 만들었다. 우울은 그에게 어떠한 좋은 것도 가치 있게 여기거나 덜 우울했던 때를 알아차리지 못하도록 했다. 과거에 우울했을 때 어떻게 빠져나올 수 있었는지 설명할 수 없었다. 그에게 우울의 문제는 마치 종신형처럼 느껴졌다. 그는 상담자의 지지를 받으며 우울한 감정을 때때로 자신을 공격하며 칙칙한 회색 담요처럼 자신을 둘러싸며 통제를 가하는 하나의 힘으로 외재화할 수 있었다. 감정을 바라보는 그의 이러한 새로운 방식은 새로운 가능성을 열었다.

• 공격이 다가오는 신호를 알아보도록 배우기
• 자신을 방어하기 위해 무엇을 했고 또 할 수 있는지에 대해 알아보기
• 공격을 물리칠 수 있거나 그 시기와 강도를 줄이는 데 효과적인 것을 알아보기

또한 그것은 그 자신이 문제뿐만 아니라 다른 것도 많이 가지고 있다는 것을 인정할 수 있도록 도왔다. 즉, 그에게는 우울과 맞서 싸울 때 활용할 수 있는 강점, 경험, 자질, 가치 그리고 지식이 있었다. 물론 우울은 의지력만으로 쉽게 떨쳐 버릴 수 있는 병이 아니지만 우울로 고통당하는 사람의 시각은 우울의 극복을 위한 중요한 요소 중 하나가 될 수 있다.

외재화는 문제를 가지고 있다고 생각하는 것과 책임에 대한 갈등과 비난을 줄이는 방법으로 도움이 된다. 비난, 방어 그리고 자기 정당화를 일으키는 문제에 대한 개인화를 촉진하지 않는 방법으로써 책임을 줄이지 않으면서도 문제에 대해 이야기할 수 있는 가능성을 높인다. 예를 들어, 관계가 멀어지는 부부를 이 방법으로 도울 수도 있다. 일상적으로 서로를 비난하는 것에 대한 문제의 외재화는 대체의 해결책을 찾을 가능성을 높일 수 있다(White & Epston, 1990).

3) 구성 시험

해결중심 상담자는 개인구성상담(personal construct counselling)에서 사용되는 해체 전략을 활용할 수 있다. 켈리(Kelly, 1955)는 사람들이 과학자가 가설을 만들고, 일어날 일을 예측하며, 실험한 결과를 평가하는 것과 같은 모델을 상담에서도 사용할 수 있다고 주장했다. 상담자는 다음과 같이 할 수 있다.

- 내담자가 예측하는 것의 타당성이나 내적인 일치성에 대한 구성을 시험해 보도록 돕는다.
- 구성하고 있는 것에 관한 가정을 좀 더 분명하게 만든다.
- 내담자가 다르게 구성할 수 있도록 돕고 그것을 실험해 보도록 한다.

상담자는 내담자의 다음과 같은 사고에 관해 의견을 말하며 내담자가 문제를 보는 견해에 관해 질문한다.

- 문제를 과장하며 해결을 매우 어렵게 하는 것
- 극단적인 자세, 과도한 긍정이나 부정, 타협이나 협상의 여지가 없는 자세
- 다른 사람에게 책임을 전가함(어느 시점에서 내담자는 자신도 문제를 가지고 있다고 인정하며 스스로 변화할 필요가 있음)
- 완벽함을 목표로 함으로써 실현 불가능한 기준을 세우며, 실현 가능한 선택으로서 '충분히 좋은' 것을 보지 못함
- 사건 사이에 빈약하거나 비합리적인 연결을 만들어 연관된 사건이 모두 인과적으로 연결되어 있다고 봄

해결중심치료에서 내담자의 경험에 대한 의미는 협상이 가능하며, 이는 내담자와 치료자가 나누는 언어적 교환의 결과에 달려있다. 치료자는 내담자의 삶에 대해 전문가적 역할을 취하지 않는 '알지 못함'의 자세를 취한다. 치료적 대화의 목적은 내담자를 위한 변화의 가능성을 만들기 위해 내담자의 상황에 대한 의미를 함께 협상하는 것이다. 만일 문제에 대해 이야기하는 것이 내담자의 사기를 떨어뜨리는 것으로 보인다. 치료자는 잠재적으로 변화의 가능성이 더 많은 다른 이야기로 전환을 시도할 수 있다.

4. 해결의 공동 구축

해결중심치료에서 상담자는 내담자가 앞으로 이루기를 원하는 것에 관해 언급한 해결과 관련된 다양한 요인에 대해 구체적이고 자세한 방법으로 집중하도록 돕는다. 계속적인 작업에서 상담자는 내담자가 선호하는 전략에 적합한 해결 방안을 계획하는 데 협동한다.

1) 기적 질문에 대한 반응을 다시 살피기

기적 질문에 대한 대답은 작업이 진전되면서 바뀔 수 있다. 내담자에게 이미 '기적'의 한 부분이 일어나고 있거나 또는 다시 생각해 보니 기적의 어떤 부분도 원하지 않거나 특정 부분만 일어나길 바랄 수도 있다.

2) 예 측

예측(Kral & Kowalski, 1989)은 해결중심치료에서 꽤 자주 활용되는 방법이다. 특히 변화가 우연히 일어났기 때문에 다시 반복할 수 없다고 보고하는 내담자에게 활용될 수 있다. 예측은 내담자가 원하는 변화와 그것이 일어난 특별한 상황에 관해 발견하도록 돕는다. 상담자는 내담자가 매일 저녁 그다음 날이 좋은 날이 될지 나쁜 날이 될지 예측해 보도록 한다. 하루가 끝나갈 때 내담자는 그 예측의 정확성에 대해 확인하고, 만일 그것이 정확했다면 무엇이 그렇게 되도록 만든 것인지 찾아내도록 노력한다. 만일 예측이 부정확했다면 내담자는 기대했던 것보다 더 좋은 날이 될 수 있게 한 긍정적 경험을 발견해야 하고, 또 만일 예측보다 나쁜 날이었다면 최소한 앞으로 피할 수 있는 난처한 점을 발견하도록 노력해야 한다. 김인수(Berg, 1991)는 내담자가 처음에는 실제보다 더 나쁜 날을 예측하는 경향이 있다고 지적했다. 예측한 것을 스스로 살펴보는 것은 내담자에게 가치 있는 학습 경험이 될 수 있다.

3) 과거의 제안을 탐색하기

과거의 해결 방안을 탐색하는 것과 더불어 활용되지 않았던 '해결 방안'에 대해 기억해 보는 것도 유용할 수 있다. 물론 이러한 해결 방안을 활용하지 않는 이유가 지금도 타당할 수 있고 또 제안을 받았던 행동 계획이 여전히 매력적일 수도 있다. 그러나 내담자는 그것을 제안한 사람으로부터 당시에 그것을 수용할 수는 없었다. 새로운 환경에서 내담자는 이전의 결정을 수정할 마음이 생겼을 수도 있다.

4) 척 도

2회기 이후의 상담에서 상담자는 내담자의 진전을 관찰하고 목표를 설정하기 위해 척도 질문을 사용한다. 매우 단순하면서도 실제적이고 또 효율적인 척도 질문은 내담자와 상담자가 진행해야 할 상담의 방향을 분명하게 한다. 척도 질문은 내담자가 원하는 것을 상담자가 중요하게 생각하도록 돕는다. 1회기에서처럼 숫자를 사용하는 것은 내담자가 문제와 자신의 관계를 상징적으로 표현할 수 있도록 돕는 활동이다. 이 질문에 대답할 수 없거나 하지 않으려는 경우는 매우 드물고, 대부분의 내담자는 척도 질문을 통해 자신의 역량이 강화되는 경험을 한다. 척도의 어디쯤에 위치하는지를 결정하는 것은 내담자 자신이기 때문에 그 질문은 내담자에게 소유권을 부여하는 것이다. 치료자는 내담자의 판단에 이의를 제기하지 않는다. 많은 내담자는 자신의 상황을 척도화하면서 좀 더 희망적이 되는 것을 느낀다. 특히 이는 상담자가 척도에서 내담자가 어떻게 앞으로 조금 더 나갈 수 있는지에 대해 강조할 때 그렇다. 척도 질문은 내담자의 상황을 작고 관리가 가능한 부분으로 나눈다. 문제가 산처럼 크게 느껴질 수도 있지만 척도는 문제를 올라갈 수 있는 여러 개의 언덕으로 나누어 점수를 부여하며, 각각의 단계는 진행하면서 계획된다. 내담자는 회기 사이에 스스로 척도를 사용해 볼 수도 있다.

2회기에서 일반적으로 상담자는 내담자에게 다음과 같이 질문한다. "0에서 10까지의 척도에서 0은 시작점이거나 문제가 가장 나쁜 것을 의미하고 10은 문제가 해결된 것을 의미할 때, 척도의 어디에 있습니까?" 내담자는 처음에 "아무것도 변하지 않고 모든 것이 같습니다."라고 반응할 수 있다. 어떤 내담자는 지난 회기 이

후 어떤 일이 있었는지에 대해 기억하는 데 시간이 더 필요할지도 모른다. 그들의 반응은 지난 하루 이틀 또는 바로 한두 시간 전에 있었던 일에 좌우되기 쉽다. 상담자가 "우리가 처음 만난 것은 지난 수요일이었습니다. 목 / 금 / 토요일에는 어떠셨습니까?"라고 물을 때 대답은 좀 더 분명해질 수 있다. 상담자는 자신의 상황에 대해 비관적인 견해를 가지고 부정적인 변화만을 보고하는 내담자에게 "어려운 한 주를 보낸 것처럼 들리는데요. 어떻게 견디실 수 있었나요? 제일 안 좋았던 날 / 두 번째로 그랬던 날 / 제일 괜찮았던 날은 언제였나요?"와 같이 대처 질문을 한다. 척도는 내담자의 상황에서 변화를 드러내는데, 이를 통해 내담자의 '숨겨진 해결'이 표면으로 나타날 가능성이 높아진다.

숙달되고 창의적인 실천가는 내담자에게 적절하게 척도를 설명할 수 있는 방법을 발견하곤 하는데, 필자의 방법은 다음과 같다.

- 강을 건너는 징검다리
- 컴퓨터 게임의 다양한 수준
- 여러 개로 연결되는 산봉우리
- 한쪽에는 웃는 얼굴, 반대쪽에는 찡그린 얼굴

<예>

내담자: 금요일엔 그리 나쁘진 않았어요.
상담자: 금요일에 무슨 일이 있었나요?
내담자: 평소보다 잘 잤습니다.
상담자: 좋은 수면을 취한 것이 낮에 어떤 차이를 만들었나요?

내담자: 일에 더 집중하고 종일 처지는 느낌이 들지 않았습니다.

상담자: 금요일에 또 뭐가 달랐나요?

내담자: 그렇게 피곤하지 않았기 때문에 좀 더 기분이 좋았고, 함께 일하는 사람한테 화를 덜 냈습니다.

상담자: 그러면 0과 10 사이의 척도에서 10은 모든 게 완벽한 것을 의미할 때 금요일에는 어디쯤 있었나요?

내담자: 6이요.

상담자: 매일 6정도면 괜찮을까요?

내담자: 어떤 날은 좀 높아서 8이나 9쯤 되는 날도 있을 수 있다면 대부분의 날에 6 정도인 것도 괜찮을 것 같습니다.

상담자: 다음 주 이틀 동안 6 정도를 유지하려면 무엇이 필요할까요?

내담자: 잠자리에 일찍 들고 밤에 잠을 잘 자는 것이 시작일 것 같습니다.

상담자: 그러고요?

내담자: 건강한 음식을 챙겨 먹고 술을 좀 줄이는 것이요.

상담자: 어떻게 그렇게 하실 수 있을까요?

내담자의 진전을 강화하는 것은 처음에 진전을 만드는 것처럼 중요하다.

<예>

내담자: 정말 좋지 않은 한 주를 보냈습니다. 다시 1점으로 돌아간 것처럼 느껴져요.

상담자: 그러면 오늘은 척도에서 몇 점이라고 말씀하시겠어요?

내담자: 마이너스 5점이요.

상담자: 점수가 오르거나 내리기 전에 얼마나 오랫동안 마이너스에 머물 것이라고 생각하세요?

내담자: 모르겠어요. 상황에 달렸죠. 만일 상사가 일을 조금 더 해달 라고 부탁할 때 거절하는 법을 배울 수만 있다면 모든 것이

괜찮을 텐데요.

상담자: 한 번 거절할 수 있다면 그것이 큰 차이를 만들 것이라고 생각하시는 건가요?

내담자: 네.

상담자: 당신이 마이너스 5점에서 점수가 다시 오를 준비가 되었다는 것을 언제 알 수 있을까요?

내담자: 전 지금 준비가 됐습니다. 다시는 이렇게 나쁘게 느끼고 싶지 않아요. 상황이 나아져야만 합니다.

상담자: 당신이 그러한 상황에 저항하기 시작한다는 것을 알리는 첫 신호는 무엇일까요?

내담자: 일을 집에 가져가는 것을 멈출 때요.

상담자: 어떻게 그렇게 할 수 있을까요?

상담자는 상황이 나빠지는 것을 멈추도록 내담자가 무엇을 했는지 알기 위해 척도를 사용할 수 있다.

<예>

상담자: 좋지 않은 한 주였다는 것을 알겠습니다. 그런데 어떻게 더 나빠지지 않도록 하실 수 있었나요?

내담자: 금요일에 친구와 외출을 했습니다. 좋은 얘기를 나눴어요. 그게 제가 월요일을 보낼 수 있도록 도와줬어요. 그 친구에게 기대지 않으면 어떻게 극복할 수 있을지 모르겠어요.

상담자: 그 친구가 매우 중요한 사람이군요. 나빠지는 것을 막기 위해 또 뭘 하셨나요?

내담자: 스스로에게 일 년 전보다 훨씬 나아졌다고 말했습니다. 전처럼 사람들에게 당하지만은 않습니다. 그동안 겪었던 것, 살아남은 것에 대해 생각합니다.

상담자: 부정적인 자기비판의 생각이 들 때 자신이 얼마나 강하게 견뎌 냈는지에 대해 생각하는군요.

내담자: 네.
상담자: 어떻게 그것에 대해 스스로 생각나도록 하나요?

내담자가 전체적으로는 좋아졌지만 문제 영역과 관련해서는 그렇지 않다고 보고할 수 있다. 그들은 이러한 진전과 원래의 문제 사이에 연결을 보지 못할 수 있다. 또한 내담자는 이제 원래의 문제는 해결되었는데 '상황'은 아직 그렇지 않다고 할 수도 있다. 중요한 것은 상담자는 내담자가 원하는 것에 대해 더 잘 이해하도록 내담자와 협력해야 하는 것이다.

5. 건설적 변화의 강화

연이은 후속 회기의 목표는 변화를 사정하고 그것을 유지하도록 도와주는 것으로, 그렇게 함으로써 해결이 성취될 수 있다 (Lipchik & de Shazer, 1986, p. 88).

변화에 초점을 두는 것은 내담자가 안전하고 존중받는 느낌이 들 수 있는 분위기에서 이루어져야 한다. 상담자의 초점은 내담자의 관점과 관련해서 일반적인 것에서 특정한 것으로 옮겨 간다. 때때로 내담자는 다른 각도에서 문제를 보기 때문에 초점이 점점 좁혀지는 것을 볼 수 있다. 어떤 경우 내담자는 과거 어느 때 같은 대화를 했던 것을 깨닫기도 하나 지금은 상담실에서 그것을 다르게 들을 수 있다.

사람들은 자신의 삶을 위해 의미를 창조한다고 보는 구성주의적 견해에서, 상담자는 내담자가 자신의 문제와 관련하여 다르게 볼 수 있는 방법과 행동을 탐색해 보도록 격려할 수 있는 실험과 위험 감수의 분위기를 조성한다. 이것은 내담자가 과학자로서 삶에서 실험을 수행해 보도록 하는 개인구성 관점(personal construct view)과 비슷하다. 상담자는 다음에 어떤 일이 일어날지에 관해 내담자와 함께 호기심을 가져야 한다. 내담자가 성공뿐만 아니라 실패에 대해서도 보고할 수 있음을 아는 것이 중요하다. 어떤 내담자는 상담자의 승인을 받기 위해 좋은 뉴스만 말해야 하는 것으로 생각한다. 이러한 행동은 도움이 되지 않는데, 인간으로서 우리는 성공과 마찬가지로 실수와 실패에서도 배울 수 있기 때문이다. 상담자는 내담자의 모든 경험이 그들의 치료를 위해 가치 있고 도움이 되는 것이라고 느낄 수 있도록 해야 한다.

많은 경우 내담자는 첫 상담 이후 진전을 보이는데, 이는 다른 사람에게 근심을 털어놓는 것에서 느끼는 안도감의 영향으로 볼 수도 있다. 도움을 요청할 수 있었던 행동도 내담자가 자신의 삶에 대한 힘과 통제감을 회복시키도록 도울 수 있다. 단회기상담에 관한 탈몬(Talmon, 1990)의 연구는 많은 상담자의 의구심에도 불구하고 단 1회의 상담이 내담자에게 새로운 사고와 행동을 촉진하고 내담자의 치료 목표를 성취시키는 힘이 있음을 증명하였다. 해결중심 상담자는 내담자가 아무리 작더라도 어떻게 변화를 만들어 냈는지, 그리고 어떻게 그것을 유지하거나 확장할 수 있었는지에 대해 그들이 조금 더 잘 인식할 수 있도록 돕는다. 만일 내담자가 긍정적인 변화를 보고하면 상담자는 내담자를 격려하고 칭찬한다. "그것이 쉽지 않았을 텐데요." "당신이 그것을 아주 잘 처리하신 것처럼 들리는데요." "많은 사람이 당신처럼 그렇게 할 수 있는 것은 아닐 겁니다." "어떻게 그렇게 처리할 수 있었습니까?"와 같이 반응할 수 있다. 이러한 피드백이 전달되는 방식은 그 내용만큼이나 중요하다. 전달 방식은 내담자의 성격과 상황에 따라 다양하고, 축하하는 말씨가 적절한 경우가 있는가 하면 그렇지 않은 경우도 있다. 변화를 만들어 낸 것이 상담자가 아닌 내담자임을 인정하는 것이 치료적 탄력을 위해 중요하다. 만들어 낸 변화에 부여하는 의미는 내담자가 얼마나 비관적/낙관적인지, 수동적/적극적인지, 자기비난적/자기 긍정적인지, 그리고 의존적/독립적인지에 의해 영향을 받는다. 상담자의 개입 속도와 시간 조절은 내담자의 반응에 따라 조절할 수 있다.

많은 경우 내담자는 심사숙고 중이거나 이미 성취한 변화에 관해 양가감정을 느낀다. 여기서 우리는 변화를 통해 얻는 것이 있듯이 잃는 것도 있다는 것을 기억해야 한다. 어떤 내담자는 변함으로써 치러야 할 대가가 너무 크기 때문에 현재의 상태를 유지하는 것을 선택한다. 또 어떤 사람은 고통스러운 상황에서 벗어나려는 마음이 간절해서 유지할 수 없거나 단기적으로는 득이 되지만 장기적으로는 해가 되는 변화를 시도할 수도 있다. 어떤 사람은 자신이 만드는 변화가 원하는 결과를 가져오는 것에 관해 확실한 보장을 원하기도 하고, 완벽한 해결을 찾느라고 지체할 수도 있다.

상담자는 무엇이 효과가 있고 어떻게 변화를 유지하거나 확장할 수 있는지에 대해 질문함으로써 내담자가 변화를 견고히 할 수 있도록 돕는다. 이러한 전략은 〈표 5-1〉에 서술되어 있다.

어떤 내담자는 자신과 문제에 대해 조금 더 깊이 이해하는 것이 목표라고 말할 수 있다. 그러나 우리는 좀 더 이해한다는 것이 변

표 5-1 상담자의 전략

유지 전략	변화를 유지하기 위해 당신에게 무슨 일이 일어나야 하나요? 그렇게 하는 것을 멈추게 하는 것은 무엇인가요? 그러한 장애물을 어떻게 극복하겠습니까? 조금 다른 방법으로 다시 시도할 만한 가치가 있는 것은 무엇인가요(Watzlawik et al., 1974)? 당신은 계속해서 무엇을 할 필요가 있다고 생각하세요? 문제가 다시 시작되는 신호를 보게 될 때 제일 먼저 할 일은 무엇인가요? 당신이 그렇게 할 수 있도록 도와줄 사람은 누구입니까?
학습 전략	어떻게 그렇게 할 결정을 했습니까(예외)? 그것이 당신에 대해 말해 주는 것은 무엇입니까(White, 1988)? 지금까지 해 본 것에서 무엇을 배웠나요? 하던 것을 그만둔 것에서 배운 것은 무엇인가요? 그것을 다시 하지 않기 위해 어떻게 할 수 있나요? '실패한 해결 방안'을 버려서 생기는 이점은 무엇입니까? 대신 무엇을 해 볼 생각을 해 보았나요? 문제가 다시 생길 때 지금까지 배운 것을 어떻게 다시 생각나게 할 수 있을까요? 실험을 해 보기로 생각한 것에 대한 전략은 무엇입니까? 혹시 문제를 가지고 살아야 한다고 느껴지거나 변해야 할 필요가 있는 문제에 다른 면이 존재합니까?
평가 전략	우리의 만남이 도움이 되고 있나요? 어떤 차이가 생겼나요? 지금까지 일어난 변화가 당신이 원하는 것인가요? 목표가 변하지 않고 그대로인가요, 아니면 바뀌었나요? 우리가 좀 더 해야 할 필요가 있거나 반대로 덜해야 할 것은 무엇인가요? 저에게 얘기해서 도움이 될 것이 더 있나요? 당신을 좀 더 돕기 위해 제가 알아야 할 것은 무엇입니까?

화에 대한 동기를 강화시키고, 무엇을 변화시킬지 또는 어떻게 변할지에 대해 확실히 알려 주지는 않는다는 것을 경험을 통해 알고 있다. 이해한다는 것은 현재 상태를 쉽게 정당화하고 변화에 저항하게 할 수 있다. 음식, 약물, 담배, 술과 같은 것에 대한 중독과 싸워 본 사람이라면 지적인 확신과 그것을 행동으로 옮기는 것 사이에 큰 차이가 있다는 것을 알 것이다.

이 접근의 방침은 새로운 인식은 내담자가 다르게 행동한 결과로 생길 수 있으며, 경험적 학습은 지적 지식보다 더 값지고 강하다는 것이다. "원하는 사람이 되는 것에 관해 학습하는 것은 사람이 현재의 방식으로 존재하는 이유를 학습하는 것과 다르며 시간도 적게 걸린다."(Fanger, 1993) 우리는 과거 역사를 조사하는 것보다 현재와 미래에 관해 깊이 생각해 봄으로써 과거를 좀 더 쉽게 이해할 때가 많다. 그러나 해결의 구성에 이해가 선행되어야 한다는 것을 내담자가 분명히 할 때 상담자는 그것을 존중하고 협력할 필요가 있는데, 그렇지 않을 경우 내담자의 상담 동기를 약화시킬 수 있기 때문이다.

1) 유지 전략

변화를 유지하기 위해 당신에게 무슨 일이 일어나야 하나요? 그렇게 하는 것을 멈추게 하는 것은 무엇인가요? 그러한 장애물을 어떻게 극복하겠습니까? 조금 다른 방법으로 다시 시도할 만한 가치가 있는 것은 무엇인가요(Watzlawik et al., 1974)? 당신이 계속해서 할 필요가 있는 것은 무엇이라고 생각하세요? 문제가 다시 시작되는 신호를 보게 될 때 제일 먼저 할 일은 무엇인가요? 당신이 그렇게 할 수 있도록 도와줄 사람은 누구입니까?

2) 학습 전략

어떻게 그렇게 할 결정을 했습니까(예외)? 그것이 당신에 대해 말해 주는 것은 무엇입니까(White, 1988)? 지금까지 해 본 것에서 무엇을 배웠나요? 하던 것을 그만둔 것에서 배운 것은 무엇인가요? 그것을 다시 하지 않기 위해 어떻게 할 수 있나요? '실패한 해결 방안'을 버려서 생기는 이점은 무엇입니까? 대신 무엇을 해 볼 생각을 해 보았나요? 문제가 다시 생길 때 지금까지 배운 것을 어떻게 다시 생각나게 할 수 있을까요? 실험을 해 보기로 생각한 것에 대한 전략은 무엇입니까? 혹시 문제를 가지고 살아야 한다고 느껴지거나 변해야 할 필요가 있는 문제에 다른 면이 존재합니까?

3) 평가 전략

우리의 만남이 도움이 되고 있나요? 어떤 차이가 생겼나요? 지금까지 일어난 변화가 당신이 원하는 것인가요? 목표가 변하지 않고 그대로인가요, 아니면 바뀌었나요? 우리가 좀 더 해야 할 필요가 있거나 반대로 덜해야 할 것은 무엇인가요? 저에게 얘기해서 도움이 될 것이 더 있나요? 당신을 좀 더 돕기 위해 제가 알아야 할 것은 무엇입니까?

연구에 의하면 상담의 최대 영향은 첫 6회기에서 8회기 사이에 일어난다(Koss & Butcher, 1986). 시간이 제한되어 있는 단기상담에서는 생산적으로 시작하는 것이 중요하다. 따라서 상담자와 내담자는 모두 초기부터 계속된 평가에 관여하고, 특히 상담자는 효과가 없는 것에 변화를 주려는 의지를 가져야 한다. 해결중심 접근은 내담자의 목표 성취를 돕기 위해 상담자가 여러 가지 다른 개입 방법을 시험해 볼 수 있는 실용적인 접근이다. 내담자가 진전을 만들지 못할 때 상담자는 다음의 사항을 검토해 볼 필요가 있다.

- 문제의 재방문
- 내담자 목표의 재검토
- 관계의 재평가

4) 변화를 위한 전략의 개발 또는 강화

만일 방향을 바꾸지 않으면 지금 향하고 있는 곳에 도착하게 될 것이다.

중국 속담

상담자는 이미 이루어지고 있는 것에 근거하여 내담자가 목표를 구축하도록 돕는다. 그 단계는 진전을 촉진하기, 이미 이루어진 전을 유지하기, 더 나빠지는 것을 중지시키기 등을 포함한다.

그렇다면 내담자가 진전이 없거나 나빠지고 있다고 보고할 때 상담자는 무엇을 할 수 있을까?

내담자의 후퇴에 너무 많은 초점을 맞추지 않는 것이 중요하다. 상담자는 나빠질 가능성에 대해 내담자에게 미리 경고하기도 하는데, 실패는 학습의 기회를 제공할 수 있다. 실패하더라도 내담자는 최소한 해결 방안에 관한 목록에서 실패한 전략 하나를 지울 수 있다. 퇴보 또는 후퇴가 가능한 해결이 어떤 것일지 알도록 도울 수도 있다. 그리고 무엇이 상황을 나쁘게 했는지는 무엇이 좋아지게 할 수 있을지에 대한 단서를 제공하기도 한다. 상담자는 포기하지 않는 내담자의 결심에 대하여, "그동안 어려움이 있었지만 …하기를 결정하셨습니다."라고 하며 다음과 같이 질문할 수 있다.

- 우리가 다른 것을 할 필요가 있다고 생각하나요?
- 우리의 목표가 수정될 필요가 있다고 느끼시나요?
- 우리의 일정표를 검토할 필요가 있을까요?
- 어떻게 사정이 더 나빠지지 않도록 할 수 있었나요?
- 문제가 나아지지 않음에도 불구하고 어떻게 대처하셨나요?

어떤 경우 단기적이든 영구적이든 간에 문제가 사라지고, 다른 문제나 또는 뭔가 긍정적인 것이 등장할 수도 있다. 사람들이 자신의 삶에서 변화를 만들 수 있는 능력이 있다는 믿음과 신뢰를 상담자가 충분히 갖지 못할 수도 있는데 이것이 내담자를 방해하기도 한다. 점차적인 변화가 가장 현명한 과정이라고 할 수 있지만, 급격한 변화를 위한 준비가 되어 있는 내담자도 있다. 이때 상담자의 지나친 신중함이나 비관주의는 그러한 변화를 만들 최적의 순간을 놓치게 할 수도 있다. 흔히 성공적인 결과가 더 성공적인 결과를 이끈다는 것에 주목할 필요가 있다.

〈예〉

한 여성 내담자가 첫 회기에서 우울을 호소하였다. 그녀는 현재 병가를 내고 일을 쉬고 있었다. 그녀는 자녀를 돌보지 않고 있는 것에 대해 죄책감을 느꼈다. 그러나 그다음 주 상담에 왔을 때 두 아이를 위해 매일 방과 후 음식을 만들었고, 과제를 세 차례 도왔으며, 업무의 재협상을 위해 직장을 찾아갔다고 했다. 상담자는 내담자가 한 주 동안 많은 일을 한 것에 대해 놀라움을 표시하였고, 어떻게 그렇게 할 수 있었는지에 대해 물었다. 그녀는 그 모든 것을 하려고 의도했던 것은 아니었지만 통제감을 갖고 뭔가를 시작할 결심을 했고, 하나의 시도가 다른 시도로 이어졌다고 대답했다.

5) 평가와 종결에 대한 계획의 수립

치료 목표와 삶의 목표를 구분하는 것이 중요하다(Ticho, 1972). 그렇지 않을 경우 상담이 지나치게 연장될 가능성이 높다. 예를 들어, 내담자가 배우자를 찾거나 취직하는 것을 돕는 것은 치료적 목표가 아니지만, 그런 목표를 성취할 수 있게 특별한 사회적 기술을 발전시키도록 돕는 것은 치료적 목표가 될 수 있다. 상담은 결국 내담자 스스로 해낼 수 있도록 돕는 과정의 시작이다. 〈표 5-2〉는 내담자가 상담에서 얻거나 배운 것을 어떻게 더욱 활용할 수 있는지에 초점을 둔 질문의 예다.

종결은 시작 시점부터 논의되어야 한다. 내담자가 이미 시작한 변화를 지속할 수 있는 자신감을 갖고 있다면 되도록 빨리 내담자의 삶에서 상담자가 벗어나는 것을 목표로 하는 것이 유용하다. 그렇지 않으면 의존성의 위험과 작업의 초점을 잃을 수 있다. 내담자에게 계속적인 지지를 제공하고자 하는 기관의 정책이 목표 중심의 상담과 혼동되지 않는 방법으로 정의되어야 한다.

해결중심치료에서는 내담자가 상담의 목표를 정의하고 또 계약이 언제 끝나야 하는지를 결정한다. 어떤 실천가는 장기적 상담을 처방하기도 하지만 대부분의 내담자는 단기 개입을 선호한다. 내담자는 제한적이지만 현실적인 목표 성취에 대해 상담자보다 더 만족해한다.

표 5-2 종결과 사후 관리를 위한 질문

- 계획대로 실행하는 것에 얼마나 자신이 있나요?
- 그것을 유지하기 위해 무엇이 필요한가요?
- 어떤 것이 가장 힘들 것이라고 예상하나요?
- 장애물이 될 가능성이 있는 것은 무엇이고, 그것을 어떻게 극복할 생각인가요?
- 사정이 다시 어려워질 때 꼭 기억해야 할 것은 무엇입니까?
- 그렇게 노력하는 것이 당신에게 유익한 것은 무엇일까요?
- 도움이 되는 것을 어떻게 기억할 수 있을까요?
- 누가 도움이 될까요? 누가 문제가 될까요?
- 이것이 더 이상 큰 문제가 되지 않을 때까지 얼마나 오래 걸릴 것이라고 생각하나요?

척도는 종결을 명확히 할 수 있는 좋은 도구다. 상담자는 내담자에게 0부터 10까지의 척도에서 0은 문제가 있는 상태 그대로, 10은 기적이 일어난 다음날 아침을 의미할 때 무엇이 '충분히 좋은' 것인지에 대해 질문한다. 척도에서 원하는 지점에 도달했을 때 무엇이 일어날지 또 무엇이 일어나지 않을지에 대해 내담자에게 설명하도록 한다. 10점을 열망하는 내담자는 드물며, 가장 일반적인 대답은 7 또는 8이다.

상담을 종결하기 위해 어떤 신호가 있어야 할지에 대해 분명히 합의하는 것이 중요하다. 이를 규정하지 않는 경우 진전을 측정하기가 어렵다. 경험에 의하면 종결이 우리가 원하는 것처럼 항상 분명하지 않으며, 종결이 적절한 것인지에 대해 상담자와 내담자 사이에 의견 차이가 있을 수 있다. 중요한 것은 해결중심 상담자는 항상 내담자에게 유리하게 해석할 수 있어야 한다.

모든 형태의 상담에서 종결은 준비와 함께 민감한 접근을 요한다. 시간이 문제가 되는 단기치료에서 어설픈 종결은 내담자가 자신의 문제가 별것 아닌 것처럼 취급되거나 문제가 너무 커서 도움을 줄 수 없는 것은 아닌가 하는 느낌을 받을 수 있게 한다. 이것은 이전의 부정적 경험과 더불어 내담자에게 실패와 거부당한 느낌을 줄 수 있다.

6) 장기 작업

해결중심치료는 종종 단기치료와 혼용되어 인식되기도 한다.

그러나 단기치료에 다른 많은 모델이 존재하므로 해결중심치료와 단기치료는 같은 의미로 쓰여서는 안 된다. 해결중심치료는 필요한 경우 장기적인 작업에도 활용될 수 있다. 상담이 10회기 이상 진행되는 경우 초점을 유지하고 목표를 확인하는 것이 매우 중요하다. 기적 질문과 척도 질문 같은 개입은 장기의 상담 작업에서 상담자가 중심을 잡고 내담자의 변하는 상담 의제를 따를 수 있도록 돕는다.

실천 포인트

- 내담자가 목표를 잃고 헤맬 때 다시 해결의 궤도로 돌아오도록 이끌 수 있는 기술을 가지고 있는지 검토한다.

- 각 내담자의 강점과 자질에 대한 민감성을 좀 더 발전시킬 수 있는 방법을 생각해 본다.

- 2회기 이후 척도 질문을 광범위하게 사용한다.

- 하루를 정해 상담 회기에서 사용하는 자신의 언어에 특별한 관심을 가져 본다.

- 사람들이 문제에서 벗어나 해결의 방향으로 나아가도록 도울 수 있는 방법에 대해 생각해 본다.

- 내담자가 희망을 갖고 있지 않을 때 희망을 가질 수 있는 방법에 대해 생각해 본다.

- 무엇보다 결과에 초점을 둔다.

제6장

해결중심 치료자의 체험적 여정

  필자는 최근 다른 해결중심 실천가가 이 모델을 어떻게 발견하고 적용해 왔는지에 대한 비공식적인 설문조사를 실시했다. 이것을 과학적인 연구로 볼 수는 없지만 연구에서 나타난 주요 주제는 지난 20여 년간 많은 실천가가 표현해 왔던 것과 다르지 않다. 필자는 해결중심 체험이 값진 경험이었다는 실천가의 보고가 지식의 여정을 시작하려는 독자에게 격려가 되길 바란다. 설문에서 사용된 질문은 다음과 같다.

- 해결중심 접근에 대한 첫인상은 어땠습니까?
- 초기에 가졌던 열정을 어떻게 이어 갔습니까?
- 해결중심치료를 처음 알게 되었을 때에 직장에서 도전을 경험했다면 그중 주된 것은 무엇이었습니까?
- 해결중심을 다르게 시도했거나 중단한 것에 관해 기억할 수

있습니까?

- 동료에게서 어떠한 저항이나 긍정적 반응이 있었습니까?
- 해결중심이 업무와 내담자에 대한 당신의 태도를 어떻게 변화시켰습니까?
- 개인적으로 해결중심이 당신의 인생철학이 되었다고 말할 수 있는 것은 무엇입니까? 인생을 헤쳐 나가면서 해결중심이 도움이 되었던 때가 있었습니까?

1. 해결중심에 대한 첫인상

많은 실천가가 해결중심치료를 처음 접할 때 상당한 양가감정을 경험할 수 있다. 실천가는 해결중심이 전통적인 모델과 많이 다르고 또 기존의 전통에 대해 도전적인 것에 흥미를 갖게 되기도 하는 반면, 해결중심에 관해 회의적이거나 기존에 소중하게 여겼던 신념과 실천 방법을 버려야 한다고 생각할 수도 있다. 이러한 긴장으로 생기는 '인지적 부조화'는 실천가를 '혼합'적 접근법을 사용하도록 이끌 수 있는데, 그것은 기존의 접근법에 해결중심을 더하여 자신의 지식 체계를 확장하는 방향으로 나가는 것이다. 또 다른 실천가는 이전에 받았던 훈련과 실천에 대해 불편한 감정을 갖기도 한다.

- 나는 그때까지 교류분석 심리치료사로서 10년간의 훈련을 받

았는데 해결중심은 그 방향을 바꾸는 것 같았다. 10년의 시간 이 낭비로 느껴졌고 그 사실을 다루기 힘들었다.

- 임상심리사로서 나의 안정을 보장하는 '부적'(즉, 사람들에게 서 잘못된 것을 이론화하고 그것에 기초해 해결을 구축하는 것)을 옆으로 치워놓기 전까지 이틀이 걸렸다. 내가 훌륭한 가설이 라고 생각했던 것이 더 이상 설 자리가 없다고 느껴질 때 자신 감이 사라지는 것같이 느꼈던 기억이 난다. 나는 기존의 신념 을 뛰어넘어 변화를 받아들이기로 했고 내담자가 전문가가 되도록 노력했다. 이것은 나뿐만 아니라 문제에 대해 알아야 한다고 생각하는 많은 전문가에게 신념을 뛰어넘는 변화일 것이다.

어떤 치료자에게는 해결중심 접근법이 자신이 전념해 왔던 신 념과 가치에 적합한 것인지를 아는 것이 중요하다. 예를 들어, 인 간중심 모델 실천가의 경우 강조점을 변경하는 것을 환영하였고, 그것은 바로 시작하기에 너무 급진적인 것이 아니었다.

- 해결중심에 본질적인 내담자 지향적 접근은 칼 로저스(Carl Regers)의 이론과 철학에 적합한 것이다. 따라서 해결중심 접 근에 관해 알고 실천하는 것이 나에게 너무 큰 '도전'은 아니 었으며, 실은 그 당시 내가 찾던 것이기도 하였다. 내담자를 위한 해결 방안이 그들이 이미 갖고 있는 자원과 기술에 있다 고 보는 나의 신념과 일치함을 발견했다. 이는 내가 치료자로

서 효과가 있는 것에 관한 전문 지식을 갖고 있다는 생각보다 나를 더욱 편안하게 했다.

• 그것은 지적이며 정서적인 측면에서 나의 과거 경험과 잘 연결되는 것이었다. 문제해결 접근에 관한 것을 읽을 때에 나는 그것이 사람들의 통제를 빼앗는 것으로 보았으나, 반대로 해결중심은 통제와 신뢰를 사람들에게 제공하고 결과적으로 역량을 강화한다. 그것은 나에게 희망적이고 낙관적이 되도록 했으며, 나는 그것을 서둘러 배워 사람들을 돕기 시작했다.

설문에 응한 많은 실천가는 해결중심이 이론은 단순한 데 반해 실천이 얼마나 어려운지를 알게 되어 놀랐다고 하였다. 어떤 사람에게는 그러한 명백한 단순함이 믿기 어려울 정도였으나 다른 사람들에게는 해결중심의 일상적 언어 활용이 가슴에 와 닿는 것이었다.

• 나는 첫날부터 그것에 매료되었다. 그것은 대화에 상식적인 것을 적용하는 것처럼 보였고 건강 관리 측면에서 '변하지 않는 전통'과 비관론을 관통하는 것 같았다.

• 나는 솔직하고 단순한 점이 좋다. 그것은 내담자가 희망을 갖게 하고, 능력이 없는 사람보다는 가능성이 있는 사람으로 만든다.

• 해결중심으로 시작하는 것이 좀 불안했으나 단순함이 좋았다.

• 나에겐 전문용어를 사용하지 않는 것과 내담자가 과정을 이

*끄*는 측면이 인상적이었다.
- 이 모델에 대한 나의 첫인상은 우아한 단순함이었다. 이미 존 재하는 것을 활용한다는 점에서 즉흥성을 활용하는 나의 업 무 스타일에 잘 어울렸다. 나에게는 서비스를 제공하면서 개 인, 집단 그리고 조직의 자원을 이끌어 내는 것이 중요했다.

대부분의 실천가를 가장 흥분시키고 열광하게 한 것은 해결중 심이 내담자에게 어떻게 적용되는지를 직접 관찰하는 것이었다.

- 처음에 이 모델은 내가 실천에서 주로 사용하는 개념과는 상 반되어 당황스러웠다. 훈련 과정에서 그 효과의 증거를 직접 보게 된 것이 나의 흥미를 자극했다. 이후 전에는 관심을 두지 않았던 내담자 삶의 다른 부분을 알게 되었고 그것을 실제에 적용하며 신이 났다.
- 사람은 삶에서 의미가 있고 중요한 것에 매우 빠르게 연결된 다. 사람이 진정으로 원하는 것을 발견하고 그것에 관해 듣게 될 때 동기가 강해짐을 느낀다.
- 나는 그것이 좀 '미국식' 같다고 생각했고, 말은 되지만 너무 좋게 보여 믿기 어려웠다. 처음에는 예상하지 못한 많은 응답 을 받고 대응하는 것이 힘들었다.
- 사람에게 그렇게 단순하게 얘기할 수 있고 또 그처럼 적은 질 문으로 '치료'가 된다는 사실에 매우 놀랐던 기억이 난다. 이 후 내가 '꼭 해야만 하는' 것으로 배웠던 많은 것을 포기하는

것이 얼마나 어려운지 알게 되었다. 이렇게 단순할 수도 있는 것일까? 그러나 사실 그렇지 않고, 단순함을 유지하는 것이 얼마나 어려운지를 후에 발견하기 시작하였다. 그런 후 '치료'라는 이름하에 이전에 숨겨 왔던 많은 것을 포기하는 것이 얼마나 어려운 것인지를 알게 되면서 나의 고통이 시작되었다. 아직도 쉽지는 않지만 나는 그것을 사랑한다.

• 간단히 말해서, 나는 해결중심에 심히 매료되었다고 할 수 있다. 그것이 믿기 어려울 정도로 단순하고, 아주 짧은 시간에도 사람들이 자신에 대해 긍정적이고 건설적인 방법으로 생각하도록 할 때 일어날 수 있는 놀라운 움직임으로 인해 나는 이 모델에 압도되었다.

어떤 실천가는 현재의 실천 방법에 대한 불만 때문에 새로운 탐색을 시작했다. 해결중심에 관한 발견은 그들에게 잃어버린 퍼즐 조각을 찾는 것과도 같았다.

• 나는 과거와 현재의 상황에 대해 이해하고 좀 더 '편한 상태'가 되는 것으로는 부족함을 느끼는 내담자가 있다는 것을 알게 되었다. 특히 계속해서 과거의 고민을 다루기보다 성취하기를 원하는 미래에 관해 자세하게 표현하는 해결중심의 개념이 나에게는 아주 매력적인 것이었다. 해결중심에 대해 듣기 전까지 채워지지 않았던 나의 지식 체계에 무엇인가 부족함이 있었다는 것을 느꼈다.

2. 초기의 열정을 이어 간 방법

업무 상황에 따라 추후상담은 개인 또는 집단 모두 진행될 수 있다. 설문에 응한 사람들 중 팀으로 작업하는 실천가의 경우, 일부는 새로운 접근으로 실험하는 것에 관해 설득받았다.

- 우리는 6개월간 해결중심치료로 실험하는 것에 동의했다. 우리 모두는 그것을 매우 좋아했고 예전의 방법으로 다시 돌아가지 않았다(정신건강 클리닉).
- 다행히도 나는 이러한 것에 준비가 되어 있는 지지적인 팀을 갖고 있었다. 정확하게 말하면, 나의 직속 상관과 자문가는 나와 똑같이 감동하였다. 나는 동료뿐만 아니라 내담자와 그들의 가족과도 해결중심의 대화를 시작했다. 속담에서 그렇듯 성공은 그 자체가 증명하는 것이다.
- 의뢰를 받은 직후 제한된 회기 내에 내담자 가족을 치료할 수 있도록 허락해 준 운영 팀과 클리닉에 감사한다. 고맙게도 그것이 잘 진행되었다.

뛰어난 능력으로 이 접근을 활용하는 사람들은 자신이 구할 수 있는 모든 문헌을 찾아 읽었고, 훈련 과정과 학술대회에도 참석하였으며, 몇몇의 경우 해결중심치료의 정신적 고향인 밀워키의 단기가족치료센터에서 훈련을 받기도 하였다.

- 읽을 수 있는 모든 자료를 읽고 교육을 받았다. 그리고 해결중심치료가 어떻게 활용될 수 있는지를 강의 현장에서 직접 보면서 감동받았다.
- 우리 팀은 구할 수 있었던 몇 권의 책과 논문을 읽으면서 그대로 따라 했다. 그 후 내가 발견할 수 있는 모든 강의를 들었고 밀워키의 단기가족치료센터에서 직접 훈련을 받기도 했다.

이러한 초기의 열정은 내담자가 적은 수의 회기로도 더 큰 성공을 거두고 조기 종결하는 수가 줄어드는 것을 보면서 더 커졌다. 이것은 실천가의 신뢰감과 긍정성을 강화하였고, 해결중심 실천가는 어떻게 치료해야 하는지를 내담자로부터 배운다고 믿게 되었다.

- 나는 해결중심 접근의 한계가 무엇인지 시험해 보았다. 다른 치료자는 치료를 시작하기도 전 이 접근이 활용될 수 없다고 말했다. 그러나 나는 지난 10년 동안 이 모델을 적용할 수 없었던 사람을 한 명도 발견하지 못했다.
- 나는 독립적으로 활동하는 코치이며, 트레이너가 되면서 해결중심치료를 알게 되었다. 나는 이해하기 힘든 언어를 사용하는 이전의 모델이 어려웠고, 그 모델은 사람들의 결함을 분석하는 것에 많은 시간을 사용했다. 내가 해결중심 접근을 사용하기 시작하면서 내담자가 좀 더 풍부한 자원을 가진 사람이 됨을 관찰하였다. 내담자는 상당한 진전을 보였으며, 나는 코

치로서 내가 믿고 의지할 수 있는 도구를 가질 수 있게 되면서 더 많은 자신감을 갖게 되었다. 그리고 내 사업도 번창했다.

- 해결중심의 원칙은 조직의 업무뿐만 아니라 우리가 프로젝트를 관리하는 방법과도 매우 밀접하게 연결되었다. 그것은 지적으로도 이해할 수 있는 것이었지만, 더욱 중요한 것은 효과가 있다는 것이었다.

- 특히 도전과 어려움을 경험했던 팀에서 회기 중에 많은 에너지가 생겨났음을 볼 수 있었다. 팀이 어려움을 경험할 것이라고 예상했을 때 그런 일은 발생하지 않았고, 놀랍게도 진전이 있었음을 발견하였다.

초기의 열정을 유지할 수 있었던 중요한 요인 중 하나는 지역이나 전국적 단위의 집단에서 같은 관심을 가진 사람들을 만나는 것이었다. 설문에 응한 사람들은 해결중심실천협의회(Association for Solution Focused Practice, www.ukasfp.co.uk)가 운영하는 포럼을 통해 그것을 이룰 수 있었다.

- 나는 해결중심치료를 실시하는 사람들 중 가장 활기찬 치료자를 몇 명 만나 많은 토론을 하였고, 내가 하는 일을 더욱 좋게 느꼈으며, 사람들이 이 접근에 대해 나만큼이나 흥분해 있다는 것을 알았다.

- 우리는 해결중심 동호회를 시작했고 그 안에서 훈련 과정을 개발했다.

- 나는 해결중심 공동체와 연결을 가지고 학술대회에 참석했고, 누구와도 해결중심에 대해 열정적으로 얘기를 나누었다. 이것은 나중에 훌륭한 협력관계로 발전했다. 해결중심 접근과의 연결을 통해 지난 몇 년 동안 나는 훌륭하며 재능 있고 관대한 많은 사람을 만나 함께 일할 수 있었다. 나를 지적으로, 사회적으로 그리고 정서적으로 채워 줄 수 있는 공동체와 연결이 되었음을 느꼈다.

3. 처음 해결중심을 사용했을 때 직장에서의 어려움

전환은 어려움 없이 이루어지지 않는다. 조사에 의하면 해결중심치료에 익숙하지 않은 실천가는 다른 신념을 갖고 있는 동료의 반대를 경험했다. 많은 경우, 새로운 해결중심 접근과 기관의 문제 중심적인 정책 및 절차 사이에 심각한 갈등이 있었던 것으로 나타났다.

- 그것은 다른 사람들의 방식과 상반되는 것이었다. 모두가 문제의 탐색에 더 많은 관심을 갖고 있었다.
- 많은 실천가는 매우 문제중심적이고, 해결중심 접근의 개념에 관심이 적다고 느꼈다.
- 해결중심치료에 대한 지나친 열정이 다른 전문가의 저항을 받을 수 있다는 것을 알았다. 해결중심 실천가가 더 적은 회기

로 상담에 성공했을 때, 이것이 내가 다른 동료보다 우수하다는 것으로 인정받았다.

- 나의 어려움은 이 접근을 알리는 데 있어 너무 적극적이지 않아야 한다는 것이었다. 나는 해결중심에 대한 나의 열정이 될 수 있으면 적게 보이도록 하며, 누군가가 "해결중심 접근을 사용할 수 없습니다!"라고 할 때마다 그것의 효과를 보여 주는 연구에 대해 언급했다. 나의 직장에서는 동료에게 해결중심이라는 단어를 한정된 시간(time-limited)이라는 용어로 바꿔 사용하게 한 것이 도움이 되었다.
- 내담자를 치료하는 데 다른 동료보다 내가 더 우월하다고 생각하는 것처럼 보이는 위험이 있었다.

설문에 응한 어떤 실천가에겐 해결중심의 가치, 언어 그리고 철학과 그들의 작업 체계 사이에 심각한 갈등이 있었다고 했다. 이 갈등은 치료를 설명하는 언어에 가장 잘 나타난다.

- 모든 사람을 진단명으로 부르고, 결과는 미리 예견되며, 사람들은 치료에 '부적합'하고, 말로 하는 치료가 '의미 없는' 체계에서 해결중심 접근을 진지하게 보는 것이 이상하게 받아들여졌다. 사람들은 우리가 '심하고 지속되는 정신병'을 가진 내담자에게 헛되이 말하려 애쓴다고 생각했다. 물론 점차로 '심한 정신질환'을 가진 사람들을 이해할 수 있게 되었고, 또 한동안 그들을 '심한 정신질환'을 가진 사람으로 보지 않게

되면서 결국 사람들은 변화를 원하고, 자신의 삶을 바꾸기 위해 무엇을 할 수 있는지에 대한 생각을 가지고 있으며, 가슴속에 열망과 기적을 품고 있다는 것을 알게 되었다. 이후 다른 전문가와 이러한 언어로 사람들에 대한 의견을 나누는 것이 어려워졌다. 나는 처음에 정신분열의 언어를 이해할 수 없을 것이라 생각했지만, 결국 나중엔 정신의학의 언어를 이해할 수 없게 되어 버렸다.

• 나는 아동심리 서비스 기관에서 일했는데, 이곳은 '사정 후 기관에서 얼마간의 긴급 서비스를 제공할 수 있을까 고민하다가 결국 대기자 명단에 이름을 올리게 되는' 시스템으로 움직였다. 나는 항상 그보다 더 나은 방법이 있어야 한다고 생각했다. 이러한 초기 사정 체계를 어떻게 더 잘 활용할 수 있을까?

• 가장 큰 어려움은 비관론과 병리학에 관한 담론이 우위를 차지하고 있다는 것이었다. 오늘날에도 그렇듯 해결중심의 효과를 증명할 수 있는 근거에 대한 논란이 있었고 사람들에겐 해결중심치료에 대한 납득할 만한 증거가 필요했다.

조금 더 긍정적인 측면에서 보면, 직장에 해결중심치료를 소개하는 것은 쉬운 일은 아니지만 건설적인 결과를 가져온 예가 있다.

• 가족 클리닉의 성공은 다른 분야의 서비스에도 이 모델을 적용할 수 있도록 했다.

4. 다르게 시작했거나 중단한 것

설문에 응한 실천가는 결핍과 병리의 모델로부터 내담자의 유능함을 인정하는 것으로 패러다임의 전환을 경험했다. 이러한 신념에 바탕을 둔 치료 행위는 내담자와 실천가 자신에 대한 접근의 효과성으로 인해 지속되어 왔다. 그것은 전체 과정 속에서 내담자에게 좀 더 강한 목소리를 가질 수 있도록 권력을 재분배하는 것이다. 스트레스가 많은 실천가에게는 이것이 상당한 해방감이었다. 그러나 전문가로서의 역할이 익숙하고 그것에서 나오는 자신감과 편안함을 포기하는 것은 쉽지 않다. 새로운 패러다임에 적응하고 '오래된 방식'을 포기하기 위해서는 상당한 전문가적 용기가 필요하다.

- 나는 사람들을 자원이 풍부한 존재로 보며 그들의 예외를 듣기 시작했다.
- 그것은 내가 문제의 이면을 볼 수 있도록 만들었다.
- 나는 강점과 문제가 일어나지 않았던 시간을 찾기 시작했고 칭찬으로 회기를 끝냈다.
- 긍정적인 말과 관련해서 사람들이 원하는 것을 발견하려고 더 열심히 노력했다. 나는 왜 문제가 발생하는지에 관해 탐색하는 것을 멈췄다.
- 나는 희망과 낙관적인 것에 대해 좀 더 주장하기 시작했고, 이러한 것을 내담자와의 대화에서 활용할 수 있는 구조적인 방

법을 개발했다.

- 나는 폐쇄형 질문을 마치 전염병처럼 피하기 시작했다.
- 나는 해석하고 분석하며 진단명과 예견되는 결과를 연결하는 행위를 멈췄고 이를 통해 해방감을 느꼈다. 그것은 내가 누구에게나 얘기할 수 있고 또 나와 얘기하고자 하는 누구라도 상담할 수 있다는 것을 의미했다. 따라서 나는 차별을 덜하기 시작했고 문지기의 역할을 그만두었다.
- 나는 내담자를 '진단'하는 것에서 잘 듣고 공감하는 것으로 변했다.
- 나의 경청이 바뀌었다. 나는 사람들이 스스로를 돕기 위해 무엇을 하는지에 관심을 갖기 시작했다. 나는 문제의 이면에 있는 사람을 보기 시작했다. 나는 사람들이 자신의 주어진 상황과 배경에서 언제나 최선을 다한다는 것을 깨달았다.
- 나는 코치 역할을 하거나 훈련시킬 때 문제에 대해 묻는 것을 멈추고 해결중심을 사용하기 시작했다. 나는 회기에서 나 혼자 너무 열심히 작업하는 것을 멈추고 내담자들이 자신의 역할을 할 것이라는 것을 믿기 시작했다. 또한 다른 모델로 워크숍을 진행하는 것을 거절했다.

마지막 요점은 흥미로운 것이다. 많은 경우 사람들은 일단 해결중심에 대해 확신을 갖게 되면 그것을 일관되게 활용하고 싶어 하며 그것에 전문가가 되길 원한다. 결과적으로 이전의 방식으로 돌아가는 것이 매우 어렵다. 해결중심의 패러다임은 그들에게 그렇

게 강한 영향을 주었다. 그들은 더 이상 이전의 모델이 진정성 있
거나 적합하다고 느끼지 않는다. 사람들은 지적이며 정서적인 변
화를 경험하게 된다.

5. 동료의 부정적·긍정적 반응

어떤 직장에서는 해결중심의 신봉자가 잘 수용되고, 동료들은
해결중심의 아이디어를 시도해 보거나 적어도 기존의 접근 방식
이 도전받지 않는 한 새로운 작업 방식을 참아 주었다.

- 거의 모든 동료가 변화의 효과에 감동되었다.
- 대부분의 동료는 괜찮았으나 인지행동 접근을 사용하는 한
  동료는 해결중심을 계속해서 깎아내리고 그것이 말도 안 되
  는 과도한 긍정과 터무니없는 접근이라고 말했다.
- 내가 속한 학습 집단에서 한 사람이 해결중심의 다양한 측면
  에 대해 비판하고 경멸했던 것을 기억한다. 그는 그것이 도움
  이 되는 접근임을 부정하면서도 몇 년간 자신의 일과 학습 집
  단에서 해결중심 질문과 원칙 그리고 가정을 사용하는 것을
  보았다.
- 나는 사회복지 학생에게 사회복지실천 과목을 가르치며 기초
  적인 해결중심 기술을 활용하도록 가르치기 시작했다. 대부
  분의 학생은 내담자 가족을 방문할 때 활용할 수 있는 실용적

인 도구를 갖게 되어 기뻐했다. 우리는 서로에 대해 배웠고 성공담을 공유했다. 그러나 내 동료 중 누구도 나 정도의 열정을 가지진 않았으며, 이 모델의 채택을 꺼리는 듯했다. 학교에서 모두가 해결중심 모델을 선호하는 것이 아니기 때문에 나는 해결중심 접근에 관련된 용어의 사용을 자제했다. 그 대신 사례회의에서 "그 내담자는 무엇을 원하나요?"와 같은 전형적인 해결중심 질문을 활용했다. 그러한 의견은 일반적으로 매우 잘 받아들여졌다.

• 직장에서 어떤 관계는 내가 해결중심을 포기하지 않았기 때문에 힘든 일도 있었지만 그것은 부정적이라기보다는 긍정적인 것이었다. 나는 삶이 매우 달라진 예전의 내담자와 동료를 보았다. 해결중심의 영향은 매우 큰 것이었다.

해결중심 접근과 직장의 지배적인 문화 사이에 현저한 차이가 종종 있을 수 있음을 볼 수 있다.

• 나는 엄청나게 긍정적이고, 흥분하며, 에너지가 넘치고, 낙천적이었던 것을 기억한다. 그러나 병원에서의 첫날 전문가가 이 환자를 바라보는 것을 보면서 몹시 불쾌함을 느꼈다. 나는 환자가 변할 수 있도록 돕는 것이 오히려 쉬운 것임을 곧 알게 되었다. 내가 도전해야 하는 것은 바로 다른 전문가들이었다.

어떤 경우에는 해결중심에 대한 견해가 없는 슈퍼바이저와의 갈등이 있었다.

- 나의 슈퍼바이저로부터 도전을 받았고, 그것으로 인해 우리는 헤어졌다.

또 어떤 경우에는 해결중심에 대해 더 잘 훈련받고 경험이 많은 슈퍼바이저를 찾는 것이 어렵기도 했다.

- 슈퍼바이저가 이 접근에 대해 호의적이어서 내담자에 대한 나의 모든 개입의 기초에 대해 설명했지만 그는 나보다 해결 중심에 대해 더 잘 훈련받거나 경험이 많지 않았다. 그래서 슈퍼바이저는 해결중심의 기본 가치와 상반되는 아이디어를 제시하곤 했다.

6. 상담과 내담자에 대한 태도 변화

설문에 응답한 실천가는 내담자의 삶에 대해 더욱 관심이 생기고 궁금해졌다고 말했다. 그들은 내담자의 다른 측면을 보기 시작했다. 그들은 또한 내담자가 매우 어려운 삶에 대처하는 방식에 대해 좀 더 많은 존경심과 경외심을 갖게 되었다. 그들은 이제 내담자가 삶의 어려움에 대처할 수 있는 자원을 갖고 있다고 가정한다.

해결중심 접근은 내담자가 자신의 해결책을 갖도록 격려하고 그들에게 효과가 있는 것에 초점을 둔다. 이것은 결과적으로 실천가가 덜 개입하고 지시하는 것이고, 실천가의 정신적·신체적 건강에도 분명하게 도움이 된다. 해결중심 접근이 실천가의 과도한 스트레스와 에너지 소진의 예방에 도움이 된다는 연구가 있다. 많은 사람이 업무에 대한 동기와 에너지가 증가했음을 보고했다.

- 해결중심 접근은 일하기에 훨씬 편하며, 내담자를 대신하여 너무 열심히 일하도록 하지 않는다. 나는 동료들보다 병가를 훨씬 적게 썼는데 이 접근을 사용하기 시작하면서 좀 더 건강하게 생활하기 시작한 것 같다.
- 이 접근에서 유일하게 피곤한 측면은 집중이다. 나는 최상의 내담자들을 만났기 때문에 즐거운 마음으로 집으로 갈 수 있다.
- 나는 과정에서 생성되는 에너지를 좋아했다. 이전에 사용했던 병리에 기초한 과정보다 정서적으로 에너지가 적게 소모되었다.
- 나는 사람들이 역기능적이라기보다는 기능적이지만 어려움을 갖고 있다고 본다. 나는 그들의 강점, 기술 그리고 특성을 본다. 나는 사람들을 믿는다.
- 나는 모든 내담자가 현재의 문제를 갖고 있는 입장을 변화시키고 초월할 수 있는 능력을 갖고 있다고 보기 시작했다.
- 이제 나는 내담자가 자신에 대해 전문가임을 알고, 과정 속에서 내담자에게 반응하는 데 훨씬 편안해졌다.

어떤 실천가는 해결중심에 대한 자신의 열정에 대해 분명하게 표현했다.

- 전문가로서의 나의 삶이 변화되었다고 말할 수 있다. 그것은 나에게 장갑처럼 꼭 맞는 모델이고, 나는 그것에 대해 열정적이다. 이것은 나의 내담자들과 또 훈련 과정에서도 동료들에게 전달된다. 정말로 사람들이 꽃피우는 것을 보게 되는데, 전문가로서 그보다 더 기쁜 것이 있을까?
- 만일 해결중심을 사용할 수 없다면 나의 실천을 멈출 것이다.

실천가는 자신에게 도움이 된 점에 대해서 다음과 같이 말했다.

- 나는 360도 프로그램에서 훨씬 효과적인 것이 확실했고 시간이 흐르며 내담자의 피드백이 계속해서 좋아졌다(360도 프로그램은 광범위한 사람들로부터 종업원에 대한 피드백을 받는 방법이다).
- 나는 실천 업무에 대해 좀 더 많은 자신이 생겼고, 내담자가 나보다 더 열심히 하고 지금보다 더 큰 성공을 거둘 것이라고 기대하며 마음의 여유가 생겼다.
- 나의 견해가 옳다고 생각한다. 나는 모든 사람이 자기 치유와 질병에 맞서는 낙관성의 힘을 경험할 수 있다는 전제를 가지고 업무에 임했다.
- 나는 이제 일하는 것을 훨씬 더 즐기는데, 내담자의 유능성이

나타날 것이고 이는 좋은 결과에 기여할 것이라고 기대하기 때문이다.

- 나는 소진될 위험성이 적다.
- 해결중심을 만나지 않았다면 '사회복지'를 떠났을 것이다. 그것은 삶을 변화시키는 경험이었고, 전보다 훨씬 더 많은 열정과 변화에 대한 희망을 가지고 '사회복지' 업무를 대하고 해결중심 훈련을 실시하게 되었다. 25년이나 사회복지에 몸담고 있지만 아직도 많은 학생과 참가자가 나의 '열정'에 대해 말하곤 한다.

어떤 실천가는 순수론자 입장에서 해결중심적으로 작업한다.

- 우리는 이 모델의 단순함과 힘이 제대로 기술된 자료를 계속해서 찾고 있다. 사람들이 원하는 것, 갖고 있는 것, 앞으로 할 것에 초점을 두고 유혹에 빠지지 않고 직접적인 경로를 고수하는 것은 매우 중요하지만 미묘하고 알기 어려운 메시지이기도 하다.

어떤 사람은 해결중심을 '도구상자에 있는 도구 중 하나'로 보지만, 또 다른 사람은 그것을 다른 접근과 혼합해서 사용하는 것을 선호하고 편안해한다. 어떤 경우 이러한 통합은 기법의 수준을 넘어 인간중심적 가치를 좀 더 잘 표현할 수 있는 것에 관한 것이 되기도 한다.

• 나는 다른 치료 접근에서 기법을 빌려다 해결중심적 방식으로 활용하는 것을 좋아한다. 그렇게 함으로써 내담자가 어떻게 그들의 문제중심적 사고 과정을 좀 더 해결중심적인 것으로 변화시킬 수 있는지를 생각해 보도록 한다.

정신건강에 있어서 회복 모델(recovery model)처럼 새로운 아이디어가 출현함에 따라 해결중심 실천가는 해결중심 모델이 그러한 새로운 사고의 틀과 잘 맞는 것을 발견했다. 어떤 실천가는 해결중심을 그들의 '기본 입장(default position)'으로 여긴다. 그들은 항상 해결중심을 시작부터 적용하고 몇 회기 후 효과가 없을 때 다른 것을 시도하거나 필요한 경우 다른 동료에게 내담자를 의뢰하기도 한다.

7. 삶의 철학이 된 것과 도움이 된 것

엄격한 의미에서 해결중심 접근은 철학이 아니지만 그것의 가치와 믿음은 많은 실천가의 삶과 사고방식에 영향을 주었고, 변화를 만들고 도전을 극복하는 데 도움이 되었음을 보여 주었다. 필자가 주관하는 해결중심 훈련의 둘째 날, 참여자는 전날 밤 집으로 돌아가 그날 훈련에서 배운 것을 가족이나 친구에게 시도해 보았다는 말을 많이 한다. 그들은 문제중심적 이야기를 나누는 시간이나 일상적으로 하는 충고를 줄일 수 있었다고 말한다. 또 그들은 얼마나 다르게 대화를 할 수 있었는지에 대해 상당히 놀라워한다. "그것을 어떻게 다뤘어?" 또는 "내일 시도해 볼 수 있는 것이 뭐라고 생각해?"와 같이 지금까지와는 다르게 질문하는 것은 그들이 '전문가'나 '동정적으로 들어 주는 귀'의 역할에서 벗어나 사람들의 행동에 더 책임을 지도록 격려하는 것이다.

- 그것은 날마다 나에게 도움이 되며 우리 아이들도 어느새 이 접근을 터득했다! 내 삶의 모든 분야에서 이 모델을 신뢰하고 적용할 때 최선을 다하게 됨을 알게 된다. 나는 이런 말을 너무 많이 안 하려고 하는데 그것이 전도하는 것처럼 들릴 수 있어 사람들에게 거슬릴 수 있기 때문이다. 또한 나는 "당신의 아이디어를 어디에서 얻는지 알겠어요. 당신은 그 모델을 몸소 실천하고 있군요!"라는 피드백도 받아 왔다.

- 나는 방 정리 때문에 10대인 딸과 자주 직면해야 했다. 딸은 한동안 방을 잘 정리하다 다시 평소의 흐트러진 상태로 돌아가곤 했다. 어젯밤엔 그 애를 야단치는 대신 "만일 네 방이 지금보다 조금 더 정리가 된다면 그것이 어떤 차이를 만들까?"라고 물었다. 필요한 물건을 제때 찾을 수 없었던 것을 생각하고 아이는 시간을 많이 아낄 수 있을 것이라고 대답했다. 그애한테 뭘 하라고 말하는 대신 나는 "그것을 시작하기 위해 한 가지를 할 수 있다면 무엇을 하겠니?"라고 물었다. 아이는 장롱을 정리하겠다고 했고 도움이 필요하다고 했다. 우리는 주말에 한 시간 동안 함께 그것을 재미있게 해 보기로 했다. 그

것은 우리가 평소에 하던 말싸움과는 매우 다른 것이었다!

- 나 자신에게 해결중심을 적용해 보는 것이 이상하게 어려웠다. 그래서 친구와 가족에게 스트레스를 받을 때 이러한 질문을 내게 해 보라고 부탁했다. 다행히 그들 모두는 내게 그렇게 할 수 있었고 나와 더 잘 지낼 수 있었다.

- 나는 해결중심에 대한 나의 열정을 좀 꺾을 필요가 있었는데, 특히 가족이 나에게 말을 할 수 있게 하려면 말이다! 내 딸은 척도 질문의 명수가 되었고 여섯 살이 되어서는 내게 말대꾸하는 법을 배웠는데 "아버지가 원하지 않는 것을 내게 말하지 말고 원하는 것을 말하세요!"라고 했다. 해결중심이 우리 가족의 삶을 변화시켰다.

같은 측면에서 내 동료가 해 준 다음의 이야기는 무척이나 흥미로웠다.

- 나는 네 살짜리 딸 캐서린을 처음으로 수영장에 데려갔을 때 이 접근을 사용했다. 나는 풀장 옆에 서서 전문가처럼 애한테 뭘 해야 하는지를 얘기해 주고 옆에서 기다렸는데, 그 애는 명한 표정으로 나를 쳐다보았다. 그래서 나는 해결중심 원칙과 질문을 좀 사용해 봐야겠다고 생각했다.

- 첫째로, 만일 효과가 없으면 하던 것을 멈춘다는 원칙에 따라서 나는 캐서린한테 뭘 해야 하는지에 관해 말하는 것을 멈췄다. 둘째로, "뭘 원하니?"라고 첫 질문을 던졌고, 그 애는 "아

빠가 저 멀리 떨어져 있었으면 좋겠어!"라고 답했다. 좀 당황
스러웠지만 자세히 알아보고자 다시 두 번째 질문을 생각했
고 — 원하는 것을 가졌다는 것을 어떻게 알 수 있을까? — 그
런 후 "얼마나 멀리 떨어져 있기 원하니?"라고 물었다. 다행
히 아이가 풀장 중간 정도를 가리켰다. 그러고는 풀장 옆으로
걸어가 계단을 타고 내려가 끝을 잡고 나를 향해 돌아섰다. 나
는 두 번째 원칙을 활용할 때라고 생각했고 — 만일 효과가
있으면 더 하라! — 아이에게 다시 "뭘 원하니?"라고 물었다.
아이는 "거기에 서 있어."라고 대답하고는 나를 향해 수영을
한 후 다시 반대쪽으로 돌아갔다. '효과가 있으면 더 하라!' 의
원칙으로 돌아가 아이에게 다시 "뭘 원해?"라고 물었고, 이번
에는 "뒤로 조금 더 물러나."라고 답했다. 아이는 나를 향해
조금 더 멀어진 거리를 수영한 후 돌아갔다. 내가 취했던 접근
의 효과와 아이의 반응(내 명령이 없어도 아이는 내가 원하는 수
영 연습을 하고 있었다)에 고무된 나는 이 접근을 20~25분 정
도 더 했고, 아이는 풀장 전체를 왕복할 수 있었다. 내게 처음
들었던 생각은 내가 전문가로서의 역할을 할 수 없었다는 것
에 대한 실망이었다. 그렇지만 그것은 집에 돌아와 캐서린이
전에는 풀장을 가로로도 왕복한 적이 없었는데 오늘은 세로
로 왕복했다는 것을 알게 되면서 경감되었고, 내가 격려해 주
고 뒤로 빠져 주려 노력한 것이 자랑스러웠다.

- 해결중심은 새로운 계획을 세우고, 계획대로 수행하고, 현재
  하고 있는 것이 잘 되고 있는지를 확인하는 데 크게 도움이 되

었다. 나는 결과에 초점을 두며 척도를 이용한다. 아내 역시 이 접근에 대해 알고 있기 때문에 우리는 우리에게 중요했던 일(예, 휴가를 보내는 방법)의 결과에 관해 이야기하고, 우리가 함께 참여했던 경험에 관해 척도 질문을 사용한다.

- 해결중심적인 귀나 눈을 갖는 것은 의심할 여지없이 치료실 밖에서도 도움이 된다. 예를 들어, 작업 관리를 위한 슈퍼비전, 업무 평가, 또 공동 작업에 있어서 비전을 수립하는 것과 같은 것이 될 수 있다. 개인적인 차원에서 해결중심적 사고는 내가 음악을 연주하고 스포츠를 즐기며 가족과의 어려운 문제를 해결하는 데 도움이 되었다.

- 해결중심은 나의 일상생활에서 구체적으로 적용된 것보다는 전체적으로 낙관적인 자세를 가질 수 있도록 해 주었다.

- 개인적으로 또 전문적인 경험을 통틀어 나의 가장 자랑스러운 순간은 위기에 처한 사람들의 삶이 변하도록 돕고 영향을 준 사람들을 볼 때다. 내 삶을 통해 뭔가 좋은 일을 했다는 것을 알게 되는 그런 느낌이다.

- 척도 질문을 이용해서 작은 진전에 초점을 두고 다른 어려웠던 시기에 극복했던 것을 기억하는 것은 나에게 어려운 시기를 극복하는 데 도움이 되었다. 과거에 더 힘들었던 사건들과 비교하는 것은 내게 도움이 되는 시각으로 세상을 볼 수 있도록 돕는다.

- 원하는 미래가 실제로 이루어졌다고 상상하고 그것이 어떻게 해서 그렇게 되었는지를 탐색하는 것은 나에게 매우 큰 해방

감을 준다.

- 어느 것도 같은 상태로 머무는 것은 없으며, 항상 문제에 대한 예외가 존재한다는 것을 아는 것은 믿을 수 없을 정도로 도움이 된다. 이것은 모든 것은 지나가고 거기에는 희망을 가질 수 있는 근거가 있다는 것을 의미한다.

- 직장에서 아무리 작더라도 성공했던 것을 검토해 보는 시간을 갖는 것은 가치 있는 일이다. 나는 나 자신에게 "어떻게 그런 일이 일어났지?"라고 묻는다. 어떤 때는 저녁에 잠자리에 들기 전 낮에 잘된 일과 그렇게 되도록 내가 무엇을 했는지에 관해 생각하려고 노력한다.

- 그것은 나의 타고난 어두운 성격에 대한 해독제와도 같은 역할을 했다. 이제는 나의 견해가 너무 긍정적이라는 지적을 받기도 한다.

- 나는 내가 삶에서 표현하려고 하는 기독교적인 가치와 해결중심 사이에 강한 연결을 본다. 그것은 사람들에게서 '좋은 점'을 볼 수 있는 실용적인 도구를 제공하며 큰 도움이 된다.

- 교구위원으로서 나의 개인적인 삶에서 해결중심은 교회의 성장, 목회 업무, 회의 그리고 우리의 사명을 실현하는 데 실제로 도움이 되었다고 말할 수 있다.

- 해결중심 접근이 나의 삶을 좀 더 좋은 방향으로 변하게 했고, 다른 사람들을 존중하며 또 나에게도 도움이 되는 방법을 제공했다는 것은 과장이 아니다.

- 해결중심에 대해 좀 더 일찍 알았더라면 하는 생각을 했다. 해

결중심을 알게 된 이후 나의 개인적인 대인관계는 더 쉽고 강하고 즐길 만한 것이 되었다. 나는 다른 사람들과 협력하고 그들의 의도와 노력을 존중해야 하는 것을 배웠다.

이와 같은 실천가의 견해와 경험이 독자에게 도움이 되길 바란다. 해결중심 접근에 더욱 익숙해지기 위해 시간과 에너지를 투자한 많은 사람에게 의미 있는 보상이 있었음을 알 수 있다. 삶의 모든 것이 그렇듯 해결중심 접근도 노력과 연습이 필요한데, 이는 결과적으로 많은 사람의 삶을 변화시킬 것이다.

실천 포인트

- 앞의 실천가의 경험을 읽을 때 특별히 당신에게 공감을 주는 것에 관해 생각해 본다.

- 당신은 해결중심의 여정 어디쯤에 와 있는지를 생각한다.

- 앞의 이야기를 읽고 어떻게 다르게 할 것인가에 관해 자신에게 질문한다.

- 지역사회에서 다른 해결중심 실천가를 만날 수 있는 방법을 탐색해 본다.

- 영국의 조직인 UKASFP에 가입할 수도 있고(UKASFP는 인터넷을 통해 찾을 수 있다) 다른 조직도 알아볼 수 있다.

제7장

해결중심 슈퍼비전

영국상담 및 심리치료학회(British Association for Counselling and Psychotherapy)의 윤리규정(2003)은 다음과 같은 내용을 포함하고 있다.

모든 상담자, 심리치료자, 훈련가와 슈퍼바이저는 전문자격요건 규정에 따라 그들의 작업에 대해 규칙적이며 계속적인 슈퍼비전과 자문을 받아야 한다…. 동료의 의견뿐만 아니라 사정 및 평가에 따른 피드백을 개방적이고 양심적으로 신중하게 고려해야 한다.

모든 원조 전문직이 실천가의 경험과 자격에 관계없이 그들이 수행하는 작업에 대해 계속적인 슈퍼비전의 필요를 강조하는 것은 아니다. 그러나 조직 구성원이 일반 사회 대중과 직접적인 접축을 하는 조직 중 점점 더 많은 곳에서 슈퍼비전의 필요성을 강조하고 있다. 이러한 조직은 조직원에 대한 관리뿐만 아니라 취약한 대중까지도 보호해야 하는 중요성을 인식하기 시작했다.

아마도 '슈퍼비전'은 적절치 않은 용어일 수도 있다. 상담 전문직에 속하지 않은 외부인에게 종종 오해를 받기도 한다. 그러나 슈퍼비전은 흔히 오해받는 것처럼 슈퍼바이저가 '우월한 시각(super vision)'을 가지고 슈퍼바이지가 볼 수 없는 것을 볼 수 있다는 의미가 아니다! 또한 슈퍼바이지가 아직 훈련을 받고 있거나 미숙하기 때문에 그들의 작업에 대해 관리와 지시를 받을 필요가 있다는 것을 의미하는 것도 아니다. '자문(consultation)'과 같이 좀 더 평등주의적인 용어가 이러한 관계를 더 잘 설명할 수도 있다.

해결중심 모델은 슈퍼비전의 영역에서도 그 모델의 가치와 실천을 그대로 반영한다. 역사적으로 가족치료적인 맥락에서 시작된 해결중심 모델의 치료자는 일방경 뒤에서 그들의 상담 장면을 관찰한 동료로부터 '슈퍼비전'을 받았다. 이런 형태의 지지적 학습은 때로는 내담자를 포함시키기도 했고, 개별 슈퍼비전을 따로 받아야 할 필요성을 줄이기도 했다. 또한 이러한 공개적인 집단적 접근은 해결중심치료의 개발자가 개별 슈퍼비전에 큰 관심이 없었음을 보여 주기도 한다. 그들의 협력적인 슈퍼비전 유형과 집단 반영은 즉각적이고 강력한 영향력을 가졌으며, 이는 해결중심 실천의 투명성을 촉진시켰다. 그러나 이와 같은 환경에서 일하지 않는 많은 해결중심 실천가가 있으며 일대일 슈퍼비전만 받는다. 정기적인 슈퍼비전을 받지 못하는 상담소에서 일하는 실천가는 비원리적으로 일하는 것이 된다.

1. 유능성 위에 구축

해결중심 슈퍼비전은 슈퍼바이지의 유능성과 자원을 인정하고, 분명하고 점차 나아지는 형태의 목표의 중요성을 강조한다. 또한 슈퍼바이지의 실천 과정에 이미 존재하는 해결과 문제에 대한 예외를 발견하고 확인하고자 한다. 내담자의 문제를 직접적으로 다루기보다 슈퍼바이지가 내담자와 무엇을 하고 있는지에 더 초점을 맞춘다. 심리내적인 과정보다는 상호작용적인 과정에 더 주목하며, 여기에서의 초점은 사람들 사이에서 어떤 일이 일어나는가에 있다.

해결중심 슈퍼비전에서 슈퍼바이저는 슈퍼바이지가 본질적으로 유능하고, 숙련되었으며, 협조적이라고 본다. 웨츨러(Wetchler, 1990)는 슈퍼바이저의 역할을 슈퍼바이지가 효과적으로 진행하고 있는 것에 초점을 두고 그러한 일을 계속할 수 있도록 돕는 것이라고 하였다. 해결중심 슈퍼비전에는 슈퍼바이지의 전문적 발전 수준을 근거로 그의 학습 목표를 설정하게 된다(Selekman & Todd, 1995).

슈퍼바이저는 자신이 속한 전문직의 수문장과도 같은 영향력 있는 역할을 수행하며, 어느 조직이나 마찬가지로 '우리의 한 사람'으로 수용하는 경향이 있다. 그러나 해결중심 공동체는 실천의 다양성을 존중한다. 탈근대주의의 영향으로 권위자와 '신념의 감시자'를 자처하는 사람들에 대해 거북함을 느끼며, 공동체의 회원에게 포용적이다. 이것은 조직의 지도부가 원하는 대로 따르지 않는다고 하여 창의적이고 재능 있는 실천가의 입문을 방해하는 형태의 슈퍼비전과 규정에 저항하는 것이다. 이것은 서로 간의 차이를 존중하며, 슈퍼바이지에 대한 신뢰를 요구한다.

2. 전문성 지지

해결중심 슈퍼비전은 많은 전통적인 슈퍼비전 형태에 비해 위계적이지 않고 더 평등지향적이다. 토머스(Thomas, 1994)는 슈퍼바이저가 지혜를 나눠 주는 사람이라기보다 슈퍼바이지의 '전문성을 끌어내는' 역할을 하는 사람이라고 설명했다. 슈퍼바이저는 자신뿐만 아니라 슈퍼바이지의 기술과 창의적인 생각, 개인적 자질 그리고 치료적 성공을 축하할 수 있는 상호 존중적인 분위기를 조성한다. 슈퍼비전은 '창의적인 예술'이다(Cantwell & Holmes, 1995). 해결중심치료에서 특별히 장려되는 태도인 호기심은 슈퍼바이저가 '지금-여기 이 슈퍼바이지'와 가장 잘 협조할 수 있는 방법을 발견할 수 있도록 한다. 슈퍼바이저의 탐색 영역은 슈퍼바이지가 선호하는 학습 스타일, 언어, 슈퍼비전 이전의 경험, 전문적 발전 단계, 개인적 자질과 상황 등을 포함한다.

슈퍼비전은 양쪽 모두의 목표와 이용 가능한 선택을 협상하고 이를 책임질 수 있는 협력적 제휴가 필수적이다. 그렇지만 실천 현장에서 이러한 협조적 균형은 슈퍼바이지의 전문성과 경험의 정도에 따라 다양하게 나타난다.

1) '한 단계 낮은' 자세

슈퍼바이저는 슈퍼바이지에게 어떤 슈퍼비전의 형태가 효과적일지를 알기 위해 '한 단계 낮은' 자세를 취한다. 캔트웰과 홈스 (Cantwell & Holmes, 1995)의 표현에 의하면 슈퍼바이저는 '한 발 뒤에서 이끄는' 역할을 한다. 이는 실천에서 슈퍼바이저가 모든 것에 대해 전문적 역할을 가정하는 것을 의미하는 대신 슈퍼바이지의 전문성을 인정하는 것이다. '한 단계 낮은' 자세를 취하는 것은 새로운 학습을 시작하도록 하고 슈퍼바이지에게 익숙하지 않은 영역을 탐색하도록 한다. 대화는 관계의 주요한 패러다임이 된다. 이 자세는 내담자를 감독해야 하는 슈퍼바이저의 의무와도 일치하고, 슈퍼바이저가 효과적인 실천과 윤리적 행동에 대한 규범을 지키는 것을 포함한다. 슈퍼바이저의 책임은 슈퍼바이지의 비전문적인 행동에 도전하고, 안전하지 않은 실천을 멈추도록 적극적 조치를 취하는 것도 포함한다. 상담자는 때때로 자신을 보호할 필요도 있다.

해결중심적 슈퍼바이저는 좋은 경청 기술을 보여 주고 목적이 있는 반영적인 침묵을 사용한다. '한 단계 낮은' 자세의 존중적인 태도는 의도적이지 않은 강압적 실천의 가능성을 줄이는 데 도움이 된다. 이것은 슈퍼바이저와 슈퍼바이지 간의 연령, 성별, 인종, 계층, 믿음, 성적 취향, 장애의 유무 등의 차이로 인해 쉽게 생길 수 있다.

구성주의적 관점에서는 슈퍼비전을 특정한 상황에서 언어적 의미가 협상되며 상호관계 속에서 일어나는 사회적 구성으로 본다 (Anderson & Swim, 1995). 내담자와의 회기나 슈퍼비전 회기에 대해 단 '하나의 진실'만이 존재하는 것은 아니라는 것을 이해해야 한다. 대신 거기에는 다양한 현실, 들어야 할 목소리, 그리고 존중되어야 할 상황적 맥락이 존재한다. 슈퍼바이저는 독립적인 객관성을 갖고 있는 것으로 현실을 설명하는 슈퍼바이지의 언어 사용 방식에 관심을 가져야 한다. 언어에 대한 이러한 민감성은 슈퍼바이지가 내담자의 문제를 규정하고 그것을 다루는 방식에 대해 신중하게 생각해 보도록 하는 데 도움이 된다. 그것은 또한 내담자가 자신의 삶에서 일어나는 사건들에 부여하는 많은 의미를 이해할 수 있는 풍부한 가능성을 제공한다.

슈퍼비전은 내담자와의 작업과 매우 '유사한 과정'이다. 예를 들어, 한 상담자가 자신의 내담자가 앞으로 나갈 길을 찾을 수 있도록 돕는 데 어려움을 겪는다면 슈퍼바이저는 슈퍼바이지가 원하는 것을 돕기 위해 기적 질문과 같은 해결중심의 개입 방법을 활용할 수 있다. 따라서 슈퍼비전은 슈퍼바이지에게 반영적이며 경험적인 학습이 된다. 해결중심 슈퍼비전은 해결중심 접근의 가치와 신념뿐만 아니라 그 기법도 적용하는데 다음과 같은 기법을 포함한다.

- 예외 찾기
- 슈퍼바이지를 인정/신뢰하기
- 기적 질문
- 척도 질문

2) 예외 찾기

다음의 예에서 슈퍼바이지는 처음에는 의심이 많고 조심하던 내담자의 신뢰를 얻는 데 성공했다.

〈예〉

슈퍼바이지: 처음 몇 주는 정말 힘들었습니다. 생산적이지 않은 긴 침묵이 있었습니다. 내담자가 저를 시험하는 것처럼 느꼈어요. 제가 어떤 제안을 하더라도 내담자는 항상 할 수 없는 이유를 대곤 했습니다.

슈퍼바이저: 그래서 처음 몇 회 후 사정이 나아졌다는 말씀이네요? 어떻게 그렇게 됐죠?

슈퍼바이지: 제가 뭔가를 제안하는 것을 그만두었습니다. 그랬더니 좌절감이 줄었어요. 내담자에게 많은 사람이 그렇게 대처하지는 못했을 거라고 했어요. 내담자가 문제를 생각하는 방식에 대해 칭찬하기 시작했는데, 문제에 대해 뭔가 해야 할 때를 잘 알고 있다고 말해 줬습니다.

슈퍼바이저: 내담자에게 요구를 덜하고 좀 더 긍정적인 관점을 갖게 되자 내담자와 잘 지내기 시작한 것으로 들리는데요.

슈퍼바이지: 제가 덜 밀어붙이려 할수록 내담자가 더 마음을 터놓는 것이 정말 신기했어요. 제가 칭찬하는 것에 대해 내담자가 놀라워했던 것 같아요.

슈퍼바이저: 당신의 접근이 내담자가 마음의 문을 열 수 있도록 한

것 같아요. 어떤 치료자는 그 문을 헐어 버리고 싶어 했을지도 몰라요. 그렇지만 당신은 뒤로 조금 물러나 그 사람에게 숨 쉴 틈을 주는 것이 좋겠다고 느끼신 것 같아요. 그것이 당신이 계속하거나 좀 더 해 보려는 것인가요?

이 슈퍼바이저는 비록 잠깐이지만 슈퍼바이지가 내담자에게 다른 것을 해 보고 그것이 성공적이었던 때를 기억하도록 도왔다. 예외 찾기는 문제의 주기를 깨고 슈퍼바이지가 '정체' 되지 않았던 때에 대한 증거를 제공한다(해결중심 관점에서 정체된다는 것은 가능하지 않은데, 그 이유는 모든 사람이 계속해서 상호작용적인 변화 과정에 있기 때문이다). 내담자와의 작업에서 왜 정체된 것처럼 느껴지는지를 분석하기보다(이것은 추측에 근거한 긴 탐색을 이끌 수 있다) 슈퍼바이저는 슈퍼바이지가 그렇지 않았던 때나 덜했던 예외에 대해 반영해 볼 수 있도록 돕는다.

- 그럴 때에는 어떤 일이 일어나고 있었습니까? 누가 무엇을 말했나요? 어떻게?
- 무엇이 그런 차이를 만들었습니까? 그것이 어떻게 그런 차이를 만들었죠?
- 어떻게 그것을 다시 하거나 좀 더 자주 할 수 있을까요?

3) 슈퍼바이지를 인정 · 신뢰하기

실천가는 자신의 치료적 기술과 효과적인 실천에 대해 인정받을 필요가 있다. 그것은 해결중심치료에서 성공을 내담자의 몫으로 돌리는 것과 같다. 실천가는 내담자가 무엇을 잘 했고 그것을 다시 하기 위해 어떻게 그렇게 할 수 있었는지를 알 필요가 있다. 해결중심 슈퍼비전의 회기는 "그 내담자와의 작업에서 무엇을 잘 했다고 느끼나요?"라는 질문으로 시작될 수 있다(Merl, 1995). 잘 한 것을 찾아내는 것은 부족하고 잘못된 것에 집중하는 것보다 슈퍼바이지의 전문가적 자신감을 더 키울 수 있도록 돕는다. 슈퍼바이지가 궁극적으로 자신이 유능하다는 것을 믿게 되면 잘못과 실수에 초점을 둘 때보다 새로운 것을 학습하고 자신의 실천에서 더 많은 실험을 해 볼 수 있게 된다. 그렇게 되면 슈퍼바이지는 실수를 할 수도 있지만 그것이 값진 학습의 기회를 제공한다는 사실을 받아들이게 된다. 전문가 윤리강령에서 지적하고 있는 것과 같이 자신의 강점과 한계에 대해 잘 아는 것은 좀 더 유능한 실천가가 될 수 있도록 도울 것이다.

4) 기적 질문

슈퍼바이저는 기적 질문을 사용할 수 있다. "만일 당신이 이 내담자와 더 잘 작업할 수 있고 현재의 어려움이 극복된다면, 당신에게 기적이 일어난 것의 첫 번째 신호는 무엇일까요?"

슈퍼바이지: 대기실에서 기다리는 그 사람을 보았을 때 제 가슴이 철렁 내려앉지 않을 겁니다.

슈퍼바이저: 기적이 일어난 후 그 사람이 거기에 있는 것을 볼 때 어떤 느낌이 들며, 무슨 생각을 할까요?

슈퍼바이지: 제가 다른 내담자들에게 하는 것처럼 그 사람을 보고 웃을 것이고, 상담실 안으로 들어오라는 말을 조금 더 친절하게 할 수 있겠지요.

슈퍼바이저: 또 다른 건요?

슈퍼바이지: 그가 말을 하기 시작할 때 늘 하던 것처럼 말을 쏟아내기보다는 말끝에 저도 한 마디쯤 하게 해 줄 겁니다.

슈퍼바이저: 그게 당신에게 어떤 차이를 만드나요?

슈퍼바이지: 그저 그의 불평을 받아내는 쓰레기 처리장이 아니라, 제가 그 사람이 변할 수 있도록 뭔가 할 수 있는 것이 있는 것처럼 느낄 겁니다.

슈퍼바이저: 기적이 일어난 후 또 무슨 일이 있을까요?

슈퍼바이지: 그 사람을 만나고 난 후 너무 지치고 절망적으로 느끼지 않을 겁니다.

슈퍼바이저: 회기가 끝날 때쯤 어떻게 느낄까요?

슈퍼바이지: 저보다 그 사람이 더 열심히 임했고 그 사람을 도우려 애쓰는 것이 가치가 있다고 느낄 겁니다.

슈퍼바이저: 만일 이 내담자에 대해 지금부터 석 달 후 슈퍼비전을 받게 되고, 상황이 많이 좋아졌다고 이야기한다면, 그러한 것이 어떻게 일어났을까요? 그렇게 되도록 무슨 일이 일어난 걸까요?

슈퍼바이지: 그 사람이 주제에 집중하고 변하기 위해 제가 하는 말을 들을 수 있도록 하는 방법을 발견하면요.

슈퍼바이저: 어떻게 그렇게 할 수 있을지 궁금한데요.

슈퍼바이지: 회기에서 서로가 동의하는 주제에 집중하고 그 사람이 주제와 관련 없는 이야기를 할 때 바로 중지시킬 겁니다. 또 회기 사이에 과제를 부여하고 그것의 수행 여부를 물으며 회기를 시작할 겁니다. 만일 그 사람이 대부분의 상담 시간에 집중하도록 이끌 수 있다면, 간혹 주제에서 벗어나 혼잣말을 한다

할지라도 상관하지 않을 것 같아요.

슈퍼바이저: 그렇다면 지금보다 상담 회기를 좀 더 구조적으로 운영할 거라는 말인가요?

슈퍼바이지: 회기 시간도 한 시간 이내로 제한할 겁니다. 그러면 회기가 끝나고 나서 맥이 풀린 것처럼 느끼지 않을 겁니다. 한 시간보다는 30분 동안 그 사람과 더 잘 작업할 수 있을 것으로 생각합니다.

슈퍼바이저: 상담에서 좀 더 효과적일 수 있고 또 자신을 돌볼 수 있는 방법을 생각하고 있는 것 같습니다. 이것이 내담자에게 긍정적으로 영향을 미칠 수 있게 하려면 어떤 방법이 좋을까요?

기적 질문은 슈퍼바이지가 자신을 방어하거나 정당화해야 한다고 느끼지 않으며, 그들의 실천을 향상할 수 있는 방법에 대해 얘기할 수 있도록 해야 한다. 기적 질문의 미래지향성은 과거의 실패 때문에 슈퍼바이지가 낙담하거나 능숙하지 않다고 느낄 가능성을 줄인다. 슈퍼바이지의 속도에 맞추어 기적 질문을 하는 것은 비현실적인 기대를 줄일 수 있으나, 중요한 것은 현재 슈퍼바이지의 전문적 발전 수준에 가까운 속도를 알아내는 것이다.

5) 척도 질문

척도는 해결중심치료에서 기적 질문에 대한 대답을 발전시키는 과정에서 자주 사용되나 다른 경우에도 사용이 가능하다. 슈퍼바이저는 다음과 같은 질문을 할 수 있다.

- 0과 10 사이의 척도에서 10은 기적이 일어난 후 내담자에게 당신이 효과적으로 접근할 수 있음을 의미하고 0은 그 반대의 경우라면 오늘 척도상의 어디쯤에 있다고 생각하나요?
- 몇 점으로 가고 싶은가요?
- 당신이 그 점수에 이르면 어떤 모습일까요?
- 그 당시 일어나지 않았던 어떤 일이 일어날까요?
- 어떤 일이 더 이상 일어나지 않을까요?
- 당신이 할 첫 번째 일은 무엇입니까?
- 내담자는 뭐가 다르다는 것을 알게 될까요?
- 스스로에게 무엇을 기억하도록 해야 하나요?
- 만일 후퇴하게 된다면, 다시 회복하기 위해 어떻게 하겠습니까?

슈퍼바이저는 내담자와 좀 더 효과적으로 작업하고자 하는 슈퍼바이지의 자신감과 동기에 관해 척도 질문을 활용할 수 있다. 어떤 해결중심 슈퍼바이저는 슈퍼바이지의 입장보다 내담자의 입장에서 척도의 어디에 위치할지에 관해 질문하는 것을 좋아한다. 이것은 실천가가 자신의 직무 수행에 대해 내담자보다 더 낮게 평가한다는 가정에 기초한다. 그러나 개인적으로 필자는 그것에 동의하지 않는다. 다른 사람보다 자신의 일을 더 관대하게 평가하는 상담자를 많이 만나 보았기 때문이다! 다음의 질문은 이러한 측면에서 슈퍼바이저가 할 수 있는 질문이다.

- 0과 10 사이의 척도에서 0은 가장 낮고 10은 가장 높은 것을

의미할 때, 이 내담자와의 작업을 향상할 수 있는 자신감이 얼마나 있으신가요?

- 그 정도면 시작하기에 좋은가요?
- 그렇지 않다면 어느 지점까지 올라갈 필요가 있나요?
- 자신감을 만들 수 있는 첫 번째 단계는 무엇일까요?
- 내담자는 당신의 어떤 다른 점을 알아볼까요?

변화를 위한 동기 측면에서 슈퍼바이저는 같은 척도를 사용해 다음과 같은 부가적인 질문을 사용할 수 있다.

- 그 정도의 동기면 시작하기에 좋은가요?
- 만일 그렇지 않다면 몇 점까지 가야 할까요?
- 동기에 대한 척도 위에서 1점이 오르려면 어떻게 해야 하나요?
- 내담자는 당신의 새로운 동기를 어떻게 경험하게 될까요?
- 이 내담자와의 일이 좋아진다면, 이것이 다른 내담자와의 작업에 어떤 영향을 미칠까요?
- 이러한 향상이 당신의 직업 만족에는 어떤 영향을 미칠까요?

슈퍼바이저는 상담자가 잘 하는 것에 대해 격려와 칭찬을 할 필요가 있다. 슈퍼비전의 회복 기능은 이럴 때 매우 중요하다(Inskipp & Proctor, 1989). 슈퍼비전은 슈퍼바이지의 배터리를 충전하고 뇌세포를 자극할 수 있어야 한다.

6) 목 표

해결중심 작업은 특정한 결과를 내담자와 협상하는 것의 중요성을 강조한다. 상담자와 내담자는 분명하고 현실적인 목표가 만들어지고 내담자가 그것을 이루도록 진전하고 있는지를 관찰한다.

해결중심 접근이 슈퍼바이지를 도울 수 있는 가장 유용한 방법 중 하나는 결과에 집중하는 것이다. 해결중심 접근은 시작부터 종결을 목표로 한다. 이것은 관계가 갑자기 끝나거나 목표를 잃고 표류할 가능성을 낮춘다. 예를 들어, 척도 질문을 통해 내담자가 2점에서 5점이 되면 치료를 종결하기로 기대한다는 것을 알 수 있다. 그렇다면 슈퍼비전은 슈퍼바이지가 어떻게 이러한 기대를 마음에 간직하고, 그 신호를 인식하며, 내담자가 올바른 방향으로 나아가고 있다는 자신감을 가질 때 멈출 수 있는 방법을 알도록 돕는 작업이라 할 수 있다.

요약하면, 해결중심 슈퍼비전은 내담자와의 작업에서 활용된 많은 개입 방법을 이끌어 내는 존중적이며 창의적인 행위다. 그것은 슈퍼바이지의 유능성을 기초로 하고 미래지향적이다. 또한 슈퍼바이저의 윤리적이고 전문적인 책임을 희생하지 않으면서도 슈퍼바이지가 원하는 것을 중심으로 작업할 수 있도록 돕는 방법이다.

3. 개인 슈퍼비전

1) 5단계 모델

필자는 어떤 것을 단계적인 과정으로 설명하는 것을 좋아하지 않는데 그것이 기계적인 과정으로 보일 수 있기 때문이다. 그렇지만 하나의 구조로서 단계적 과정은 어떤 일이 일어나야 하는지를 명확히 하는 데 도움이 될 수 있다. 〈표 7-1〉에서 보여 주는 구조와 이후의 설명은 해결중심 슈퍼비전 회기의 시작, 중간, 종결에 대한 것이다.

표 7-1	슈퍼비전 과정

- 1단계: 회기 목표의 협상
- 2단계: 슈퍼바이지의 강점과 해결의 활용
- 3단계: 미래적 사고
- 4단계: 진전의 척도화
- 5단계: 종결

2) 1단계: 회기 목표의 협상

슈퍼비전의 주요 초점은 실천가와 내담자의 관계에 있지 내담자나 실천가에 있지 않다. 논의는 '실천가가 내담자와 하는 작업'에 대한 것이다. 효과적인 슈퍼비전을 위해 슈퍼바이지와 슈퍼바이저는 주어진 회기를 어떻게 쓰길 원하는지에 대해 미리 합의하는 것이 바람직하다. 회기 전 만남에서 할 수 있는 질문은 다음과 같다.

- 이번 회기를 통해서 얻기를 희망하는 것은 무엇입니까?
- 보람이 있었다는 것을 어떻게 알 수 있을까요?
- 당신에게 이 회기가 도움이 될 수 있으려면 무슨 일이 일어나야 하나요?
- 이것이 내담자와의 작업에 어떠한 차이를 만들길 기대합니까?

만일 이러한 질문이 회기 이전에 다뤄지지 않았다면 회기의 초반에라도 다루어야 한다. 내담자와의 작업에서와 같이 슈퍼바이저는 상담 전 변화에 대해 질문한다. "그동안 오늘 저와 의논하고 싶은 것 가운데 어떠한 변화가 있었나요?"

3) 2단계: 슈퍼바이지의 강점과 해결의 활용

슈퍼바이저는 슈퍼바이지의 능력과 관련된 것에 관해 질문하고, 효과가 있는 것을 더 할 수 있는 방법을 탐색하도록 격려한다.

- 이 내담자를 위해 활용한 기술은 어떤 것인가요?
- 이 내담자는 당신에게 어떤 도전을 하도록 했나요?
- 이 내담자와 당신이 함께 잘하고 있는 것은 무엇입니까?

- 당신이 적용하는 방법에 관해 내담자가 무엇을 좋아한다고 생각하나요?
- 내담자는 무엇이 도움이 되었다고 하나요?
- 그것을 어떻게 더 할 수 있나요?
- (만일 어려움이 있다면) 다른 내담자에게서 비슷한 상황을 경험한 적이 있었나요?
- 그때는 무엇이 도움이 되었나요?
- 그것 중 어떤 것이 지금 도움이 될 수 있을까요?
- 이 내담자에 대해 희망을 갖게 하는 것이 무엇인가요?
- 이 내담자와 좀 더 효과적일 수 있는 당신의 모습은 어떤 것인가요?
- 내담자에게서 배운 것이 무엇인가요?

4) 3단계: 미래적 사고

슈퍼바이저는 기적 질문을 사용할 수 있다.

- 곧 뭔가 굉장한 일이 생겨 당신이 이 내담자에게 (비록 그가 반응하지 않더라도) 훌륭한 서비스를 제공한다는 것을 알았다고 상상해 보세요. 당신이 하길 멈추었거나 시작한 것 가운데 첫 번째로 알아챌 수 있는 것은 무엇일까요?
- 또 알아볼 수 있는 것은 무엇일까요? 또 다른 것은요?
- 이 '기적'이 당신에게 준 기술과 자질은 무엇일까요?

- 최근에 이미 벌어지고 있는 일은 무엇인가요?
- 이것이 다시 일어나기 위해 어떤 일이 있어야 하나요?

여기서 기적이 내담자가 아닌 실천가에게 일어났다는 것을 기억하는 것이 중요하다. 따라서 변화가 내담자에게 즉각적으로 나타나는 것은 아니다. 그러나 실천가가 변할 때 내담자가 변할 가능성은 언제나 있다.

5) 4단계: 진전의 척도화

척도는 슈퍼비전 과정의 어떤 순간에도 쓰일 수 있지만 기적 질문에 대한 대답에서 더 자연스럽게 나올 수 있다.

- 모든 상황을 고려해 10이 내담자와 당신이 아주 잘하고 있다는 것을 의미하고 0은 완전히 반대를 의미할 때 내담자는 당신을 척도의 어디쯤에 있다고 할까요?
- 당신은 스스로를 어디쯤에 있다고 하겠어요?
- 척도 위에서 어떻게 하면 1점을 올릴 수 있을까요?
- 이 내담자에게 오직 한 가지만을 달리할 수 있다면 그게 뭘까요?

6) 5단계: 종결

슈퍼바이저는 내담자에게 도움이 되도록 실시한 것을 강조하는 것과 같이 슈퍼바이지가 그 회기를 성공적으로 이끈 것에 관해 피드백을 준다. 슈퍼바이저는 다음과 같이 말할 수 있다.

- 당신이 오늘 이곳에 오셔서 해 주신 말씀에 제가 얼마나 감동을 받았는지… 얼마나 놀랐는지… 얼마나 감사한지에 대해 말씀드리고 싶습니다.
- 저는 내담자와 그런 상황을 다룬 당신의 방법을 좋아했습니다.

슈퍼바이저는 슈퍼바이지에게 회기를 마무리할 수 있도록 한다.

- 오늘의 회기에서 얻으신 것에 대해 정리해 보실 수 있겠어요?
- 이것이 당신에게 어떻게 도움이 되었나요?
- 무엇을 다르게 해 보시겠어요?
- 끝내기 전 더 의논할 것이 있나요?

4. 팀 슈퍼비전과 동료 지지

노먼과 동료들(Norman et al., 2003)이 개발한 반영팀(Reflecting

Team) 모델이 제시하는 틀은 집단 슈퍼비전과 동료 지지에 이상적으로 활용될 수 있다. 이때 그들이 제시한 구조를 유지하는 것이 중요하다.

'발표자'는 소속 팀 전체의 의견을 듣기 위해 내담자와 관련된 문제를 제시한다. '과정관리자'를 지정하고 구성원이 각 단계의 순서를 유지하도록 돕는다. '시간관리자'는 각 단계에 할당된 시간이 지켜지도록 한다. 한 집단에 가장 적정한 구성원 수는 7명이지만 최소 4명, 최대 10명까지도 가능하다. 테이블에 둥글게 모여 앉으면 구성원이 균등하게 기여할 수 있다. 과정관리자와 시간관리자도 각자의 역할을 수행하면서 동시에 팀의 논의에 참여한다. 구성원은 자신의 말이나 질문에 집중하기보다는 다른 사람의 말을 경청하며, 그것에 기초하여 자신의 의견을 제시하도록 한다. 이것은 해결중심적 모임이며, 따라서 해결중심적 가치와 개입이 각 구성원의 기여를 이끌게 된다.

1) 반영 팀을 운영하기

어느 정도까지는 반영 팀 자체의 구조를 그대로 유지하지만, 시간이 지나 팀이 그 구조에 익숙해지면 형식을 최소화해도 된다. 그러나 팀이 형식에 만족할 때까지 각자의 역할, 단계, 시간 제약 등과 관련한 규칙을 지키는 것이 좋다.

2) 과정관리자

과정관리자의 역할은 구성원이 단계의 순서를 유지하도록 돕고, 그 회기가 모든 참여자에게 유용할 수 있도록 발표자를 보조하는 것이다. 가능한 경우 과정관리자와 발표자가 준비 모임을 갖는 것이 도움이 될 수 있다. 과정관리자는 다른 구성원에게 개입 방법을 시범 보일 수 있다. 예를 들어, 다른 사람이 말한 것을 기초로 한다. 만일 팀의 구성원들이 주제에서 벗어나거나 결론이 지어진 후에도 논의를 연장하고 싶어 할 때, 과정관리자는 성원들이 초점을 유지하도록 도와 회기를 종결할 수 있어야 한다.

대부분의 해결중심 실천가는 긍정적이고 지지적으로 기여한다. 그러나 우월하거나 비판적인 자세를 가진 사람이 있다면 과정관리자는 집단 구성원에게 그 집단이 공격할 약점보다는 구축할 강점을 찾고 있다는 것을 알려야 한다.

3) 발표자

회기의 성공은 발표의 질에 달렸다고도 할 수 있다. 발표자는 말하고자 하는 주요 요점을 잘 생각하고 불필요하게 자세한 사례 정보를 발표하지 않음으로써 시간을 잘 활용하는 것이 매우 중요하다. 이때 내담자가 아닌 내담자와의 작업에 초점을 두는 것이 도움이 된다.

필자가 본 가장 훌륭한 발표자는 방어적이지 않고 진심으로 동료

의 아이디어를 구하였다. 일반적으로 취약한 발표자는 팀이 지지
적이게 한다. 반영 단계에서 발표자는 조용히 경청만 하고 말을 하
지 않는 규칙이 이 모델에서 가장 도움이 되는 측면이기도 하다.

4) 팀 구성원

반영 팀은 상호 간에 학습하는 공개토론의 장이므로 성원들은
서로 경청하고 배워야 한다. 각자의 아이디어를 존중하는 규칙은
서로에 대한 존중, 팀의 정체성과 정신을 구축하도록 돕는다. 다
른 사람의 작업에 대한 관심과 지지는 모임 밖에서도 계속될 것으
로 기대한다.

표 7-2 팀 슈퍼비전을 위한 6단계 모델
1. 준비 2. 발표 3. 명확화 4. 긍정 5. 반영 6. 결론

5) 준 비

(1) 준비는 과정의 첫 단계

과정관리자는 발표자에게 집단에서 받고 싶은 도움에 대해 몇

문장으로 요약하도록 한다. 잘 준비된 팀에서 구성원은 발표자가 도움받길 원하는 문제와 구체적인 요구 사항에 관한 간단한 요약을 미리 받는다. 관심의 초점은 내담자가 아닌 동료임을 구성원에게 분명히 해야 한다.

(2) 발표(5분)

이 시간에는 발표자만 말을 할 수 있다. 발표자는 문제에 대한 배경이나 다른 사람들과 자신이 그때까지 내담자와 한 일에 대해 설명한다.

(3) 명확화(10분)

팀원은 각각 하나의 질문을 통해 상황을 명확하게 한다. 이때 충고를 가장한 질문은 피한다. 과정관리자는 한 명이 상황을 지배하지 않고 모든 사람이 골고루 말할 수 있는 기회를 갖도록 한다. 질문이 생각나지 않을 때 그 사람은 그저 '통과'라고 말한다. 해결중심 질문의 예는 다음과 같다.

- 이 내담자와 좀 더 효과적이었다고 느꼈던 때가 있었습니까 (예외 찾기)?
- 이 내담자와 했던 것 중 어떤 것이 마음에 드나요(유능성 발견하기)?
- 당신이 한 것 중 내담자가 가치 있다고 말할 것은 무엇인가요?
- 만일 당신이 이 내담자와 작업하는 과정에서 갑자기 기적이

일어났다면, 기적이 일어난 것을 알 수 있는 첫 번째 신호는 무엇일까요?

- 만일 기적이 이 내담자에게 정말 도움이 될 만한 특별한 선물이나 자질을 당신에게 주게 된다면, 그것은 무엇이고 그것이 어떻게 다른 것을 만들어 낼까요?
- 0부터 10 사이의 척도에서 10은 이 내담자와 당신이 최선을 다 하는 것이라면, 이 순간 당신은 어느 위치에 있습니까?
- 다음 주나 2주 안에 사정이 나아지도록 한 가지 일을 한다면 그것이 무엇일까요?
- 그런 일이 생기도록 하려면 무슨 일이 일어나야 하나요?

(4) 긍정(3분)

각 구성원은 차례로 돌아가며 발표의 내용과 방법에 대해 발표자를 칭찬한다. 발표자는 그 피드백을 받기만 한다. 팀원은 집단에서 다른 성원의 의견에 동의를 표할 수도 있다.

(5) 반영(10분)

이 단계에서 발표자는 집단원 밖으로 나가 가까운 거리에 떨어져서 앉는데, 이때 거리는 토론을 듣기에는 충분하지만 그것에 빨려 들어갈 정도는 아니어야 한다. 발표자는 집단원의 의견을 잘 듣고 중요한 것을 받아 적는다. 팀은 발표자의 작업에 대한 자신들의 생각을 나눈다. 팀원은 '내가 더 똑똑해.'와 같은 자세를 취하기보다 발표자의 전략과 생각을 구축함으로써 해결중심적 가치를 충실하게 수행해야 한다. 또한 무엇이 이미 효과가 있는지를 강조하고 발표자가 같은 것을 더 하도록 격려해야 한다. 그리고 효과가 없는 것은 그만둘 필요가 있으며 작은 변화가 큰 차이를 만들어 낸다는 것을 발표자가 기억하도록 격려해야 한다. 그들은 발표자가 자신이 가치 있는 것을 하고 있다고 느낄 수 있는 방법으로 설명한다(예, 발표자가 내담자를 위해 희망의 불씨를 살리고 있다). 팀원은 발표자가 나중에 생각해 볼 질문을 할 수도 있고, 내담자를 파악한 방법을 재구성해 보도록 할 수도 있다. 또한 그들이 보기에 다루지 않았거나 최소로 다루었다고 느끼는 내담자의 어떤 측면을 강조할 수도 있다. 팀원은 발표자가 고려해 보도록 한두 가지 생각을 제안할 수 있지만 강요할 필요는 없다.

(6) 결론(2분)

발표자는 팀의 아이디어에 대해서 감사하고 그 회기에서 배운 것을 정리하며 모임을 마친다. 이때 자신의 생각이나 앞으로 할 것에 대해 구체적으로 말한다. 발표자의 말을 끝으로 모임도 끝이 난다. 모임은 대략 30분 정도 걸린다. 팀에서 논의할 것에 대해 동의하지 않는 한 회기에서 발생한 일반적인 문제에 대해 일정 시간 더 이상 논의하지 않는다. 그렇지만 논의에서 배운 것과 자신의 업무를 어떻게 향상할 것인가에 대해 이야기하는 것이 각 성원에게 도움이 될 수 있다. 필자의 동료가 이 형식에서 가장 유익한 것으로 확인한 것은 다음과 같다.

- 논의에 초점이 있다.
- 말이 많은 한 사람이 논의를 주도하는 것을 막고 말이 적은 사람들도 기여할 수 있도록 한다.
- 발표자에게 긍정적이고 존중적이다.
- 발표자는 방어할 필요 없이 자신의 작업에 대해 발표할 수 있다.
- 발표자에게뿐만 아니라 모두에게 좋은 교육적 공개토론의 장이다.
- 팀의 정체성을 강화한다.
- 개인과 팀의 해결중심 기술을 발전시킨다.
- 내담자와도 활용할 수 있는 하나의 토론 모델이다.

6) 잘못될 수 있는 점

필자의 경험에 의하면 다음과 같은 일들이 일어날 때 궤도를 벗어나 이탈할 수 있다.

- 내담자에게 지나치게 많은 관심을 갖고, 상담자와 내담자 사이의 작업과 그들의 관계에는 충분한 관심을 갖지 못할 때,
- 과정관리자가 약하여 강한 구성원이 질문과 반영 단계를 독점하도록 허락할 때,
- 명료화를 위한 질문이 아니고 발표자를 충고하고자 할 때,
- 반영의 단계에서 발표자가 집단에서 떨어져 앉지 않고 토론

에 참여하고자 할 때,

• 팀이 결론에 도달한 이후에도 발표한 사례에 대해 계속해서 얘기할 때, 대화는 쉽게 목적 없이 배회하고 길어지며 반영 팀의 목적을 손상시킨다.

5. 결 론

해결중심적 가치와 개입은 개인 슈퍼비전과 집단 슈퍼비전에 참여하는 사람들의 삶과 능력을 향상하는 경험이 되도록 할 수 있다. 슈퍼비전이 잘 이루어질 경우, 슈퍼바이지는 업무에 대한 열정과 자신감을 얻게 된다. 이것은 신선한 사고와 새로운 전략을 만들어 내는 창의적인 과정이다. 구조화된 과정으로서의 반영팀 모델은 좋은 실천을 격려하고, 팀 정신을 쌓으며, 팀 내 상호 학습을 촉진한다. 협동의 분위기에서 이루어지는 이러한 과정은 매우 즐거운 것이다.

실천 포인트

- 슈퍼비전의 목적은 내담자와 실천가를 보호하며 최선의 실천 방법을 발전시키는 것이다.

- 해결중심 슈퍼비전은 해결중심치료 과정과 유사하다.

- 슈퍼비전은 슈퍼바이지의 '전문성을 이끌어 낸다.'

- '한 단계 낮은' 자세를 취하는 것은 학습의 공간을 열고 호기심을 자극한다.

- 해결중심 슈퍼비전은 존중적이고 협동적이며 창의적이다.

- 현재의 직장에서 이 모델을 소개할 수 있는 방법에 대해 생각한다.

제8장

해결중심치료에 관해 많이 하는 질문

해결중심 접근은 다른 치료적 접근과 매우 다르기 때문에 실천가가 많은 의문을 가지는 것은 당연하다. 이 장에서는 실천가가 가장 많이 하는 질문에 대해 답한다.

- 해결중심치료는 정서를 무시하며 행동에만 초점을 두는가?
- 해결중심치료는 효과적인가? 또는 단기이고 경제적이기 때문에 인기가 있는가?
- 해결중심치료는 구체적인 문제가 있는 내담자에게는 적합하지만 모호하고 만성적이며 심지어 정신질환을 갖고 있는 내담자에게도 적합한가? 이 모델이 적합하지 않거나 해가 되는 내담자가 있는가?
- 해결중심치료는 증상만 다루고 증상 이면의 문제를 놓치지는 않는가?

- 해결중심치료는 내담자의 말을 액면 그대로 받아들이는가?
- 해결중심치료는 위기 문제, 예컨대 아동보호와 같은 문제에도 충분히 관심을 두는가?
- 해결중심치료는 윤리적인 방법으로 진행되는가?
- 해결중심치료는 다문화상담에도 적합한가?
- 해결중심치료는 목표와 해결책을 강조하기 때문에 남성 상담자와 내담자가 더 선호하는가?
- 해결중심치료가 효과가 없다면 어떻게 해야 하는가?

훈련가로서 필자의 경험에 의하면 워크숍 참여자 중에 해결중심치료 접근에 열광하는 사람들이 많다. 이 사람들은 자신이 배운 것을 임상 실천에 즉시 적용한다. 그런가 하면 이 모델에 익숙하지 않아 위협을 느끼거나, 자신의 상담 기술이 잠재적으로 저하되었다고 느끼는 경우도 있다. 반면에 이 모델을 통째로 이미 써 왔다고 주장하는 사람도 있는데, 극단적인 경우 드셰이저(de Shazer)와 동료들보다 자신이 먼저 사용해 왔다는 것이다. 어떤 이들은 해결책 강조에 대해서 좋게 반응은 하나 내담자가 협동하고 싶어 할지 또는 협동할 수 있는지에 대해서는 의문을 가진다. 내담자에게 새로운 개입을 시도한다는 것은 위험을 감수하는 것과 같다. 일반적으로 안전지대에 머무르며 익숙한 것만을 사용하는 것이 새로운 것을 시도하고 검증하는 것보다 훨씬 수월하다. 그러나 해결중심적 언어를 유창하게 사용하지 못할 때 실천가에게 용기가 필요하다. 당신이 초보 상담자라면 내담자가 각본대로 따라 주지 않을 때 도전을 느낄 수 있으며 다음에 할 질문을 찾고 있을 것이다. 제6장에서 다룬 것처럼 실천가가 이 단계를 잘 마치는 것은 내담자가 더욱 긍정적으로 치료에 참여하며 자신의 삶에 진정한 변화를 만들기 시작하는 것을 보는 것이다. 끈기 있는 실천가가 받게 되는 보상은 매우 크다.

1. 해결중심치료는 정서를 무시하며 행동에만 초점을 두는가

이 질문이 가정하는 바는 해결중심치료가 사람의 정서를 무시하기 때문에 원조 도구로서 어느 정도 결함이 있다는 것이다. 그뿐 아니라 해결중심 치료자는 내담자를 해결 방향으로 몰고 가는 데에만 관심이 있기 때문에 따뜻함이나 공감이 부족하다는 의미일 수도 있다. 이 책에서 줄곧 강조된 바처럼 실천가는 내담자가 자신의 감정을 표현하고 탐색하도록 하면서 내담자의 관심사를 항상 보살펴야 하는데, 이에 실패하면 내담자는 상담을 그만둘 것이다. 감정을 어떻게 다루는가는 치료 유형에 따라 다르다. 감정에 우선적으로 초점을 맞추는 모델이 있는가 하면, 인지나 행동에 초점을 맞추는 모델도 있다. 이 모든 측면을 다 포함해야 한다고 주장하는 치료에서는 그렇지 않는 치료를 근본적으로 결함이 있다고 보는 경향이 있다. 그러나 치료가 효과적이기 위해 내담자의 욕구를 총체적으로 다루어야 하며, 내담자의 문제와 세상을 살아가는 방식에 맞추어야 한다고 주장하는 이들도 있다.

사람의 감정은 사고와 결정 그리고 행동에 영향을 미친다. 강력한 정서를 표현한다는 것은 변화를 위한 하나의 촉매제가 될 수 있다. 해결중심 치료자는 내담자가 감정을 표현하도록 도우며 지지한다. 이것은 정화 자체가 반드시 치료적이라고 믿어서가 아니라 감정이 인간 경험의 필수 부분이기 때문이다.

내담자는 각기 다른 욕구를 갖고 있다. 어떤 사람은 타인에 비해 자기 감정을 더 많이 표현하는 것이 필요하다. 필자의 견해로는 내담자와 치료자가 되도록 유연한 것이 도움이 된다. 실용적인 입장에서는 치료가 효과적이기 위해 내담자가 특정한 방식의 행동을 강요당한다고 느끼지 않도록 내담자에게 더 많은 선택권을 준다.

장기치료에서는 광범위한 정서 탐색이 가능하지만 단기치료는 특성상 그렇게 하지 않는다. 해결중심치료에서는 감정을 탐색하는 데 소요되는 시간이 다른 모델보다 적다는 것이 사실일 수 있다. 그러나 드셰이저와 김인수(de Shazer & Berg, 1992)는 내담자가 경험한 것의 의미를 변화시키면 문제에 대한 감정도 자동적으로 변화한다고 주장한다. 해결중심치료의 이러한 측면은 사람의 감정을 직접적으로 변화시키려고 하지는 않으나 내담자의 태도나 행동이 변화함에 따라 감정이 변한다고 보는 전략적 상담자의 견해(Kleckner et al., 1992)와 비슷하다. 내담자가 자신의 삶을 변화시키기 위해서 기분이 좋아질 때까지 기다릴 필요는 없다.

실패에 대한 두려움과 변화에 대한 양가감정은 해결중심치료 과정에 참여하는 내담자의 의사와 능력에 영향을 미친다. 이러한 경우라면 이 양가감정을 다룰 수 있는 동기강화상담(motivational interview) 기법(Prochaska et al., 1992)이 해결중심적 개입을 보완할 수 있다. 내담자가 변화에 대해 불확실해하거나 두려워할 때, 치료자는 내담자의 분열된 감정을 확인하고 이에 맞게 접근 방식을 조정한다. 모든 치료 과정에서 해결중심 접근은 내담자의 감정을 확인하고 인정한다. 이러한 감정은 면담 전 변화에 대한 질문, 예외 질문, 기적 질문, 척도 질문, 목표 협상과 내담자에 대한 긍정적 피드백에서 나타날 수 있다.

- 당신이 원하는 미래의 어떤 것이 실제로 일어나기 시작한다면 어떻게 느낄까요?
- 몇 달째 집 밖을 나가 본 적이 없었는데 상점에 갔을 때 어떻게 느꼈나요?

해결중심적 질문이 감정을 강하게 표현하도록 할 수 있지만 그렇다고 모두 긍정적인 감정을 불러일으키는 것은 아니다. 특히 기적 질문이 강력한 감정을 갖게 할 수 있다. 필자의 실천 경험에 비추어 보면, 내담자는 때때로 그들의 삶에 대한 절망, 세상에 대한 분노, 고통받고 있는 폭력과 학대에 대한 두려움 그리고 상실로인한 슬픔에 대해 말하면서 (울면서) 기적 질문에 대답한다. 해결중심치료가 항상 긍정적인 사고나 행복한 감정만을 다루는 것은 아니다.

해결중심 면담의 협동적이고 존중적이며 친밀하고 지지적인 분위기는 내담자가 자신의 감정을 표현하기에 충분히 안전하다고 느끼는 데 도움이 된다. 해결중심적 입장에서 감정이 변화를 위한 주된 자원임을 안다는 것은 놀라운 일이 아니다! 사람을 새롭고 더 나은 방향으로 출발하게 하는 것은 종종 하나의 강력한 정서적 경험이다. 바로 이것은 뉴욕의 쌍둥이 빌딩(국제무역센터)이 공격 받았을 때 생존한 많은 사람의 경우에서도 볼 수 있다.

2. 해결중심치료는 효과적인가, 또는 단기적이고 경제적이기 때문에 인기가 있는가

단기치료에는 여러 형태가 있는데(제1장 참조) 이 질문은 모든 단기치료에 해당될 수 있다. 해결중심치료는 단기적인 경향이 있으나 그렇다고 단기라는 자체 때문에 효과가 있거나 인기가 있는 것은 아니다. 해결중심치료의 특성으로서 문제에 대한 내담자의 관점에 눈 맞추기, 내담자가 상담실에 가져오는 것 사용하기, 성취 가능한 목표를 설정하기, 원인을 찾지 않기 때문에 상담 과정이 좀 더 단기적이 된다.

그러나 장기적인 도움이 필요한 내담자에게는 장기치료를 하는 것이 적절하다. 시간을 구조화해서 내담자를 좋은 동참자로 만들 필요가 있다. 첫 회기가 매우 중요한데, 상담자가 각 회기를 가치 있고 의미 있는 것으로 만드는 데 영향을 주기 때문이다.

많은 실천가는 극심한 시간 제약 속에서 일해야 하며 목표를 달성해야 한다. 이처럼 목표는 조급하게 설정되고 실천가는 인위적으로 정해진 기관의 시간 구조 안에서 문제를 해결하도록 압박을 받게 되는데, 이러한 것들이 해결중심 접근을 왜곡되게 할 수 있다. 이러한 욕구는 내담자에게 도움이 되지 못할 뿐 아니라 내담자를 막막하게 할 수 있다.

3. 해결중심치료는 만성적이고 심각한 정신질환이 있는 내담자에게도 적합한가, 이 모델이 적합하지 않거나 해가 되는 내담자가 있는가

첫 번째 질문은 해결중심치료는 '쉬운' 사례에만 유용하고 요구사항이 많은 사례에는 그렇지 않다는 의미를 함축한다. 현장에서 이 접근은 만성적이고 복합적인 문제가 있고 상상할 수 없을 만큼 매우 도전적인 상황에서도 사용되어 왔다. 다루고자 하는 문제를 분명하고 구체적으로 표현하는 내담자는 극히 드물다. 대부분의 내담자는 상반된 정서, 생각, 희망 그리고 기대가 뒤범벅된 상태에서 찾아온다.

"제가 바꿀 수 없는 것은 그대로 받아들일 수 있는 평온을 주시고, 바꿀 수 있는 것은 바꿀 수 있는 용기를 주시옵소서. 그리고 이 두 가지를 구별할 수 있는 지혜를 주시옵소서."라는 평온의 기도가 주는 감성이 많은 사람에게 도움이 될 수 있다. '변화'의 상자에 무엇을 넣을 것인지와 '수용과 평온'의 상자에 무엇을 넣을지를 아는 것은 쉽지 않다(O'Connell, 1997). 내담자에게 변하고 싶지 않은 것이 무엇인지 물어보는 것이 진정 변하길 원하는 것을 바라보게 하는 것보다 더 쉬울 수도 있다.

해결중심이 사정에 대해 회의적인 것은 문제나 내담자 유형을 범주화하는 것이 부적절하다고 보기 때문이다. 이것은 문제가 어떻게 특정한 사람들의 것이 되며 전문가가 내담자를 대하는 데 문제가 어떻게 영향을 미치는지에 대한 구성주의자의 견해를 반영하는 것이다. 정신보건 분야의 실천가에 따르면, 장기적인 문제를 가진 많은 내담자에 따르면, 해결중심치료가 자신들이 받아 온 치료와는 매우 다른 것으로 경험한다고 보고한다. 바로 이러한 새로움이 장기적 문제의 패턴을 바꾸는 데 도움이 되었다는 것이다.

이런 내담자는 자신을 자기 삶의 '전문가'로 믿어 주는 경험을 거의 하지 못했을 것이다. 어떤 사람은 오랫동안 의존과 무기력을 학습한 까닭에 자신의 강점과 특성을 수용하고 신뢰하는 것이 힘들 수 있다. 그런가 하면 어떤 사람은 자신의 고유성을 인정받는 것에 힘을 얻고 흥분을 느낄 것이다. 내담자가 상담에 가져오는 능력은 다음과 같은 내용을 포함할 수 있다.

- 문제를 해결 가능한 것으로 기술하는 것에 개방적이기
- 변화하고 싶은 것을 확인하기
- 변화하려는 동기를 느끼기
- 문제에 대한 의도적인 예외를 회상하기
- 다른 미래를 상상해 보려는 의지 갖기

- 변화에 대한 실험에 헌신하기
- 진정한 칭찬을 받아들일 수 있기

이와 같은 강점이 없다면 원조 과정은 느려질 수 있으며 결과는 더욱 불확실해질 수 있다. 그러나 많은 사람은 아주 작은 걸음을 떼는 데도 시간이 걸린다. 필자가 처음 이 모델을 사용하기 시작했을 때, 어떤 내담자가 해결중심적 질문에 반응하거나 또는 반응하지 않을 것인가에 대해 예상해 본 적이 있다. 새로운 내담자에게 면담 첫 회에 이 모델을 사용해야 할지 또는 몇 회를 상담한 후 사용해야 할지에 대해서도 생각해 보았다. 그러나 이처럼 어떤 선택을 해야 할까를 고민하는 것이 도움이 되지 않는다는 것을 곧 알게 되었다. 잘 따를 것 같지 않아 보였던 몇몇 내담자는 오히려 열광하며 받아들인 반면, 열심히 반응할 것으로 기대한 내담자에게는 도움이 되지 않은 것 같았다. 결과적으로 필자는 해결중심 질문을 기본 자세(default position)로 사용하며 필자가 가졌을 법한 어떠한 선입관도 내려놓기로 마음먹었다.

상실을 경험한 사람들은 이 접근을 사용하는 것에 관해 질문하는 경우가 많다. 이는 상실한 사람들에게 해결책을 강요하는 것에 대해 조심해야 하는 것을 의미한다. 비통해하는 것은 심각한 상실에 대한 정상적이고 건강한 반응으로 그 자체에 치료가 필요한 것은 아니다. 그것이 문제가 되어 온 내담자들에게 필자는 해결중심 치료를 부드럽고 천천히 사용하며 결코 그들의 애도 과정을 재촉하지 않는다. 조심스럽게 그리고 내담자의 속도에 맞추어 진행한다면 해결중심치료는 자신의 인생을 정상으로 되돌리려는 사람들에게도 잘 맞는다.

해결중심치료를 사용하는 것이 해를 끼칠 수도 있을까? 그렇지 않다. 여러 가지 이유로 비효과적일 수는 있으나 내담자의 오점을 파헤치지 않기 때문에 시작했을 때보다 더 나빠지게 만들 수는 없다. 혹시 기관의 규칙 때문에 앞서 말한 여러 이유로 조기 종결을 하지 않는 한 말이다. 만약에 치료자가 해결책을 심하게 강요하고, 내담자는 자신의 의사가 전달되지 않거나 관심사를 인정받지 못한다고 느끼며 실패를 경험할 경우 해를 끼치는 것이 될 수도 있겠다.

4. 비자발적이거나 의무 상담 명령을 받은 내담자와 어떻게 작업하는가

많은 내담자는 상담이 도움이 될 것으로 보는 사람들에 떠밀려 상담실로 온다. 그 사람들은 내담자에게 권리를 행사하고 변화가 있기를 요구할 수 있다. 그러므로 내담자는 분노하고, 화를 내며, 혼란스러워하거나 적대적일 수 있다. 또한 의논할 것을 내놓지 않으려고 하며 질문에 응답하지 않을 수 있다. 상담자와의 관계에서 비밀보장이 된다고 믿지 않기 때문에 자신을 방어하며 아무것도 알려 주려 하지 않을 수도 있다. 그의 눈에는 상담자가 권위자의 편일 수 있다. 이 경우 상담자는 내담자의 신뢰를 얻어야 한다. 터넬과 에드워즈(Turnell & Edwards, 1999, p. 30)는 전문가와 거리를 두고 싶어 하는 내담자와 작업하는 데 도움이 되는 지침을 제시했다. 그들의 연구는 아동학대 혐의로 사회복지사의 조사를 받고 있는 가족에 관한 것이다. 여기서 필자는 다양한 상황에 맞추기 위해 그들의 실천 원리를 일부 수정하였다.

- 문제 행동과 타협하는 것이 아니라 내담자와 협동한다.
- 서비스 수혜자를 함께 작업할 가치가 있는 사람으로 존중한다.
- 궁극적으로는 전문적 개입이 필요할지라도 협동은 가능한 것으로 인식한다.
- 모든 내담자는 도움이 되며 건설적인 무언가를 하고 있다고 인정한다.
- 긍정적인 목적에 계속해서 초점을 맞춘다.
- 서비스 수혜자가 원하는 것을 안다.
- 항상 세부적인 것을 탐색한다.
- 자세하게 설명하는 것을 판단하는 것으로 혼동하지 않는다.
- 작은 변화를 만드는 것에 초점을 둔다.
- 선택권을 제공한다.
- 상담을 변화를 위한 토론의 장으로 취급한다.
- 이 원칙을 가정이 아닌 열망으로 다룬다.

이러한 원칙을 준수하는 것은 그렇지 않은 사례에서보다 내담자의 협동을 더 이끌어 낼 가능성이 있다. 대부분의 해결중심 상담자는 내담자와 주제에 대해 충분히 상의하는 경우, 내켜하지 않는 내담자를 '가벼운 건드림'만으로도 참여시키며 그 참여를 지속하게 하는 데 도움이 된다고 본다. 내담자가 상담자가 자신의 편에 있으며 자신이 바라는 미래를 성취하기 원하고 자신의 상황에 맞는 방법으로 작업하려고 애쓰는 것을 알아차리게 되면 탈락률은 눈에 띄게 낮아진다.

〈예〉

상담자: 그래서 오늘 어떻게 오셨어요?
내담자: 사장님이 저에게 불평이 많으세요. 오늘 상담받고 나서 변화가 없으면 직장을 그만둬야 한대요.
상담자: 그것에 대해 어떻게 느끼세요?
내담자: 진짜 화가 나죠. 왜 제가 상담을 받아야 하죠? 제가 모든 일에 비난받고 있는데 그건 공평하지 않다고 생각해요.
상담자: 자신이 불공평하게 비난받고 있다고 느끼며 변해야 하는 사람이 왜 자신이어야 하는지 알 수 없다는 말씀이군요.
내담자: 맞아요.
상담자: 그들이 당신을 비난하는 것을 멈추려면 무슨 일이 일어나야 한다고 생각하세요?
내담자: 모르겠어요.

〈침묵〉

상담자: 그들이 당신에게서 원하는 것이 무엇인지 확실치 않나 봐요.
내담자: 그래요.
상담자: 만약 그들에게 물어본다면 뭐라고 할까요?
내담자: 제 개인 문제로 일이 방해받지 않아야 하는 것 같아요.
상담자: 그렇게 생각할 경우, 개인 문제가 방해를 덜 한다면 일하는 것이 달라지는 것을 어떻게 알 수 있을까요?
내담자: 자주 아프지 않겠죠. 제가 하는 일을 다시 즐기고 있을 거예

요. 지금은 일하러 들어가기 싫고 그곳에 있고 싶지 않아요.

상담자: 일하는 것을 조금이라도 더 즐긴다면 당신에겐 무엇이 달라질까요?

내담자: 밖으로 더 많이 나가게 될 것이고, 사무실 안에 줄곧 갇혀 있지 않을 거예요. 제가 제일 좋아하는 일이 고객 방문이에요. 몇 명은 몇 년간 알고 지내던 사람들이고요. 그러나 윗사람들은 제가 문제를 해결할 때까지 그 일을 못하게 해요.

상담자: 당신이 그 일을 다시 하려면 윗사람들을 위해 해야 할 일이 무엇인가요?

내담자: 제가 더 믿을 수 있는 사람이란 걸 보여 줘야 해요.

상담자: 어떻게 할 수 있죠?

내담자: 제시간에 출근하고, 병가를 내지 않고, 점심 후 회사로 바로 돌아오고, 서류 정리를 해 놓고요.

상담자: 이런 것 중에 현재 해 놓은 일이 있나요?

내담자: 최근에는 좀 안 좋았어요. 저는 대체로 매우 건강한데, 계속 일이 생겼죠.

상담자: 어려운 시간을 보내셨군요. 당신이 좀 더 믿을 만하게 되었다는 것을 사장님이 제일 먼저 알 수 있는 신호는 무엇이라고 생각하세요?

내담자: 8시 30분에 제 책상 앞에 앉아 있는 거겠죠.

상담자: 그렇게 하고 싶으세요?

내담자: 네.

상담자: 그렇게 되려면 무슨 일이 일어나야 할까요?

내담자: 직장에 제일 먼저 도착한 사람은 항상 저였는데, 매우 훌륭했었죠. 이 엉망진창인 곳에서 벗어나기를 원한다면 그렇게 해야 한다고 나 자신에게 말해야겠지요.

상담자: 그렇게 하고 싶으려면 얼마나 시간이 걸릴 것 같아요?

내담자: 지금 그렇게 느껴요. 그냥 하지요.

첫째, 상담자는 우선적으로 내담자가 상황에 대해 지각한 것을 인정하는 것이 중요하다. 그렇게 하지 않는다면 내담자는 상담자

를 위탁 기관과 같은 편으로 볼 것이다. 이것은 상담자가 내담자의 해석에 동의한다는 것이 아니라 내담자의 감정과 의견을 인정한다는 것을 의미한다. 둘째, 내담자가 언급한 주제가 의뢰처의 주제와 다를 수 있으나 내담자의 주제에 가장 가까운 것을 다루는 것이 중요하다. 이것은 '네, 그러나…'라는 의사 교환을 제거하는 데 도움이 되는데, 이러한 교환은 상담자가 해결책을 제안하는 동안 내담자는 현 상태에서 어떤 변화도 하지 않으려고 논쟁할 때 일어날 수 있다. 셋째, 상담자는 내담자의 목표를 협상하고, 목표를 위한 작업에서 내담자를 지지함에 있어 의뢰 기관의 협동을 구할 필요가 있을 수 있다.

5. 불참 내담자에게 어떻게 접근하는가

많은 내담자는 사회 체계에서 중요한 사람이 문제를 시인하지 않거나 문제 해결에 협동하지 않기 때문에 전망이 어둡다고 느낄 수 있다. 이러한 경우는 문제를 부인하거나 또는 별것 아닌 것처럼 모호한 태도를 취하는 사람들 때문에 생길 수 있다. 이러한 사람들이란 직장에서 내담자에게 군림하는 동료나 비협조적인 가족 구성원일 수 있다. 그들은 변화를 위한 고객이 아니다. 그들은 내담자의 문제에 관한 설명을 수용하지 않거나 자신의 행동이 타인에게 미치는 결과가 보임에도 이에 대해 책임을 지려 하지 않는다. 이러한 상황 때문에 좌절감과 무기력감이 생겨도 해결중심적인 질문(〈표 8-1〉)이 도움을 줄 수 있다. 허드슨과 오핸런(Hudson & O'Hanlon, 1991)은 불참하는 내담자는 자신이 비난의 초점이 되지 않으며, 상담자가 그의 이야기를 듣고 싶어 한다는 것을 확신하게 되면 상담소에 오는 것이 가능할 것이라고 했다.

표 8-1 '불참한' 내담자에게 사용할 수 있는 해결중심적 질문

- 변화를 가장 원하는 사람은 누구인가요? 변화 때문에 관여된 모든 사람이 받는 혜택은 무엇인가요?
- 변화를 만들어 내는 능력을 가진 사람은 누구인가요?
- 힘은 어디에 있으며 힘의 분배는 바뀔 수 있나요?
- 상황을 읽는 데 더 도움이 되는 방법이 있나요?
- 기본적인 상황은 변하지 않는다고 해도 합리적인 개선을 만들어 내는 것은 무엇일까요?
- 변화시킬 수 있는 내담자의 힘은 무엇인가요?
- 내담자가 그러한 변화를 만들 수 있다면 무엇이 달라질까요?
- 내담자는 상황이 악화되는 것을 어떻게 막을 수 있을까요?
- 장기적 · 단기적 대안으로 무엇이 있을까요?
- 내담자가 상황의 어떤 측면을 수용하기로 했다면 그것은 내담자에게 어떤 의미일까요?
- 내담자가 평소에 하는 것과 다르게 하는 것은 무엇일까요?
- 내담자는 상황을 변화시키기 위해 지나치게 애를 쓰나요?
- 당분간 특정한 행동을 멈추는 것이 더 도움이 될까요?
- 내담자가 이 상황에 대처하는 데 누가 또는 무엇이 도움이 되나요?
- 내담자는 대처하는 데 도움이 되는 것을 어떻게 더 많이 할 수 있나요?
- 내담자는 자신의 힘은 과소평가하고 타인의 힘은 과대평가하나요?
- 내담자는 이 일이 일어나고 있다는 것을 어떻게 알 수 있을까요?
- 내담자가 상황을 더 잘 관리했던 때가 있었나요?
- 타인이 몇 분이라도 내담자가 원하는 방식으로 행동한 적이 있나요? 만약 그렇다면 그 사람은 어떻게 해서 그렇게 했나요?
- 그것이 내담자에게 어떤 차이가 있나요?

- 0점에서 10점이 있는 척도에서 내담자는 오늘 이 문제를 몇 점이라고 할까요?
- 척도 점수가 1점 올라가기 위해 내담자가 해야 하는 것은 무엇인가요?
- 내담자는 척도 점수가 올라가는 데 얼마나 걸릴 것으로 생각하나요?
- 타인은 전혀 변하지 않는 것을 상상해 보세요. 그러나 내담자에게 기적이 일어난다면 기적이 일어난 것을 알 수 있는 첫 신호는 무엇일까요?
- 내담자가 이처럼 매우 어려운 상황을 대처하는 데 자신의 어떤 방식이 마음에 든다고 할까요?
- 상황이 좋아진다는 것을 내담자에게 보여 주는 첫 신호는 무엇이 될까요?
- 이것이 나빠질 대로 나빠진 것인가요, 아니면 더 나빠질 것 같은가요?
- 그렇다면 내담자는 얼마나 오래 그것을 참고 싶나요 또는 참을 수 있나요?
- 한계에 다다랐음을 언제 알 수 있을까요?

6. 해결중심치료는 증상만 다루고 증상 이면의 문제를 놓치지는 않는가

제2장에서 살펴본 것처럼 해결중심의 배경이 되는 사회구성주의 철학은 '제시된 문제'와 '진짜 문제'라는 은유를 사용하지 않는다. 내담자의 이야기를 피상적이거나 심각한 것으로도 보지 않는다. 듀런트(Durrant, 1997)는 문제의 구성에 있어 언어의 힘을 강조하고, 은밀한 방식으로 말한다면 은밀한 문제만 있을 뿐이라고 지적했다. 비록 서양 문화에서는 은유가 흔하고 지배적으로 사용되지만 그것은 진실이 아닌 하나의 은유라고 하였다. 해결중심적

대화는 소위 내담자가 알지 못하는 난해한 전문 지식을 사용하여 내담자의 문제를 캐려고 하지 않는다.

개인의 참되고 지속적인 변화는 어디서라도 시작될 수 있는데, 변화하는 방법은 하나만 있는 것이 아니며 효과적인 은유는 많이 있다. 해결중심 치료자는 전문용어를 쓰지 않고도 내담자가 실질적이며 지속적인 변화를 만들 수 있다는 증거를 충분히 보아 왔을 것이다. 내담자는 현재의 문제를 해결함으로써 변화의 전제 조건으로 통찰을 얻어야 한다는 압박감 없이 과거 사건을 더 명확히 이해할 수도 있다. 변화하기 위해서 '통찰'이 있어야 한다는 것이 자동적인 가정이 되어서는 안 된다. 통찰은 경험으로 알게 된 것인데 대안은 너무 많지 않는 한 많은 것이 낫다.

과거에 관한 이야기를 쓰는 것(White, 1995)은 미래를 다른 이야기로 쓸 수 있게 하고, 선호하는 미래를 구성하는 것은 현재에 영향을 줄 수 있다(기적 질문). 어떤 쪽에서든 특정한 일이 일어나야 하며 특정한 순서로 일어나야 한다는 신념을 갖고 있으면, 도움을 제공할 수 있으며 진정한 진전이 이루어질 수 있다.

이 시점에서 해결중심적 대화는 '심층적'이고 진지하며 매우 빠르게 진행될 수 있다는 것을 기억해야 한다. 내담자는 자신이 순식간에 강한 느낌과 생각에 몰두했던 것에 대한 놀라움을 자주 표현한다.

어떤 유형의 상담이라도 내담자가 한평생 문제가 없다는 것을 보장할 수는 없다. 치료 계약에 앞서 내담자의 역사를 사정해야만 한다고 훈련받은 상담자는 과거 탐색을 시작점으로 보지 않는 치료 모델을 불편해하기 쉽다. 예를 들어, 어떤 내담자가 자신의 현재 문제를 원가족의 패턴과 연결시킨 것이 도움이 되었다고 하면 그런 것이다. 우리 모두가 개인적이며 집단으로 경험한 과거로부터 배울 수 있다는 점을 부인하는 것이 아니며, 오히려 다른 관점으로부터 배우는 접근을 할 수 있다. 그러나 그것이 시작점이 되기보다는 종결점이 되어야 한다. 때로는 과거를 이해하기 전에 도움이 되는 새로운 정보를 얻는 것이 필요하다. 필자의 경험에 의하면 '진짜' 문제는 종종 내담자가 해결책을 탐색한 후에 밝혀진다!

〈예〉

상담자: 두 분의 말씀을 들으니 잭이 어릴 때 가족은 사랑이나 애정을 많이 표현한 것 같지 않으나 진의 가족은 그것이 많았던 것 같군요.

잭 : 우린 그렇게 생각해요. 그래서 저는 누구에게도 애정을 보여 주는 것이 어려워요. 우리 애들이나 진에게 더 표현하고 싶지만 쉽지 않아요. 아버지는 저에게 애정을 보여 준 적이 없어요.

진 : 잭, 그래도 당신은 당신 아버지 같지는 않아요. 시아버지는 집 밖의 일에 더 관심이 많았어요. 그 시대의 많은 아버지처럼.

상담자: 잭, 당신이 아버지와 다르다는 것은 어떤 느낌인가요?

잭 : 저는 우리 애들과 좀 더 많이 지내요. 직장 일로 집을 떠나게 되면 매일 애들과 전화로 얘기해요. 집에 있으면 가족이니까 더 많은 것을 하죠. 저는 애들이 무엇에 빠져 있는지 알아요. 진이 항상 애들을 안아 주고 껴안는 것을 보아 왔죠. 저는 그것을 더 자주 하고 싶지만, 물러서는 저 자신을 보곤 해요. 이왕 나온 말이니, 이전보다는 많이 나아졌어요. 이제는 앉아서 텔레비전을 볼 때 애들을 가끔씩 껴안아 준답니다. 2, 3년 전만 해도 그렇게 할 수 없었어요.

상담자: 그렇게 하는 것이 진이 하는 것만큼 자연스럽진 않았군요. 진, 잭이 얼마나 노력하는지 알아차렸나요?

진 : 네. 잘하고 있어요. 출퇴근할 때 키스도 하죠. 발전한 거예요.

상담자: 잭, 당신은 진과 아이들에게 모두 애정을 보이나요, 아니면 진과 아이들을 분리해서 보나요?

잭 : 우리 어머니와 아버지가 키스하는 것을 본 적이 없어요. 제가 진 집에 갔을 때 그녀의 부모가 서로 팔로 허리를 감싸고 있는 것을 보고 충격 먹었죠. 부모가 서로 사랑하는 것을 자녀들이 보는 것은 좋다고 생각해요. 우리 가족의 생활은 제가 어렸을 때의 가족보다 더 따뜻하고 싶어요.

상담자: 가끔 아이들을 껴안아 주고 출퇴근할 때 진에게 키스하는 기분이 어떤가요?

잭 : 좋아요. 진짜 가족 같아요.

상담자: 계속 그렇게 할 것이며 앞으로 수개월 동안 더 잘 할 수 있다고 생각하나요?

잭 : 더 자발적으로 하고 싶어요. 강요받거나 어색하게 느껴지는 순간에도 말이죠.

상담자: 처음에는 그것에 대해 먼저 생각하고 나서 했는데, 이제는 생각하거나 계획하지 않고도 할 수 있는 단계로 가고 싶다는 거죠. 그냥 자연스러운 일로.

잭 : 그래요.

---

7. 해결중심치료는 내담자의 말을 액면 그대로 받아들이는가

가능하다면 해결중심 상담자는 내담자가 상담실에서 보여 주는 것을 가지고 작업한다. 소위 말하는 '진짜' 문제를 파헤치기 위해 행간을 읽지 않는다. 여기서 중요한 것은 내담자로 하여금 자신이 원하는 바를 자신이 원하는 방식으로 표현할 수 있도록 치료적 시간과 장소를 안전하게 하는 것이다. 그렇게 되면 내담자는 자신이 중요하다고 느끼는 것을 드러낼 것이다. 우리는 내담자가 수치스럽거나 죄스럽거나 혼란스럽게 느끼는 자신의 어떤 면을 드러내는 것을 얼마나 고통스럽고 어려워하는지 안다.

이것을 부인, 합리화 또는 저항이라고 해석할 필요가 없다. 대신 내담자가 그 당시 자신에게 적절하다고 느끼는 수준에서 협동하고 있는 것으로 본다. 처음에는 노출되지 않았던 문제, 예를 들어 학대나 차별은 자신이 선택한 주제를 표명하기 시작할 때 종종 출현할 수 있다. 내담자에 대한 존경과 긍정에 힘입어 내담자의 힘을 북돋우어 주는 것이 증가하면 내담자는 자신의 '어두운 면'에 대해 말하는 것이 쉬울 수 있다. 해결중심 접근을 훈련받지 못한 상담자는 내담자의 과거를 깊이 조사하지 않는 것과 알지 못하는 것이 '진짜' 문제를 놓치게 한다는 걱정과 두려움을 가질 수도 있다. 내담자가 말해야 하는 것을 말한다고 상담자가 믿는 것은 비약이다.

표 8-2	대화를 점검하기

- 당신에게 이 대화가 도움이 되나요?
- 당신이 이야기하고 싶었던 것이 이것인가요?
- 저에게 더 말하고 싶은 것이 있나요?
- 제가 아는 것이 중요하다고 느끼는 것이 있나요?
- 제가 물었어야 하는 질문이 있나요?
- 제가 놓친 것이 있나요?
- 제가 당신에게 충분히 도움을 줄 만큼 당신을 안다고 생각하나요?

〈표 8-2〉는 진전을 평가하는 데 도움이 되고, 상담 초 내담자에게 공개하기에 조심스러웠던 것을 이야기하는 기회를 제공한다.

8. 해결중심치료는 긍정적 사고의 한 형태에 불과한가

첫눈에는 그렇게 보인다. 치료자는 낙관적인 자세를 취하는데, 가정적인 언어를 사용하면 건설적인 변화가 일어날 것이라고 보는 것이다. 효과적인 것과 더 잘 할 수 있는 것 그리고 내담자의 강점을 크게 강조한다. 그러나 이것은 '어떤 끔찍한 상황에서라도 긍정적인 것을 보는' 것을 무조건 강조하는 것과는 매우 다르다. 이러한 태도는 사람들이 더욱 실패감을 느끼게 할 수 있는데, 이는 긍정적으로 생각조차 할 수 없는 상황일 수 있기 때문이다. 또한 이러한 태도는 사람이 경험하고 있는 곤경을 최소화하는 것으로 느끼게 한다.

최근에 필자가 심장 수술을 했을 때 좋은 뜻을 가진 여러 사람이 필자에게 긍정적으로 생각하라고 수없이 말했던 것을 기억한다. 필자가 네 발로 목욕탕으로 기어들어 가는 상황에서 그런 말은 너무 상투적으로 들렸다. 그럼에도 해결중심은 사람들이 그들의 인생에서 일어났으면 하는 구체적인 것에 대해 명확해지도록 돕는다. 희망과 낙관주의는 사람들이 우울하고 부정적이며 낙담할 때 도움을 준다. 균형 잡힌 접근은 사람들이 자신의 감정을 느끼는 데 죄의식을 경험하지 않게 한다. 필자의 인생에서 나쁜 일이 일어날 때 해결중심치료의 작은 단계들의 접근은 믿기 어려울 만큼 유용했다. 단지 원하는 것의 부재를 말하는 것이 아니라 구체적으로 원하는 것을 상상하고 설명하는 데 크게 도움이 된다. 그러나 우리의 인생은 롤러코스터와 같아서 고저가 있고 성공과 실패가 있으며 옳고 그름이 있다. 우리는 신체적·정서적·인지적 그리고 영적으로 진행형이다. 만약 우리가 모든 일에 매번 긍정적이어야 한다면 현실에서 일어나고 있는 것을 놓칠 수도 있을 것이라 생각한다!

9. 해결중심치료는 위기 문제의 위험 요소에도 충분히 관심을 두는가

아동보호 상황에 있어 사정과 치료적 처치를 명확히 구분해야 한다. 아동보호 조사의 초기 단계에서 사회복지사들은 치료자와는 매우 다른 지침을 가지고 작업을 할 것이다. 비니콤(Vinnicombe, 2011)은 몇 가지 핵심적인 차이를 열거한다.

- 효율적인 아동보호 작업은 문제에 관여된 모든 사람으로부터 명확한 진술을 받는 것으로 시작한다. 특히 이미 발생한 피해와 미래에 생길 수도 있는 위험에 대해 진술을 받는다. 이것은 전형적으로 문제를 최소로 탐색하는 해결중심과는 잘 맞지 않는다.

- 개입의 목적은 서비스 사용자가 정하지 않는다. 오히려 기관 종사자와 그들의 관심사가 작업의 초점이 되고, 토론이나 면담 등에서 다룬다. 이것은 해결중심치료와 다른 치료 모델들과 잘 맞지 않는다.
- 다음에 일어나야 할 일과 진전된 일에 대한 결정은 서비스 사용자가 아닌 아동보호 종사자에게 달려 있다. 다시 말하자면, 이것은 해결중심치료와 다른 치료 모델과 맞지 않는다.
- 종사자의 초점은 항상 아동에게 있으며 아동을 둘러싼 사람들의 변화는 '이 변화가 아동과 그들의 안전에 어떤 차이를 만드는가?'의 형태로 점검되어야 한다.

터넬과 에드워즈(1999)의 안전신호(Signs of Safety) 접근은 상당 부분 해결중심 사고와 실천을 사용하고 있는데, 이 접근은 실천가에게 아동보호에 있어 안전하고 균형 잡힌 방법을 제공한다. 만약 이것이 기관의 지원을 받지 못한다면 실천가는 자신이 속한 기관에서 사용하는 지침을 따를 것을 권한다. 아동의 안전이 확보되면 해결중심 접근은 기관에 대해 적대적인 내담자와 관계를 형성하려고 노력하는 실천가에게 많은 것을 제공한다.

10. 해결중심치료는 윤리적인 방법으로 진행되는가

상담자는 전문적 조직에서와 마찬가지로 지도감독자에게 보고

하는 것이 필수적이다. 조직에서와 마찬가지로 상담자는 실천 강령과 솔직한 불평을 처리하는 절차를 따라야 한다. 또한 사람중심의 핵심적 가치와 조건에 대해 헌신할 필요가 있으며, 자신의 가치가 가질 수 있는 영향력을 알아야 한다. 그렇지 않으면 아무리 잘한다고 해도 해결중심 방법을 아무런 감정이나 영혼 없이 사용할 것이며, 최악으로는 내담자의 자율성을 저해할 것이다.

일반적인 윤리 원칙에 대해서는 항상 긴장과 갈등이 있을 수 있지만 해결중심 상담자가 이 원칙을 근거로 윤리적이며 전문적인 결정을 내릴 수 있는 지식과 전문성을 갖는 것이 중요하다. 본드(Bond, 1993)가 인용한 다섯 개의 핵심 원칙은 다음과 같다.

- **자율성** 내담자의 자기 통제 권리를 존중
- **선행** 내담자의 복지를 촉진하는 것에 대한 의무
- **무해** 내담자에게 해를 끼치지 않는 것에 대한 의무
- **공정** 모든 내담자에게 공정하고 공평한 치료와 적절한 서비스 제공
- **성실** 실천가가 갖고 있는 신용을 존중

과거에 전략적 가족치료와 MRI 모델(해결중심과 밀접한 관계)은 조작적이고 우회적인 것에 대해 비판을 받아 왔다. 예를 들어, 내담자는 역설적 과제를 부여받았는데, 자신의 증상을 처방받거나 너무 빨리 좋아지는 것에 대해 경고를 받는 것 등이다.

해결중심치료에서는 특이하거나 '교묘한' 과제에 의존하지 않

으며 내담자가 자신의 과제를 만들어 내는 것을 더 강조한다. 실천가는 치료적 과정을 신격화하지 않으며, 상담 전 자료나 실천 면담에서 내담자에게 고지된 동의서를 정확히 설명함으로써 치료자의 권력을 포기'하는 것을 선택한다.

11. 해결중심치료는 다문화상담에도 적합한가

밀워키에 소재한 단기가족치료센터(Brief Family Therapy Centre) (De Jong & Hopwood, 1996)에서 적은 수의 내담자 샘플로부터 얻은 자료에서는 치료 결과가 인종에 따라 별다른 차이가 없으며, 인종이 서로 다른 내담자와 상담자가 해결중심치료 결과와 관계가 없음을 발견했다. 해결중심 상담자는 문화가 다른 다양한 나라에서 작업한다. 어떤 상황에서는 해결중심적 언어를 사용해야만 한다. 이 모델이 중요하게 생각하고 있는 '한 단계 낮은' 자세는 다문화적인 대화에서 특히 적합하다고 많은 상담자가 말한다. 이 자세를 취하는 것은 상담자가 내담자의 문화에서 학습자가 되며 '손님'이 되게 한다. 이 자세는 내담자의 사회적 맥락, 성 그리고 인종적 정체감 발달 단계를 포함하여 내담자의 지각과 가치를 존중하며 인정한다. 화이트(White, 2003, p. 90)는 '나의 무지함의 정도가 보통보다 높은 상황', 특히 다문화적인 작업에서 내담자를 전문가의 위치에 놓는 모델을 사용하는 것이 안도감을 준다고 하였다.

다른 문화에 대한 이러한 개방성은 학교처럼 다중 문화와 다중 신념을 가진 기관에서 일할 때 필수다(Ratner, 2003). 문화적 가치와 실천이 변화의 속도와 유형을 알아내는 데 중요한 영향을 미칠수 있음을 아는 한편, 내담자의 강점과 능력을 강조하는 것은 내담자의 문화적 자원을 해결책의 일부로 볼 수 있도록 한다. 내담자의 경험을 함께 구성하여 설명하는 것은 차이를 존중하게 하며실천가의 가치가 미치는 영향을 감소시킨다.

12. 해결중심치료는 목표와 해결책을 강조하기 때문에 남성 상담자와 내담자가 더 선호하는가

해결중심치료를 선도하는 실천가 중에는 여성들이 꽤 있는데, 열거하자면 김인수(Berg), 와이너-데이비스(Weiner-Davis), 립칙(Lipchik), 허드슨(Hudson), 멧카프(Metcalf), 돌런(Dolan) 등이다. 실천가는 이 모델을 아동학대의 생존자였던 여성 내담자에게 광범위하게 사용해 왔으며(Dolan, 1998), 여성 내담자의 성적 외상(Darmody, 2003)과 폭력 또는 섭식장애의 회복(Jacob, 2001)에도 사용해 왔다. 레팀(Lethem, 1994, p. 33)은 이 모델이 "여성의 경험을 인정하고, 그들이 경험한 여러 곤경에 사회적 불공정이 있었음을 시인하며, 그들이 자신들의 문제와 딜레마를 해결하는 데 있어 간과해 온 강점을 활용하는 기회를 제공한다."고 주장하였다.

드 종과 홉우드(De Jong & Hopwood, 1996)는 해석에 주의를 요하는 하나의 작은 연구에서 이 모델을 사용하는 상담자의 성별에 관계없이 여성과 남성 내담자가 똑같이 긍정적 결과를 보였다고 보고하였다. 베일리-마티니어(Bailey-Martiniere, 1993)는 이 모델이 실천하는 다음의 항목들 때문에 여성의 인권을 인정하고 존중할 수 있다고 주장하였다.

- 여성 내담자의 문제를 과거에 존재한 어떤 문제의 증상으로 병리화하거나 해석하지 않고 경청함
- 여성 내담자를 강점과 자원을 가진 전문가로 봄
- 여성이 해야 하는 것과 해서는 안 되는 것에 대해 상담자가 생각과 편견을 갖기보다는 목표를 설정하기 위해 기적 질문을 사용함
- 여성 내담자를 죄책감이나 희생양 또는 대처를 못한 사람으로 정형화하는 것에서 벗어나게 함으로써 문제를 평범한 인생 경험으로 재구성함
- 여성 내담자에게 변화를 위한 도구를 갖출 수 있도록 함
- 여성 내담자의 무기력과 우울을 강화할 수 있는 끊임없는 정서적 부담과 분석을 하지 않음
- 수동성, 숙명주의 그리고 자기 패배적 이야기를 격려하지 않음
- 여성 내담자가 자신의 희망을 표현하도록 도우며 자신의 해결책을 만드는 행동을 하도록 힘을 북돋움

이와 같은 이 모델의 강력한 특성은 여성 내담자와 상담자에게

특히 잘 맞는다. 레텀(1994, p. 31)은 이 모델이 '눈물과 실행 욕구'를 모두 존중한다고 주장한다. 한편으로 돌런(1998, p. 9)은 학대의 영향에서 회복하는 여성을 위해 만든 창의적 활동에 해결중심적 아이디어를 많이 사용했는데, 그녀는 해결중심적인 "존중하는 자세, 실용주의 그리고 희망적임은 신체적 · 정서적 그리고 성적 학대와 기타 외상을 경험한 사람들에게 특히 잘 맞는다."고 믿고 있다.

실천 포인트

- 해결중심적 언어는 처음에는 낯선 외국어처럼 느껴질 수 있다. 유창해지는 데 시간이 걸린다.

- 다문화 작업에서 내담자의 문화에 호기심을 가지며 존중을 보이는 손님이 된다.

- 내담자의 문화가 해결책의 일부가 될 수 있음을 기억한다.

- 내담자가 하는 말을 이해하지 못하면 명확하게 이해하기 위해 질문한다.

- 내담자가 변하기를 원치 않는 것을 확인하는 것은 도움이 될 수 있다.

- 문제 행동이 아닌 사람에 집중한다.

제9장

통합적 해결중심치료

특정한 하나의 접근이 항상 효과가 있다고 주장하는 실천가는 아마도 없을 것이다. 원조 전문직에 종사하는 대부분의 사람은 유연해야 하며 다양한 상황과 내담자의 욕구에 맞출 수 있어야 한다. 대부분의 사람은 시도했던 방법이 모두 실패하여 궁지에 빠지게 되면 도움이 될 수 있는 것은 무엇이든 환영할 것이다.

1. 해결중심 접근이 제공하는 것

• 해결중심 접근은 실천가가 문제 탐색 대 해결책 구성에 보내는 시간에 균형을 갖도록 도전한다. 실천가가 척도 질문과 기적 질문과 같은 질문을 사용함으로써 장애물이나 곤경 또는 문제에 집착하는 것에서 벗어날 수 있도록 돕는다.

- 내담자의 해결책 발견 전략에 대해 호기심을 갖는 것은 내담자의 전략을 과소평가하지 않으며, 내담자의 강점과 자질에 대한 절대적인 존중을 보여 준다. 이 접근은 실천가가 내담자의 고유한 창의력과 즉흥성에 관심을 갖도록 격려한다. 특히 실천가가 내담자를 신뢰하고 존중하도록 한다.

- 실천가는 과거가 매번 미래의 성취에 대한 표시가 아님을 상기한다. 이 접근은 잠재력과 미래의 목표에 더 집중하며 그러기 위해 평판과 호칭에 관심을 두지 않는다.

- 이 접근은 실재의 구성에 기여하는 언어의 중요성을 부각한다. 내담자가 사용하는 언어를 통하여 내담자의 세계관을 유심히 관찰('극단적 경청')하는 것과 실천가의 '가능성에 초점을 둔' 언어는 내담자의 마음가짐과 행동에 전환이 일어날 수 있게 한다.

- 내담자가 관여하는 상황적 맥락에 특별한 관심을 가지며 내담자가 특정한 상황에서 효과적인 것을 발견할 수 있는 여지를 제공한다.

- 상담에서 내담자를 중심에 세운다. 실천가는 상담하면서 내담자의 주제에서 벗어나지 않으며 그의 진전을 점검함으로써 변화의 촉진과 목표 달성의 핵심 요인은 바로 내담자임을 보여 준다.

- 이 모델은 내담자가 의존적이 되는 것을 막는 하나의 효과적인 해독제다. 그 이유는 실천가의 기술 때문이라기보다는 내담자의 책무성을 부각하며 그의 성공이 곧 그의 노력의 결과

임을 알 수 있게 하기 때문이다.

해결중심적 사고는 치료자가 아닌 실천가에게도 광범위하게 영향을 미쳐 왔다. 이것이 미친 다양한 기술에는 변호, 멘토링, 교육, 집단 치료, 조언과 정보 제공, 중재, 거취와 고용 문제에 대한 건강 관리와 실질적인 지원 등이 포함된다. 실무자는 이러한 서비스를 제공하기 위해 방향 제시나 안내가 필요할 것이다. 이것은 이론상으로 해결중심의 원칙과 일치하지 않아 보인다. 그러나 실천 현장에 있는 사람들은 대부분 큰 어려움 없이 이러한 긴장을 다룬다.

치료자가 아닌 사람들이 오히려 일부 치료자보다 더 실용적이며 덜 순수론자인 경향이 있다. 고수해야 할 사상이 없기 때문에 내담자의 욕구를 충족하기 위해 '효과가 있는 것을 사용하고 효과가 없는 것은 버린다.' 그들의 통합적인 실천이 전통적인 해결중심적 개입을 자기 기관의 특수한 상황에 맞게 사용하도록 한다.

필자는 제2장에서 새로운 이론이나 신념 체계의 추종자가 자신의 아이디어를 퍼트리면서 겪게 되는 여러 단계에 대해 간단히 언급하였다. 슈워츠(Schwartz, 1955)에 의하면 복음주의적 정신(evangelical spirit)으로 뭉쳐진 방어가 초기 단계의 특성이다. 근대주의자가 다른 진보적 사고의 학파를 동화하기 위하여 정통(orthodox)의 전통을 수정하기 시작하기 때문에 여러 분파 사이에 긴장이 커질 것이다.

해결중심적 운동에서도 유사한 긴장이 있는데, 해결중심 방법만을 사용하는 실천가와 해결중심을 다른 치료적 개입과 통합하는 데 좀 더 개방적인 실천가의 경우다. 드세이저(de Shazer)는 해결중심치료가 다른 모델과 통합될 수 있다는 생각에 반대하는 입장이었다. 그의 관점은 "문제중심이 소개되는 순간 이미 해결중심이 아니다. 그러하기에 어떠한 모델과도 통합될 수 없다."는 것이다(O' Connell, 2000). 일부 실천가는 다른 접근과 통합하는 아이디어는 다음과 같은 해결중심적 원칙에 어긋난다고 본다.

- 단순하게 한다.
- 이론을 최소화한다.
- 문제를 분석하거나 정의 내리지 않는다.

일부 실천가는 이 접근을 확대하고 확장하는 방법을 찾기보다는 더욱 최소주의자가 되기 위해 뼈대만 남도록 축소하는 데 관심이 크다. 이것은 필자의 입장은 아닌데, 아마도 해결중심치료를 채택하기 전에 다른 모델을 사용했던 필자의 상담 배경 때문일 것이다. 상담자로서 나에게 해결중심의 개념을 적용한다면 내담자에게 좋은 서비스를 제공하기 위해 나의 강점을 이용하고 나의 고유한 기술과 훈련 그리고 자원을 사용해야 할 것이다. 내가 시작점으로 삼을 수 있는 하나의 '핵심' 모델을 갖고 있다는 것은 크게 도움이 된다. 그것을 계속해서 연습하여 기술을 발달시키고 유능하게 실천에 임할 수 있음을 의미한다. 나의 자신감과 능력은 내담자에게 긍정적인 영향을 주게 될 것이며, 내담자는 나를 신뢰하게 될 것이다.

절충적이 되는 것의 위험은 단단한 기초 없이 하나의 혼란스러운 혼합이 될 수 있다는 것이다. 우리가 궁지에 몰려 꼼짝하지 못하고 대안적인 길을 찾아야 할 때 필요한 것은 매우 유연한 한 개의 지도다. 하나의 유사한 논쟁으로 이 모델에 체리 따기(cherry-picking)식 접근(소매점에서 특매품만을 골라 사는 것-역자 주)을 적용할 수 있다. 섞어서 조화를 이루는(mix-and-match) 스타일과 유동성과 추진력을 갖는 것은 다른 것이다. 해결중심적 개입의 한 예로 기적 질문을 든다면 상황에 맞지 않게 기적 질문만을 사용할 경우 실패할 가능성이 높다. 해결중심적 기술을 일부 적용하는 것과 해결중심적이 된다는 것은 사뭇 다른 이야기다.

이 장에서 필자는 해결중심 접근의 가정과 목적이 다른 모델의 아이디어와 실천을 어떻게 유용하게 통합할 수 있는지에 대해 탐색하며, 다른 치료 모델은 해결중심적 요소를 통합함으로써 어떤 이득을 취할 수 있는지에 대해 제안하려 한다. 모델은 서로 중복되는 면이 많다. 어떤 실무자는 해결중심을 자신의 상담 실천에서의 유일한 요소로 본다. 그런가 하면 몇 개의 다른 접근(다음 목록 참조)을 동등한 비중으로 취급하며 해결중심 접근을 그중 하나로 사용하는 것을 좋아하는 실무자도 있다. 어떤 실무자는 실천에서 단순히 절충적이고, 또 어떤 사람은 해결중심적 요소를 해결중심적 가치와 신념에 맞게 통합한다.

이론적인 수준에서 보면 치료 학파에 따라 상충되는 차이가 있지만, 실천가가 이론을 깊이 알지 못하면서 기법을 끌어다 사용하는 것이 점점 증가하고 있는데 이것은 일반적인 현상이다. 이러한 기술적인 절충(Lazarus, 1981)은 비논리적이나 실용적이다. 그것은 불필요한 이데올로기를 피하는 것과 해결중심치료가 강조하는바 내담자에게 효과 있는 것에 초점을 두는 것과 일치한다. 해결중심 치료는 치료가 '진전이 없을 때' 다른 것을 시도할 것을 주장하는데, 이것은 다른 접근의 기법을 가져와 해결중심적 어휘를 사용하는 것을 포함한다. 다른 치료적 접근이 더 큰 합의와 통합을 지향하는 운동은 다음의 증거가 뒷받침한다.

- 치료자의 이론적 방향성은 치료자의 인성, 개인적 경험, 또는 치료적 관계의 질에 비하면 내담자에게 중요하지 않다(Brown & Lent, 1992). 모든 내담자가 해결중심적 방식에 우호적이지는 않으며, 자신이 바라는 것을 치료가 제공하지 못하는 것을 알게 되는 내담자도 있다.
- 실천에서 치료자는 자신이 사용하는 치료 모델을 '순수론자'적 입장에서 따르지는 않는다(Schapp et al., 1993). 모델 간에 상당히 중복되는 부분이 있으며 대부분의 모델은 목적이 같으나 이론적 근거를 설명하기 위해 다른 용어를 쓴다. 단기치료에는 여러 가지 형태가 있는데, 각 형태를 뒷받침하는 이론을 초월하는 특성은 다음과 같다.
  - 인간의 유능함을 수용
  - 치료적 동맹을 되도록 빨리 형성
  - 발전과 성공을 내담자의 공으로 돌림
  - 분명하고 구체적이며 성취 가능한 목표에 초점을 둠

- 치료자를 유능하고 희망적이며 자신 있는 사람으로 부각
- 문제에 대한 내담자의 관점을 수용
- 내담자와의 권력 투쟁을 회피

많은 상담자를 수년간 관찰해 오면서 '누구도 자기 사례의 판사가 될 수 없다.'라는 격언을 뒷받침하는 증거를 많이 보아 왔다. 실천가는 자신의 상담을 촬영한 비디오를 보면서 자신이 기여한 정도가 생각만큼 크지 않다는 것을 발견하고 놀랄 때가 자주 있다. 어느 과정 연구에 의하면 실천가가 자기 상담에 대해 지각한 것은 내담자가 지각한 것과 많이 다르다.

- 일반적인 견해로, 모델은 달라도 결과는 동등하다(Garfield와 Bergin의 연구에서 요약된 것임, 1994). 어떠한 모델이 특별히 우수하다고 주장하기 어렵다. 던컨(Duncan, 1992)은 어디에서나 적용될 수 있으며 효과 있다고 주장하는 모델에 대해 비판하는데, 실천가에게 항상 효과적인 모델은 없으며 어느 특정 모델이 인간 상태의 복합성이나 개인의 독특성을 다루는 데 충분할 수 없다는 것이다.

램버트(Lambert, 1992)는 치료적 결과가 다음과 같은 요인에 기인한다고 제안한다.

- 40%는 내담자와 치료 외적 요인(예, 사회적 지지)

- 30%는 치료적 관계(예, 공감과 따뜻함)
- 15%는 기대와 위약 효과(격려의 말)
- 15%는 특정 치료 모델의 고유한 기술(치료 기술)

다른 말로 하자면 내담자는 특정 치료 모델의 특정 기법 때문이 아닌 여러 치료가 공유하는 특성 때문에 크게 나아지는 것이다. 무엇보다도 여기에서 가장 인상적인 것은 내담자와 그를 둘러싼 여러 체계가 좋은 결과를 성취하는 데 가장 중요한 요인이 된다는 것이다. 드셰이저는 어느 면담에서(O'Connell, 2000) 좋은 해결중심 치료자가 되려면 필요한 것이 무엇인가라는 질문에 "운이 있어야겠죠! 그리고 좋은 내담자들 덕분에 우리가 이 치료 모델을 만들어 낼 수 있게 되었어요. 우리에겐 좋은 내담자가 있었죠."라고 답했다. 이것은 일선에 있는 실천가가 자신의 내담자와 보내는 시간이 내담자가 또래 집단이나 직장 동료와 보내는 시간에 비하면 얼마나 적은가를 생각할 때 놀라운 일이 아니다. 치료자가 미치는 영향은 제한적이고 수명이 짧다. 그렇지만 이 말이 치료자가 결과에 중요한 영향을 미치지 못한다는 뜻은 아니다. 그 이유는 치료자가 제공하는 관계가 내담자가 평소에 많은 사람과 경험하는 것보다 인생에 대해 더욱 긍정적이기 때문이다. 인간적인 관계는 그 자체가 긍정적인 결과를 가져오는 하나의 주요 요인이다. 공통 요인에 대한 연구를 생각해 볼 때 바로 이러한 요인이 해결중심치료의 중심에 있다는 사실이 놀라울 뿐이다.

2. 치료 외적 요인

해결중심치료에서 치료자의 역할은 내담자에게 바라는 위치가 아닌 내담자의 현재 위치에 합류하는 것이다. 이 말은 치료자가 내담자의 인생에서 긍정적인 요소를 경청하며 강화해야 한다는 의미다. 치료자는 내담자의 능력을 중요시함으로써 내담자가 원하는 미래를 성취하는 데 도움이 될 수 있는 내담자의 모든 것에 관심을 둔다.

치료자는 뒤에서 내담자를 이끈다. 이러한 권력의 변경은 궁극적으로 변화를 시도하거나 시도하지 않는 것이 내담자의 선택이 될 것이라는 인식과 일치한다. 해결중심 치료자는 내담자의 준거틀에 맞추어 진행하며 내담자의 주제에 가까이 머무른다. 결국 중요한 것은 상담 회기 사이에 발생한다. 인생 자체가 위대한 치유자이며 변화시켜 주는 것이 될 수 있다.

1) 관 계

필자는 해결중심치료가 가치관과 실천에 있어서 심오하게 인간중심이라고 본다. 이 모델은 관계 자체만으로 변화를 가져오기에 충분하지는 않으나 돌봄의 관계로 인한 영향에 대해서는 인정한다. 신뢰는 관계를 촉진하는 데 항상 중심이 되는 요인이다. 이전 장들에서 이미 언급한 것처럼 해결중심 접근은 내담자에게 무조건적인 존중과 공감을 제공한다.

2) 기대와 위약(격려의 말)

이 책은 내담자를 위해 희망, 신뢰 그리고 존경을 전하고자 하는 우리의 믿음에 관한 것이다. 해결중심적이 된다는 것은 우리에게 많은 도전을 준다. 그것은 자신의 최상의 상태에 대해 생각하게 하고, 그를 믿어 주고, 그의 미래는 과거보다 더 좋아질 수 있다고 재확신하게 하는 것 등이다. 그것은 믿을 수 없을 만큼 매우 긍정적이다. 가정적 언어로 말하면, 변화는 이미 일어나고 있으며 앞으로도 계속 일어날 것이다. 숙련된 해결중심 치료자가 내담자를 다루는 방식에는 믿기 어려울 정도로 자유로운 무언가가 있다. 내담자는 자신의 인생이 더 나아질 것이며 스스로 운명을 바꿀 능력이 있다는 희망이 솟구치는 것을 경험한다. 치료자가 이 믿음을 보여 주는 것은 전염될 수 있다. 치료자가 뒷좌석에 앉아 있기에 내담자는 자신의 성공에 대한 공을 인정받는다. 이것은 상담의 종결 부분에서 전달하는 피드백을 보면 분명히 알 수 있다.

포용적이며 통합적인 입장을 갖는 것은 실천가가 가치관, 관계의 형태 그리고 언어와 기술의 사용에 관하여 공통적인 것을 탐색하기 위해 다른 것을 바라보게 해 준다. 해결중심 실천은 다른 접근으로부터 얻고 빌릴 뿐 아니라 주기도 한다. 다음의 영역을 포함한 다양한 접근과의 연결이 가능하다.

- 긍정심리학
- 인간중심
- 사고-감정-행동 모델
- 이야기치료
- 변화주기 모델
- 인지행동치료
- 상상과 경험적 기술
- 문제 해결(예, 힘의 장 분석)

3. 긍정심리학

긍정심리학(Seligman, 2011)은 해결중심치료와 공통점이 많다. 두 접근 모두 앞을 바라보며 강점에 기초하고, 선호하는 미래와 목표 달성에 초점을 둔다(O'Connell et al., 2012). 이들은 단순히 긍정적으로 생각하는 것 이상이다. 해결중심 실천가는 긍정심리학에서 활용하는 '세 가지 좋은 일'과 같은 활동을 사용할 수 있다. 이 활동에서 내담자는 하루 동안 잘 된 일에 대해 매일 밤 생각해 보도록 격려된다. 이 활동의 의도는 긍정적 기억에 대한 편향을 갖게 하는 것이다. 여기서 해결중심 실천가는 한 걸음 더 나아가 "어떻게 그렇게 하셨어요?" "그 일이 당신에게 무엇을 말하나요?" "그 일이 일어나도록 하는 데 무엇이 도움이 되었나요?"와 같은 질문을 한다.

상황이 항상 나빠질 것이라고 생각하는 내담자는 좋은 일이 적어도 가끔은 생긴다는 사실에 도전을 받는다. 이러한 도전은 해결 중심에서 규칙으로 지켜져야 하는 것인데, 치료자가 지적하기보다는 내담자 스스로 그 차이를 인정하게 한다. 사람들은 과거 또는 미래에 대해 생각하면서 많은 시간을 보낸다. 인간의 마음은 공간을 자유롭게 날아다니며 많은 시간을 자동적으로 움직이면서 보낸다. 긍정심리학에서 강조하는 '몰입(being in the flow)'이나 '열중의 상태(in the zone)'에 대한 강조는 태만하거나 문제에 몰두해서 정체되어 있는 내담자에게 유용한 아이디어다.

4. 인간중심

얼핏 보면 해결중심치료와 인간중심치료는 공통점이 거의 없는 것 같다. 예를 들어, 일부 인간중심 실천가는 해결중심치료처럼 실천가가 주도하는 개입은 그 어떤 것이라도 인간중심 접근과는 근본적으로 상반된다는 입장을 갖고 있다. 예컨대, 메리(Merry, 1990)는 치료자가 주도하는 개입은 상담자와 내담자의 만남에서 '지금-여기'의 특성을 위배하는 것이라고 주장한다. 내담자가 고통스러운 일을 자연스럽게 경험하는 것을 방해하는 것으로 본다. 방해하는 것은 치료자가 도움이 되는 결과를 만들어 내고 도움을 주어야 한다는 압박감에서 불안과 걱정이 생기기 때문이라고 하였다. 메리(1990, p. 18)는 치료자가 주도하는 개입에서는 "치료자의 전문성, 기술 그리고 권력은 내담자의 개인적 권력보다 우위에 있다."는 의견을 제시하였다.

윌킨스(Wilkins, 1993)는 좀 더 자유로운 입장을 취하고 있는데, 인간중심치료(person-center therapy)는 나름대로 특정한 방법론을 갖고 있는 하나의 치료 모델인 반면, 인간중심 접근(person-centered approach)은 내담자의 자율성 존중과 같이 인간중심의 핵심 가치에 맞는 개입을 사용하는 것이라고 이 둘을 구별한다. 필자의 견해로는 해결중심치료가 후자의 기준과 일치한다. 그 이유는 해결중심치료가 무조건적인 긍정적 존중을 제공하고, 내담자의 준거틀에 들어가며, 전문가적인 권력을 갖지 않고, 내담자의 경험에 대해 긍정하고 존중하며, 내담자의 건강함에 기초하여 쌓아 올리고, 내담자의 목표에 근접해 있으며, 내담자가 문제 극복의 방법과 작업 종료의 시기를 알고 있다고 믿기 때문이다.

표 9-1 해결중심 가치(Dodd, 2003)

가 치	해결중심치료
존중	• 내담자가 가능성과 관점을 탐색하고 표현할 시간을 준다. 협동하고 창조한다.
사람을 자기 경험의 전문가로 인식	• 치료자로서 전문 지식과 기술을 갖고 있을 수 있으나 내담자를 자신의 경험에 관한 전문가로 인정한다. 치료자가 내담자로부터 배울 수 있음을 수용한다.
사람에게 질병만 있는 것은 아님	• 경험의 결과가 인간의 삶에 영향을 미치기 때문에 진단이 초점이 아니다. • 내담자를 희생자가 아닌 생존자 또는 승리자로 본다.

물질적 가치보다 더 큰 가치	• 모든 사람은 가치 있는 무엇인가를 하고 있다. 우리 모두는 기여하는 것이 있다. 내담자를 자원이 풍부한 사람으로 본다.
포함	• 내담자가 개입의 중심이 되며 자신이 이루고 싶은 것을 규정한다. • 치료자는 내담자가 정한 목표의 방향을 확인하는 데 도움을 준다. • 내담자는 문제 해결이 아닌 해결책을 생성하도록 격려받는다. • 성공은 내담자의 준거 틀로 들어가는 것과 같고 이미 존재하는 해결 양식을 활용하는 것이다.
개인으로 봄	• 해결중심적 틀은 각 내담자에 따라 차별화된 개입을 하며 융통성 있는 과정을 제공한다. • 사람의 유일성이 존중된다.
추리 능력	• 내담자는 자신이 원하는 목적을 규명하고 계획하는 데 도움을 받는다. • 내담자는 긍정적인 위험을 감수하도록 격려받는다. • 내담자는 최고의 판단자이며 자신이 원하는 곳에 언제 도착했는지를 안다.
열망	• 변화는 끊임없이 일어나며 피할 수 없다는 것에 대한 기본적 신념을 갖고 있다. • 사람들은 희망하는 미래를 갖고 있다.
신념	• 실패란 없으며 일하는 방법이 다를 뿐이다. • 원하는 결과가 나타나지 않으면 치료자와 내담자는 다른 방법으로 일할 필요가 있음을 수용한다. • 저항은 내담자가 나름대로 협력하는 방법이다. 사람의 경험을 타당하고 이해할 수 있는 것으로 본다. • 개입은 문제와 약점을 규명하는 것이기보다는 변화를 촉진하는 것이다.

유연성	• 면담은 내담자의 변화 속도에 맞추어 계획한다. • 전문용어보다는 일상용어를 사용한다.
위기 관리	• 내담자는 위기 관리 전략에 적극적으로 관여한다. • 대처 전략은 공유하며 협동한다.
기회	• 미래에 대한 긍정적인 모습은 작은 단계로 구성되고 달성된다. 치료자는 내담자가 자신의 목표를 향해 나아갈 수 있는 기회를 사용하도록 격려한다. • 작은 변화를 만드는 기회를 가짐으로써 더 넓은 체계에 영향을 미치게 한다.

페인(Payne, 1993)은 해결중심과 인간중심의 공통점을 다음과 같이 열거하고 있다.

• 내담자는 항상 자기 주도적인 성장과 변화를 할 수 있는 잠재력을 갖고 있다는 믿음
• 알 수 없고 사용이 제한적인 '무의식'에 대한 설명과 과정을 거부
• 주요 목적은 내담자의 힘을 북돋우는 것이라는 믿음
• 폭넓은 긍정적 · 인간적 · 낙관적인 관점
• 내담자가 '내면화된' 경험을 문제 극복의 방법으로 재조직하는 능력을 갖고 있다는 확신

해결중심치료는 기적 질문, 척도 질문, 예외 찾기 등과 같은 특정한 구조를 제공하여 내담자가 자기 삶에 대한 감정, 사고 그리

고 아이디어를 탐색할 수 있게 한다. 인간중심 모델을 포함하여 모든 치료는 치료적 만남의 경계를 규정하며 내담자에게 영향을 미치고자 한다. 내담자에게 영향을 미치지 않는 것은 불가능하며, 내담자가 치료에서 일어난 일에 영향을 받지 않는다면 자원을 잘못 사용하는 것일 것이다. 필자의 관점은 해결중심 실천가는 과정에 대해서는 지시적이지만 주제나 내담자의 목표 그리고 내담자의 목표 달성의 방법에 대해서는 절대적으로 비지시적이어야 한다는 것이다. 이러한 주의점을 염두에 두고 필자는 해결중심치료가 인간중심적이라고 주장하는 것이 정당하다고 본다.

5. 사고-감정-행동 모델

이 책의 중심 주제는 언어의 중요성과 내담자와 협동적 관계를 만드는 것의 필요성에 대한 것이다. 허친스(Hutchins, 1989)의 사고-감정-행동(Thinking, Feeling, and Acting: TFA) 모델은 해결중심 실천가에게 유용한 통합적 도구로, 실천가가 언어의 중요성과 '내담자의 언어적 세계에 머무는 것'이 필요하다는 것을 상기하기 위해 사용된다.

허친스는 실천가가 자신과 내담자가 각각 세계를 경험하는 방법에 관해 알 필요가 있다고 하였다. 그는 이 양식을 사고, 감정, 행동으로 확인하였으며, 그래서 이를 사고-감정-행동 모델이라 하였다.

실천가는 내담자가 자신의 문제를 어떻게 이야기하는가에 주의를 기울임으로써 내담자의 성향을 알게 된다. 비록 우리가 이 세 가지 요소에 대해 작업할 것이지만, 한 가지 요소에 대해서는 편견이 있을 것 같다. 허친스는 작업 동맹을 맺기 위해서 실천가는 각 내담자의 언어에 맞추어야 하는데, 만약 내담자가 감정과 관련된 용어로 말하면 실천가는 적어도 초반에는 같은 언어로 대응해야 한다고 말한다. 의사소통 방식을 맞추기 위해 실천가는 각 내담자가 '있는 위치'에서 만날 수 있도록 적응하는 것이 필요한데, 이 원칙은 해결중심치료에서 내담자와 '합류'하며 그로부터 배우는 것과 일치한다. 예를 들어, 실천가가 강한 행동 성향을 갖고 있는데 내담자는 강한 감정 성향을 갖고 있다는 것을 안다면, 실천가는 성급하게 해결책을 향하여 움직이는 대신 내담자의 감정을 확인하고 탐색할 시간을 갖는 것이다. 그러나 실천가는 '사고'의 성향이 우세하고 내담자는 '행동'의 성향이 우세하다면, 실천가는 사고할 시간을 갖고 싶은 욕구 때문에 내담자의 행동을 지연시켜서는 안 된다.

대부분의 유능한 실천가는 직감적으로 내담자의 언어에 맞추는데, 이렇게 하는 것은 그들이 좀 더 체계적이며 계획적으로 상담을 진행하는 데 도움을 준다. 이러한 것은 생산적인 시작을 격려하며 그러하기에 잠재적 긴장과 갈등을 분산시킨다. 가장 효과적인 실천가는 다양한 내담자에게 적응하는 사람일 것이다. 허친스(1989)에 따르면 실천가가 적어도 초기에는 각 내담자의 사고, 감정, 행동의 강점에 기초해야 하는데, 이것은 해결중심치료와 분명히 일치하는 생각이다. 또한 개인에게 '맞는' 해결책을 구성하기 위해서 내담자의 우세한 방식에 반응하는 것은 중요하다.

실천가가 자신의 사고, 감정, 행동 특성에 대한 인식을 넓히는 것은 실천가가 이 모델에 맞추는 것이 아니라 자신의 성격에 맞출 수 있게 한다. 필자는 이 모델이 자신에게 맞지 않지 않다고 느끼는 실천가에게는 심각한 스트레스를 유발하며 치료적 관계에 부정적으로 영향을 미칠 수 있다고 생각한다.

6. 이야기치료

우리가 자신에 대해 말하는 이야기는 곧 우리다. 우리는 이 이야기를 듣는 사람들의 구미에 맞추어 하는데, 이것은 역으로 다른 사람들이 우리에게 하는 이야기와 그들이 우리를 대하는 방식에 영향을 미친다. 이러한 이야기의 일부는 유효기간이 지나 우리의 상황에 맞지 않을 수 있으나 여전히 우리가 가진 보따리의 일부로 남게 된다. 우리는 특정한 이야기를 더 신뢰할 수 있는데, 그것이 어릴 때부터 각인되어서거나 그 이야기꾼이 우리의 인생에 강력하고 중요한 사람이기 때문이다. 이야기는 우리를 억압하거나 해방시킬 수 있으며 정체감을 만들고 세상에서의 우리 입장을 보는 것에 영향을 미친다. 이야기치료는 억압되고 주변적인 많은 이야기를 말하지 않고 있다는 사실을 의식하면서 사람들이 자신에 대해 말하는 이야기(예, 역사는 승자에 의해 쓰인다)를 탐색한다. 해결중심은 물론 내담자의 생존에 대한 증거들, 즉 그의 대처 능력, 엄청난 불운을 이기고 성공한 것, 남들이 좌절했을 때 오히려 희망을 가졌던 것에 관심이 더 크다.

이야기치료처럼 해결중심은 내담자의 다른 이야기에 증인이 될 수 있는 중요한 사람을 치료실에 데리고 오는 것에 관심이 있다. 또한 상관이 없어서 버려야 하나 반복해서 말하는 내담자가 자신의 이야기를 새로운 가능성을 여는 이야기와 구별하도록 도움으로써 이야기의 종결을 바꾸는 것이 목표다. 해결중심에서는 어떤 이야기가 문제의 일부이며 어떤 이야기가 해결책의 일부인지 질문한다. 해결중심은 현재와 미래를 주로 다루지만 과거 또한 해결책의 근원으로 본다. 그 경험들이 우리에게 가르친 것이 무엇이며, 우리에게 준 강점과 기술은 무엇이며, 어떻게 하여 현재의 우리가 되도록 하였는지에 대해 관심을 갖는다.

7. 변화주기 모델

이론상으로 해결중심 실천가는 내담자의 동기와 변화 능력에 대한 사정을 피해야 한다. 그러나 기관의 입장에서는 내담자가 얼마만큼 변화해 있는지에 대해 감을 가지는 것이 유용할 수 있다. 그것은 대화의 속도와 범위에 영향을 미칠 수 있으며 내담자와 '합류'하는 하나의 방법으로 보일 수 있다. 약물 오용을 다루는 많은 기관에서는 해결중심을 동기강화상담 및 변화주기(Cycle of

Change) 모델(Prochaska et al., 1992)과 함께 사용한다.

해결중심치료에서는 변화와 관련하여 내담자의 '구성된 지위'를 방문형, 불평형, 고객형으로 기술한다. 변화주기 모델의 5단계는 사람들이 자신의 행동에 변화를 시도하면서 거칠 수 있는 하나의 과정을 기술한다. 전진은 직선적이지 않다. 이 전 단계를 다시 밟거나 어느 한 단계에 오랫동안 정체되어 있는 사람도 있다. 이 모델은 일반적으로 사람들에게 문제가 재발될 수 있음을 인정한다. 다섯 단계는 다음과 같다.

- 숙고 전 단계 　이 단계에 있는 내담자는 진정한 동기가 매우 적거나 없으며 비자발적이다. 내담자는 문제에 압도됨을 느낄 수 있고, 길고도 고통스러워 보이는 여정에 첫 단계를 취하기 어려울 수 있다.
- 숙고 단계 　이 단계에 있는 내담자는 변화하고 싶으나 아직 준비가 되어 있지 않다고 느껴 지체할 수 있다. 변화하기 위한 이전의 시도를 하지 않고 있다. 내담자는 이러한 '실패'를 문제의 일시적 예외로 볼 필요가 있다.
- 준비 단계 　내담자는 초기 결정을 내리고, 타인의 지원을 요청하며, 문제를 극복하는 방법을 진지하게 계획하기 시작한다.
- 실행 단계 　원하는 변화를 위해 조치를 취하며 계획을 실천하기 시작한다.
- 유지 단계 　이 단계에 있는 내담자는 문제가 없는 행동을 유지하는 데 조금은 성공하지만 재발이 있을 수 있으며 이전 단계

로 돌아갈 수도 있다. 이 주기를 모두 벗어나 더 이상 문제가 없다고 생각하는 사람도 있을 것이다. 한편 오랫동안, 어쩌면 여생 동안 유지의 상태에 머물러야 한다고 느끼는 사람도 있을 것이다.

변화주기 모델의 작업에 대한 지식은 해결중심 실천가가 내담자와 어떻게 적절하게 관여하는지를 아는 데 도움이 될 수 있다.

• 숙고 전 단계 이 단계에서는 제8장에서 언급되었던, 내켜하지 않는 내담자나 '방문형' 내담자(de Shazer, 1988)에게 사용하는 전략의 일부가 적절하다. 즉, 내담자가 현재 갖고 있는 양가감정을 수용하기, 변화에 대해 논쟁하지 않기, 내담자가 목표를 설정하도록 돕기, 내담자가 바라는 상황을 내담자와 함께 상상하기 등이다.

• 숙고 단계 이 단계는 '불평형'(de Shazer, 1988)과 유사한데, 내담자가 문제나 목표는 확인하지만 그것을 실천하는 데 양가감정을 갖거나 무기력을 보인다. 이 단계에서 상담자는 문제에 초점을 맞추는 것에서 벗어나 기적 질문을 통해 나타난 내담자의 능력, 예외 그리고 미래를 강조한다. 내담자가 아직 '행동' 과제를 수행할 준비는 되어 있지 않으나 과제를 '주목'하는 데는 기꺼이 참여할 수 있다.

• 준비 단계 이 단계에서 내담자는 가능한 해결책에 대해 기꺼이 생각하며 '그 일이 일어나기 위해 무엇이 일어나야 하는지'에 대해 논한다. 그리고 '실험'에 참여할 수도 있다. 이 단

계에서는 명확하고 현실적이며 달성 가능한 목표를 설정하고 개인적이며 환경적인 자원을 확인하는 것이 중요하다.

- 실행 단계 이 단계에서 내담자는 '변화를 위한 고객'(de Shazer, 1988)이다. 상담자는 건설적인 변화를 강화하며 내담자가 자신에게 도움이 되는 것을 계속하도록 격려한다.

- 유지 단계 이 단계에서 해결중심 상담자는 내담자와 함께 유지 전략에 대해 토론하며 재발 가능성에 대해 언급한다. 유관(contingency) 계획(우발적 상황에 어떻게 대응할지에 대한 계획—역자 주)이 동의되어야 한다. 상담자는 내담자가 어떻게 상황이 악화되는 것을 막았는지를 부각하기 위해 척도 질문을 사용할 수 있다. "당신이 1점에 있었는데 어떻게 하여 0점이 되는 것을 막았나요?" 상담자는 계속해서 예외를 찾으며 내담자가 재발을 통해 배우도록 돕는다. 그리고 내담자가 문제에 예속되지 않으며 실패에 직면하여 힘을 뺏기지 않기 위해 일어난 일을 해석하도록 돕는다. 상담자는 내담자가 자신의 '문제' 정체성, 예를 들어 알코올 중독자, 거식증 환자, 학대 생존자 등을 언제 어떻게 버릴 수 있었는지 내담자와 함께 탐색할 수도 있다.

다른 접근이 갖고 있는 풍부한 기법이 해결중심의 틀에 통합될 수 있다. 그뿐 아니라 기본 가치관을 강화하고 치료적 동맹의 질을 높일 수 있는 다른 접근과의 연결점도 발견할 수 있다. 이를 입증하기 위해 인지행동치료(cognitive-behavioural therapy: CBT)에서 빌려 온 기술이 어떻게 해결중심적 개입이 될 수 있는지를 설명한다.

8. 인지행동치료와 해결중심치료

인지행동치료는 특정한 사고 형태가 인간의 삶에서 일어나고 있는 일을 어떻게 왜곡하는지를 강조한다. 아나이스 닌(Anais Nin)은 "우리는 사물을 그 자체로 보는 것이 아니라 우리의 입장에서 본다."고 하였다. 부정적이고 자기 패배적인 사고 때문에 자신의 일에 태만한 내담자는 자신의 힘을 빼는 이러한 사고를 표적으로 작업하면 도움을 받을 수 있다. 이 과정은 해결중심과 인지행동의 기술을 혼합하여 강화시킬 수 있다.

1) 파괴적인 신념을 대체하기

내담자가 자신과 자신의 상황이 문제를 일으킨다고 믿을 때 그의 사고를 변화시키며 비문제적 신념을 갖도록 돕는 것이 목적이다. 인지행동치료에서 상담자는 내담자의 오래된 신념을 예로 들게 하면서(몇 개는 있기 마련임) 이들을 먼저 탐색한다. 이는 해결중심치료에서 내담자의 관심사를 인정하고 확인하는 것에 견줄 수 있다. 내담자는 0점에서 100점의 척도에서 신념의 강도(100점이 가장 강함)에 대한 질문을 받는다. 인지행동치료 실천가는 내담자의 판단에 끼어들지 않는데, 이것은 해결중심 원칙에서 '내담자의 방식을 방해하지 않는 것'과 유사하다.

실천가는 내담자의 신념이 문제가 되지 않도록 그것을 수정하려고 계속 협상한다. 새로운 신념이 형성되면, 내담자는 이 새로운 신념을 강화하기 위한 증거뿐 아니라 문제가 되었던 이전의 신념을 약화시킬 수 있는 증거를 찾아야 한다. 해결중심 용어로 말하면 '예외 탐색(예외 찾기)'이다. 내담자는 자신이 발견한 것을 생각하면서 각 신념의 강도를 평가하게 된다. 수정된 신념이 문제가 되는 신념보다 강할 때, 내담자는 문제를 극복하는 데 필요한 정신력을 발달시킨 것이다.

인지행동치료에서 척도의 사용은 해결중심치료의 척도 질문으로 강화될 수 있다. 척도 질문은 내담자가 척도의 숫자를 오르내리면서 자신이 시도한 작은 단계를 확인하는 데 도움이 된다. 해결중심의 예외 질문도 유용하다. 이러한 것들이 내담자의 새로운 학습을 강화하고 확장시키는 데 도움이 될 수 있다.

2) 설명을 구성하기

우리 스스로 문제를 만들어 내기도 하는데, 그것은 실제로 상황이 나빴던 경험에 관해 설명하거나 해석하기 때문에 생긴다. 우리는 문제를 만드는 대화를 할 수 있다. 가능하다면 하나의 해결책을 찾는 방법으로 상황을 해석하며 문제를 강화하지 않는 것이 바람직하다. 다음에 제시된 것처럼 일부 정신적 습관이 문제를 확대할 수 있다.

• 긍정적 정보를 경시하거나 부정적 정보를 과장하는 것

- 하나의 특정 상황을 부정적으로 일반화하는 것
- 책임을 과대하게 또는 과소하게 지는 것
- 감정적으로 추론하는 것

해결중심 접근은 내담자가 주관적인 지각 또는 감정과 같이 곤란한 '증거'를 만들어 생각하는 것에 관해 곰곰이 살펴보고 대안적 설명을 생각함으로써 정신적 습관을 변화시키는 데 도움을 줄 수 있다. 만일 원한다면 다른 견해를 제공한다.

실천가는 자신의 언어가 어떻게 해서 문제 해결을 더 쉽게 또는 더 어렵게 할 수 있는지를 내담자가 알아차리도록 격려해야 한다. 덧붙여 융통성 있고 유연한 사고가 경직되고 고정된 사고보다 훨씬 더 도움이 됨을 제안해야 한다.

3) 해결 방안에 관한 일기

인지행동치료는 일상적으로 내담자에게 자신의 생각에 관해 일기를 쓸 것을 요구한다. 이것을 해결중심 식으로 한다면 내담자가 화나거나 우울하거나 걱정될 것으로 예상했으나 그렇지 않았을 때 일기를 적게 하는 것이다. 일기에서는 다음과 같은 질문을 생각해 볼 수 있다.

- 내가 그때 무엇을 생각하고 있었나?
- 나는 나 자신에게 뭐라고 했는가?

• 누가 또는 무엇이 도움이 되었는가?
• 이것으로 얻은 결론은 무엇인가?

4) 자동적 사고

우리 모두는 환영받지 못하며 주제넘은 생각을 했던 경험이 있다. 이러한 생각은 긍정적이거나 부정적인, 행복하거나 불행한, 또는 반반씩 섞인 것일 수 있다. 부정적 사고는 걱정스럽고 불행한 마음을 더 크게 만들 수 있다. 그래서 사고는 자기 예언을 이루게 하는 일종의 자기 세뇌다.

부정적 사고를 극복하기 위해 내담자는 '최면'에 들어가 그러한 사고를 물리치는 방법을 배울 수 있다는 것을 알 필요가 있다. 해결중심적 관점은 내담자가 '부정적 최면'에 들어갈 수 있었던 때가 있었으나 어떻게 해서 그것을 저항하게 됐는지를 기억하게 한다. 내담자에게 어떻게 해서 그것을 잘 할 수 있었으며 그것을 어떻게 다시 할 수 있을지 묻는다. 또한 내담자가 최면에서 벗어나기 위해 대안적인 사고의 장면을 준비하도록 도울 수도 있다. 비유적인 예를 들어 말하자면, 우리의 머릿속에는 한 뭉치의 필름이 있는데 부정적 사고를 물리치기 위해 그 뭉치에서 필름 한 개를 뽑아 사용할 수 있다. 이 필름은 긍정적 경험을 회상하는 하나의 즐거운 사건에 관한 것이다.

5) 상상과 경험적 활동

해결중심 실천에서 상상은 하나의 주요 요소인데, 기적 질문과 가상 질문이 그 예다. 개인이 선호하는 미래와 이를 성취하는 방법을 시각화하는 데 도움을 주는 경험이라면 그 어떤 것이라도 유용하다. 이러한 활동은 실천가의 주도로 이루어지며, 내담자는 즉각적인 인지 상승을 경험한다. 활동의 범위는 다양한데 역할놀이, 사이코드라마, 판타지 그리고 그림 그리기가 포함된다. 많은 치료는 이성, 분석, 언어 유창성을 통제하는 뇌의 좌반구에 지나치게 의존한다. 그러나 워시번(Washburn, 1994)은 이러한 이론을 따르는 것은 우뇌의 방식(총체적ㆍ공간지향적ㆍ비언어적ㆍ예술적ㆍ직관적)을 주로 사용하는 사람들과 좌뇌 위주의 과제에서 실습이 부족하여 실패한 경험이 있는 사람들에게는 특권을 박탈하는 것이라고 지적한다. 워시번(1994, p. 52)은 단기 해결지향적 치료는 성공, 과제, 구체적인 목표와 사정에 초점을 두기 때문에 우뇌가 우세한 사람들에게 비교적 잘 어울린다고 말한다. 그는 해결중심치료가 우뇌가 우세한 사람들에게 이점이 있다고 보는 데, 그 이유는 추상적인 것보다는 구체적인 것, 통찰보다는 실행을 강조하므로 우뇌가 우세한 사람들이 매력을 느낀다고 본다. 이 말은 해결중심치료가 아동이나 학습 또는 언어 장애를 가진 사람들에게 더 우호적이라는 의미가 될 수도 있다.

실천가가 비언어적ㆍ경험적 활동을 포함하여 얻게 되는 이득은 사람들이 정서적 생활에 접근하는 것을 촉진하며, 언어적 접근으로 생기는 지성주의를 상쇄하는 것이다. 또한 경험적 활동은 단지 과거의 사건이나 미래의 목표에 대한 정보를 교환하는 것 외에도 현재를 치유하는 경험을 하게 할 수 있다. 경험적 활동을 해결중심치료와 통합하여 얻게 되는 다른 이점은 이 활동이 표준화된 질문으로는 얻기 어려울 수 있는 감정, 사고 그리고 기억에 접근할 수 있다는 것이다.

(1) 시간 투사 상상(O' Connell et al., 2012)

이것은 내담자의 미래에 관해 전망하는 감각을 회복하는 데 도움을 주기 위해 사용할 수 있다. 내담자가 3개월, 6개월, 12개월, 2년 후 그리고 5년 후의 자신을 그려 보게 하고 그때에도 그의 현재 문제가 스트레스를 줄지, 그가 자신의 삶을 어느 정도 잘 지내고 있을지를 생각해 보게 한다. 이것의 다른 변형은 돌런(Dolan, 1998)의 미래에서 온 편지가 될 수 있다.

(2) 자기 동기 상상(Palmer & Cooper, 2007)

내담자에게 자신이 선호하는 미래를 결코 이루지 못하게 된다면 자신의 인생이 어떠할지를 상상하게 한다. 이것이 자신과 중요한 타인에게 어떻게 영향을 미칠 것인가? 그는 무엇을 하며 어떻게 느낄 것인가? 어떤 후회를 하고 있을까? 그렇게 한 후, 내담자에게 그가 선호하는 미래를 성취했음을 상상하게 한다. 그는 무엇을 하고 있는가? 그의 느낌은 어떠한가? 그와 다른 사람들이 얻는 혜택은 무엇인가? 그런 후에 치료자는 내담자가 이 두 개의 이미

지를 비교하도록 하며 내담자가 선호하는 미래가 반드시 일어나기 위해 동기가 강화된 정도를 평가하게 한다.

(3) 대처 상상

내담자가 어렵게 극복한 사건을 기억하게 한다. 그러기 위해 필요했던 몇 가지 질적 특성과 성격적 특성을 부각한다. "그것을 극복하기 위해 무엇이 필요했나요?" 자신이 과거의 사건을 어떻게 다루었는지에 대해 알게 되면, 내담자는 과거에 활용하였던 강점을 사용하여 현재 상황에 대면하는 것을 시각화할 수 있다.

(4) 드라마

비쇼프(Bischof, 1993)는 내담자가 자신의 문제에 예외를 경험한 상황을 극화해 보도록 한 후, 달라진 것이 있다면 무엇이 그렇게 만들었는지에 대해 토론한다. 그는 기적 질문을 사용하여 이와 비슷하게 작업한다. 그는 내담자가 기적이 일어난 후 깨어났다고 상상하게 하고 그 후의 장면을 몇 개의 행동으로 옮기도록 하는데, 치료자가 가족 구성원, 친구 또는 동료의 역할을 맡기도 한다. 만약 상담실에 같이 온 사람이 있으면 내담자가 장면을 구성하는데, 기적 후의 모습을 상상하면서 이에 따라 그 사람들의 위치를 배정한다. 만약 내담자가 그 장면을 실행하기 꺼린다면 대안으로 동전이나 다른 물건을 테이블 위에 놓은 후 그것을 기적 전에 있었을 위치와 기적 후에 있을 위치에 올려 놓고 활동을 하면서 내담자의 느낌과 사고를 탐색한다. 아동은 느리게 걷거나 조용히 앉아 있는 등 교사가 요구하는 행동을 자신이 할 수 있다는 것을 보여 주려 할 것이다. 치료자와 부모는 아동에게 즉각적인 피드백을 줄 수 있다.

내담자는 0점에서 10점까지의 척도를 극화할 수 있는데, 각 각의 숫자가 적힌 카드를 징검다리처럼 바닥 위에 놓는다. 내담자는 그날 자신이 생각하는 점수 옆에 선 다음 자신이 있고 싶은 점수 쪽으로 움직인다. 척도에서 1점 더 올라가기 위해 무엇을 해야 하는지를 마지막으로 탐색한다. 실천가는 내담자가 다른 점수에 도착할 때 어떻게 느끼고 무엇을 생각하는지 물어볼 수 있다. 이 활동에 참여한 내담자는 실제로 어떤 위치에 서 있었던 것이 소유감과 동기를 강화했다고 하였다.

경험적 치료의 활동에 해결중심적 성향이 가미될 수 있다. 예를 들어, 불참한 사람을 상상하기 위해 게슈탈트 치료에서 종종 사용하는 빈 의자 기법을 해결중심 접근에 접목할 수 있다. 실천가는 능력, 강점, 칭찬, 예외, 목표와 전략에 집중하면서 내담자가 불참한 사람과 상상적 대화를 해 보도록 제안한다. 이 기술은 상당한 기술이 요구되기 때문에 초보 실천가에게 추천하기 어려운데, 그것이 내담자에게 강력한 감정적 경험을 일으킬 수 있기 때문이다.

(5) 그림 그리기

그림 그리기나 조각하기와 같은 경험적 활동은 억압된 것을 우회적으로 표현하게 하며, 내담자의 인지 능력과 언어적 표현 능력이 부족한 경우 해결책에 대한 아이디어를 만들며 감정을 느끼게 할 수 있다. 내담자에게 척도, 문제의 예외를 보여 주는 기적의 시나리

오나 장면을 그려 보게 한다. 이러한 것을 공유하면서 학습이 촉진될 수 있다. 필자는 내담자에게 용기를 주어 자신의 기적, 예외, 강점 그리고 목표를 만화로 그리게 하였는데, 사람들이 얼마나 창의적일 수 있는지에 놀랐다. 칼라(Collar, 2004)는 한 아동 집단이 문제의 섬 모델을 만들게 하는 데 성공한 것을 보고한 바 있다. 그렇지만 그들이 해결의 섬을 만들 수 없었던 것에 대한 토론도 많이 있었다.

(6) 치유편지 쓰기

많은 접근은 내담자에게 치유편지 쓰기를 격려하며 내담자가 자신의 생각과 감정을 표출할 수 있도록 편지를 쓰게 한다. 이 편지는 보내기 위한 것이 아니다. 내담자에게 일기나 일지 쓰기를 격려하는 접근도 있다. 일부 해결중심 실천가는 내담자에게 피드백 내용을 요약하고 내담자의 건설적인 행동을 강화하기 위해 상담 회기가 끝날 때마다 내담자에게 편지를 쓰기도 한다. 내담자 측에서 이것을 요청하기도 하는데, 매 회 끝날 때 받은 피드백을 분명히 기억하는 것이 어렵기 때문이다.

실천가가 해야 할 일은 상담 회기 사이에 내담자가 자신에게 문제가 있을 것이라고 예상했으나 문제가 일어나지 않았던 경우 또는 계속 일어나길 바라던 건설적인 무엇이 일어났을 경우를 기록해 줄 것을 내담자에게 요청하는 것이다. 여기에는 다른 사람의 행동을 관찰한 것이나 구체적인 해결을 상세히 설명한 것도 포함된다. 내담자는 자신의 예상을 적어 두기 위해 일기를 사용하거나 매일 사용한 척도 점수를 기록으로 남길 수 있다. 그가 하는 것, 즉 생각하는 것과 느끼는 것 무엇이든 도움이 되는 것은 이후의 상담에서 피드백으로 사용하기 위해 기록한다. 그렇게 되면 이 기록들이 하나의 해결책 모음이 된다.

너널리와 립칙(Nunnally & Lipchik, 1989)은 과제를 기억하게 하는 것으로써 내담자에게 편지를 사용하는 것에 관해 설명했다. 편지는 회기 마지막에 메시지를 줄 때 중요한 것이 빠졌으면 보충하고, 회기가 혼란스럽게 진행되었다면 내담자의 목표를 명확하게 하기 위해 사용한다. 쓰기는 그 자체가 치료적 발산이며 문제 상황을 역으로 바꾼다. 그것은 '무엇인가를 다르게 하는 것'의 한 형태가 될 수 있으며, 내담자와 상담자가 모두 치료 과정의 끝 부분에 자신의 경험을 쓰는 데 도움이 될 수 있다. 치료의 마지막에는 내담자의 짤막한 설명을 곁들인다. 어느 내담자가 불안과 공황장애로 고통받아 왔는데, 이것은 직장과 운전 그리고 가정생활에 영향을 미쳤다. 그와의 작업에서 해결중심과 인지행동치료를 혼합하여 사용하였다. 그는 문제를 재명명한 것과 '효과 있는 것'을 모은 목록을 갖게 된 것이 유용했다고 하였다.

<예>

나는 문제를 해결하기 위해 애를 쓴 지 3년이 지나도 그것을 해결할 수 없어 도움을 청하기로 했다. 나 스스로 그것을 해결할 수 있다고 느꼈기에 도움받기를 거절했고 만약 내가 그것을 처리할 수 없다면 정말 아픈 것이라고 걱정했다. 가정의를 만난 후 파록세틴(paroxetene, 의사가 처방한 약)을 먹기 시작했다. 그렇지만 약을 먹는 것이 만능이 아니었기에 불안해하는 대신 활동을 하게 되었다.

나에게 제일 먼저 도움이 된 것은 내가 '증상'이라고 불렀던 것을 좀 더 정확하게는 '신호'로 불러야 한다는 것을 알게 된 것이다. 이 신호는 내 몸이 보내는 사인으로 내 마음이 뭔가를 다루는 데 어려움이 있음을 말해 주는 것이었으나, 대개는 신호를 다루는 것이 어려웠다. 그래서 이 신호를 무시하는 방법을 개발해야 했다.

나는 즉각적인 상황을 다루는 몇 가지 기술을 개발하였다. 즉, 느낌을 무시하고, 다른 것을 생각하고, 내 마음을 비우고, 차의 내 자리 근처에 보호 '반지'가 하나 있다고 상상하고, 천천히 호흡하면서 폐 깊숙이 공기를 불어넣었다가 천천히 내쉬면서 호흡이 일정한 리듬을 찾도록 안정을 취하는 것이다.

이 기술 중 어느 것도 그 신호를 완전히 없애지는 못했으나, 내가 일상생활을 할 수 있으며 신호에 초점을 맞추느라고 시간을 보내지 않을 정도로 줄일 수 있었다. 내게 시간이 있어 그것에 초점을 맞출 때 더 심해지는 것 같았고, 그러면 그것을 없애기가 더 어려운 것을 알아차렸다. 처리하는 기술을 사용해야 할 좋은 시점이 있는 것 같았다. 신호가 조금씩 더 짧아지고, 덜 고집스러우며, 보통 때는 집착이 일어나 내가 초점을 맞출 수밖에 없게 하던 것이 잠잠해지면서 가끔씩 일어나기 시작했다.

나의 진짜 문제는 운전이었다. 나는 상황을 가리지 않고 운전하기 시작했다. 이제 고속도로에 동반자 없이 운전할 수 있는 정도가 되었다. 나는 우리가 나의 과거를 돌아보는 것, 문제의 원인이 전혀 안 되거나 모든 문제의 원인이 되었을지도 모를 과거에 대해 무익한 질문을 하느라고 많은 시간을 보내지 않아 기뻤다.

이 사례의 내담자는 97% 회복되었다고 했다. 그의 해결책 기록의 많은 부분은 그가 공황장애에 맞서 사용한 유연한 목록에 대한 것이다. 그는 일종의 '사격 순서'를 발전시켰는데, 이러한 기술과 함께 장기간 효과 있는 것이 없다는 것과 자신의 전략을 바꾸는 것이 중요하다는 것을 깨달은 것 등이 사용되었다.

그가 쓴 요약을 보면 자신에게 전환점이 된 것은 증상을 신호로 재구성한 것을 수용했을 때였는데 여기에 적극적으로 반응해야 했다고 했다. 이 재구성은 그의 불안을 그를 공격한 어떤 것(간혹 그가 최면 상태에 있었을 때)으로 외재화한 것도 포함한다. 그는 증상을 자신이 거의 통제할 수 없는 질병이나 상태로 의미하기보다는 자신의 공황 반응을 자신이 방어할 수 있는 하나의 공격 신호로 재정의하였다. 그가 약을 복용하는 것에 대해 갖고 있는 태도 또한 그의 오래된 불안을 '활동'(내담자의 용어)으로 대체할 수 있는 시간을 가급적 이용하도록 만들었는데, 이것은 그가 약의 복용을 끝낸 후 계속 사용할 수 있는 전략이라는 의미다.

(7) 미래에서 온 편지(Dolan, 1998)

이것은 구체적으로 직장 일과 일상생활 사이의 균형에 관한 워크숍에서 사용되었는데(다음 예 참조) 개인 내담자에게도 사용될 수 있다. 촉진자는 집단 구성원에게 각자의 종이 맨 위에 1년 후 오늘 날짜를 적도록 한다. 그리고 구성원에게 1년이 지났다고 상상한 후 친한 친구 한 명, 가족 구성원 또는 동료에게 편지를 쓰게 한다. 구성원은 첫 부분에 수신인의 이름을 적는다.

〈예〉

미래에서 온 편지를 쓸 때 당신의 일(급여를 받건 받지 않건 관계 없이)에 대해 좋은 느낌을 갖고 있다고 상상한다. 당신은 지금 하고 있는 일을 즐기고 있으며, 직장 일과 일상생활이 균형을 잘 이루고 있으며, 배우는 것도 많고, 자신의 기술, 지식, 경험을 사용할 기회도 있다. 동기 수준은 높으며 최상의 상태에 있다고 느낀다.

편지에 지난 1년간 어떤 일이 일어나 당신이 자신의 인생에 대해 그처럼 긍정적으로 느낄 수 있었는지를 설명한다. 당신에게 전형적인 날의 모습은 어떠한가? 당신의 일에서 타인과의 관계와 활동에 대해 기술한다. 약 10분 정도 편지를 쓴 후 집단의 다른 한 구성원과 나누고 싶은 만큼만 공유한다. 이 상상 속의 미래가 현실이 되기 위해 무엇이 일어나야 할지에 대해 탐색한다.

이것은 사람들이 자신의 목표를 향해 동기를 가지고, 자신이 잘못된 방향으로 여행 중임을 깨닫도록 도울 수 있는 하나의 강력한 활동이 될 수 있다.

(8) 판타지

필자는 해결중심 관점을 적용한 집단 활동을 '거인들의 땅(Land of the Giants, 원저자 미상)'으로 명명했다. 촉진자는 집단 구성원이 거인들만 있는 어떤 땅에 도착했다고 상상하게 한다. 각자 자신의 기본 생존 욕구를 충족하기 위해 힘껏 일을 해야 한다. 필자가 경험한 어느 집단에서 몇 사람은 자신은 은둔생활을 할 것이며 밤에만 먹이를 찾으러 나갈 것이라고 했다. 다른 사람은 거인이 어떻게 행동하는가를 관찰한 후 친절하게 보이는 한 명에게 접근할 것이라고 했다. 또 다른 사람은 작은 사람을 좋아하는 영혼을 가진 형이나 누이를 찾을 수 있기를 바라면서 자신과 같은 관심을 가진 거인이 있을 만한 곳, 예를 들어 쇼핑몰, 체육관, 술집 등을 가 볼 것이라고 했다.

일부 참여자는 거인이 자신을 좋아할 수 있으며 요청하면 도움도 받을 수 있을 것이라고 확신했다. 인정이나 동정을 구할 필요가 있다고 생각한 사람이 있는가 하면, 자신을 지식을 줄 수 있는 현명한 외계인으로 내세우거나 즐거움을 줄 수 있는 어릿광대 놀이를 하면서 거인에게 감동을 주려고 노력할 것이라는 사람들도 있었다.

이 활동을 마친 후 보고(debrief) 시간에 필자는 참여자 모두에게 거인의 땅에 가 본 적이 있는지 물으면서 시작한다. 물론 우리가 아동일 때 이런 경험을 했을 수도 있으나, 사람들은 자신의 인생에서 작고 힘이 없는 때와 상황, 예를 들어 병원에 입원했거나, 새로운 일을 시작했거나, 부모가 되었거나 하는 것에 대해 언급할 것이다. 이러한 때에 대해 말하는 것은 강력한 정서적 경험이 될 수 있으므로 촉진자와 집단의 따뜻한 지지가 필요한데, 상황이 트라우마였던 경우에는 특히 그러하다. 판타지를 탐색하는 것은 내담자의 과거에는 유용했으나 더 이상 적합하지 않는 전략일 뿐 아니라 현재 자신의 삶에서 사용하고 있는 전략을 드러내 보이는 것일 수 있다. 이 활동은 인생에 대한 내담자의 기본 입장을 분명하게 설명해 준다. 해결중심적 관점에서 우리가 탐색한 것은 다음과 같다.

- 현재 내담자에게 효과적인 전략
- 더 이상 효과가 없는 전략
- 활동에서 나타난 내담자의 자질과 강점
- 현재에 도움이 되기 위해 끌어낼 수 있는 과거 경험
- 내담자와 타인의 욕구가 충족되기 위해 몇 주 동안 채택할 수 있는 작은 단계들

9. 문제해결 기술

1) 한마디의 말

이전에 언급한 바와 같이 해결중심 접근은 문제의 해결 방법이 아니다. 이미 자신이 효과적으로 하고 있는 것을 발전시킴으로써 자신의 해결책을 발견하는 사람은 내담자 자신이다. 그러나 실천가는 그 과정에 책임이 있으며 어디에서든 기술을 빌려 와 해결책 탐색을 촉진시킬 수 있다. 내담자가 자신의 문제를 한마디의 말로 진술한 후 그것을 하나의 단순 문장에 넣도록 하는 라자러스 (Lazarus, 1981)의 이 기술은 유용하다. 그것은 작업에 즉각적으로 초점을 맞추는 데 도움이 되며 종종 내담자의 핵심 감정과 관심사를 보여 주기도 한다. 가능하다면 실천가는 이때 초기의 문제를 목표로 잠정적으로 바꿀 수 있다.

〈예〉

실천가: 당신의 문제를 한두 단어로 말할 수 있나요?
내담자: 실패.
실천가: 그것을 한두 문장으로 말할 수 있나요?
내담자: 저는 이성과 관계 맺는 데는 완전 실패자예요.
실천가: 그래서 지금까지는 이러한 관계를 맺는 데 많이 성공하지 못했다고 느끼며 그것을 개선하고 싶으시군요. 당신에게 더 나은 관계를 갖기 시작한다는 것을 보여 주는 첫 신호는 무엇이 될까요?

2) 힘의 장 분석

이건(Egan, 2002)은 이 기술을 그의 3단계 원조 모델에 포함시켰다. 실천가와 내담자는 내담자가 자신의 목표 달성을 촉진하거나 방해하는 긍정적 또는 부정적 힘을 확인한다. 이 두 힘의 세트를 확인하고 순위를 매긴 후 긍정적인 것을 최대화하고 부정적인 것은 최소화한다([그림 9-1]).

내담자의 목표 달성을 억제하는 힘에는 내담자가 문제에 대해 생각하는 방법, 실패한 해결책에 대한 집착, 위험을 무릅쓰고 한 일이 상황을 악화시킬 수 있다는 두려움 등이 포함될 수 있다. 내담자의 사회적 관계망은 이러한 부정적 억제 요소들의 강력한 강화제일 수 있다. 촉진적인 전략을 발전시키기 위해 실천가는 내담자가 자신의 문제에 대해 대안적인 사고 방법을 발견하도록 도우며, 그가 '다른 무엇을 하도록' 격려하고 지지한다.

해결중심치료는 강점과 예외를 발전시킴으로써 그러한 촉진적 과정을 강화한다. 해결중심치료는 개인적이며 환경적인 자원을

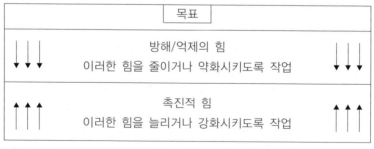

그림 9-1 힘의 장 분석(Force-field analysis)

계속해서 찾아내며 내담자의 능력을 강조한다. 그러나 현실감이 강하게 반영되지 않는다면, 이 치료는 근시안적 낙관주의로 발전될 수 있다. 결과적으로 내담자가 변화하는 데 경험하는 어려움을 과소평가하여 자신이 기대했던 것보다 더 어려운 것을 발견할 때 포기하는 결과를 가져 올 수 있다. 필자의 관점은 전략을 세우는 데 부정적인 초점을 가미하는 것이 내담자가 문제에 대처하는 데 현실성을 증가시킨다는 것이다. 해결중심에서 힙의 장 분석을 사용할 때 〈표 9-2〉에 제시된 몇 가지 질문을 사용할 수 있다.

표 9-2 역장 분석을 위한 해결중심적 질문

- 당신을 방해하는 장애물이 언제, 어디서, 어떻게 생길까요?
- 당신이 장애물을 만났다는 첫 신호는 무엇일까요?
- 이러한 변화를 이루는 데 가장 어려운 부분은 무엇일 것이라고 생각하나요?
- 과거의 어려운 경험에서 배운 것이 어떻게 도움이 될까요?
- 당신이 일단 변화하기 시작하면 다른 사람들은 어떻게 반응할 것으로 생각하나요?
- 당신이 낙담할 때 무엇을 할지 어떻게 기억할까요?
- 그럴 때 자신에게 무슨 말을 할까요?
- 그럴 때 당신을 위해 누가 자원이 될까요?
- 두 걸음 전진하고 한 걸음 후퇴하는 것을 발견했다면 무엇을 할까요?
- 당신의 상황이 나빠질 때로 나빠졌다고 생각하나요, 아니면 더 나빠질 수도 있다고 생각하나요?
- 그 상황을 해결할 수는 없다 하더라도, 더 나빠지는 것을 막기 위해 무엇을 해야 할까요?
- 0점에서 10점까지 척도에서 10점은 당신이 이 장애물을 극복할 수 있다고 확실하게 자신하는 점수라면 당신은 오늘 몇 점이며 그 점수면 충분한가요?

물론 경제 정책과 그것이 고용 현실에 미치는 영향과 같이 내담자가 통제할 수 없는 구조적 힘이 존재한다. 그러나 그렇다고 해도 내담자는 정치적·사회적 변화에 다른 사람들과 동참하는 기회를 찾아볼 수 있다.

3) 해결책 생성하기

해결중심치료는 우리가 상상력을 사용하도록 격려하는데, 예를 들면 기적 질문, 예언, 예행 연습, 시각화 등이다. 해결중심치료의 강점 중 하나는 내담자와 함께 해결책을 만들어 가는 능력이다. 그러나 여기서 우리는 이것이 효과적이기 위해 몇 가지 기본 규칙이 있음을 기억해야 한다. 몇 가지 예를 들면 다음과 같다.

- 모든 제안을 적는다.
- 어떠한 제안도 비판하지 않는다.
- 양적인 것을 격려한다. 질적인 것은 나중에 평가한다.
- 이전의 제안을 발전시킨다.
- 목록이 끝나면 한쪽에 두고 나중에 첨가하거나 다듬는다.

양쪽 모두 해결책에 대해 비판적이지 않고 상상력이 풍부하고 자유롭게 연상하는 아이디어에 관여할 것이며 이것이 가능성을 열 수 있다. 실천가는 내담자가 이전에 말한 예외와 내담자의 능력에 대한 예를 언급하며 내담자가 자신의 대안을 다듬는 데 도움을 줄 수 있다. 실천가와 내담자가 모두 활동에 기여할 수 있으나 실천가의 주요 역할은 내담자를 격려하고 지지하는 것이다.

10. 결 론

이 장에서는 다른 접근이 가진 지혜와 경험을 개방적으로 수용한 결과 해결중심적 작업이 더욱 풍성해진 것을 볼 수 있다. 궁극적으로 내담자에게 최상의 서비스를 제공하는 것이 우리의 책임이다. 때때로 책임성은 우리가 편안함에서 벗어날 것을 요구하며, 우리가 내담자에게 격려한 바로 그 유연성과 실용성을 가지도록 요구한다. 지금은 해결중심이 이 영역에서 확고한 자리를 잡고 있기 때문에 실천가가 자신을 방어할 필요가 적고, 동료와 건설적이고 개방적인 대화를 통해 많은 것을 얻을 수 있다.

실천 포인트

- 해결중심의 통합을 어떻게 해야 할지에 대해 숙고한다.

- 이 장에 등장한 많은 아이디어 중에서 바로 실천에 사용할 수 있는 것을 선택하고 그 이유를 살펴본다.

- 해결중심을 하지 않는 동료에게 연결고리가 됨으로써 더 통합적으로 될 수 있는 방법을 생각한다.

- 당신의 실천에 새로운 개입 방법을 어떻게 소개할지에 대해 숙고한다.

제10장

해결중심 접근의 사용에 도움이 되는 비법과 활동

이 장에서는 내담자와 훈련생을 위해 사용할 수 있는 실질적인 비법과 활동을 설명한다. 성공적인 해결중심적 개입은 내담자의 희망, 강점 그리고 해결책을 이끌어 내는 탐색 질문에 달려 있다. 해결중심 질문의 목적은 상담자가 내담자의 문제를 이해할 수 있게 하는 것이 아니라 내담자가 해결책을 이해하도록 돕는 것이다. 좋은 답을 얻으려면 질문이 좋아야 한다. 다음의 질문을 수주일 안에 사용해 보길 권한다.

1. 유용한 질문

1) 내담자의 목표를 협상하기

• 오늘 이 상담이 보람이 있으려면 어떤 일이 일어나야 할까요?
• 오늘 상담에서 가장 기대하는 것은 무엇인가요?
• 당신이나 다른 사람들에게 일이 옳은 방향으로 가고 있다는 것을 보여 주는 첫 신호는 무엇일까요?
• 목표가 달성되면 당신에게 좋은 점은 무엇인가요?
• 당신은 무엇 때문에 지금이 변화하기에 좋은 때라고 생각하나요?

2) 자원을 확인하기

• 최근에 성공한 경우를 생각해 보세요. 어떻게 그렇게 할 수 있었나요?
• 도움이 된 것은 무엇이며 도움이 되지 않은 것은 무엇인가요?
• 어려운 상황을 거칠 때 자신에게 어떤 말을 하나요?
• 당신 자신이나 당신의 어떤 상황이 이것을 다룰 수 있다고 재확인시켜 주나요?

3) 학습을 증진하기

• 그것을 하기로 어떻게 결정하셨어요(내담자가 건설적인 일을 했을 때 사용)?
• 당신에 대해 무엇을 알려 준다고 생각하세요?
• 이것 때문에 배운 것은 무엇인가요?
• 당신에게 효과가 있는 것과 효과가 없는 것은 무엇인가요?

4) 동기 갖기

• 0점에서 10점까지의 척도에서 10점은 목표 달성을 위해 거의 모든 것을 하는 것이고 0점은 거의 아무것도 하지 않는 것이라면 오늘 몇 점일까요?
• 당신은 목표를 달성할 능력에 대해 얼마나 자신이 있으신가요?
• 이에 대한 증거가 무엇인가요?

5) 미래에 초점 맞추기

• 어느 날 밤 잠자는 동안에 놀라운 일이 일어나 그다음 날 당신에게 사정이 나아지기 시작한다고 상상해 보세요. 그러나 자고 있었기 때문에 이 일이 일어난 줄 모르죠. 아침에 일어나 하루를 시작하려 할 때 사정이 나아졌다는 첫 신호는 무엇일

까요?

• 이러한 일 중 어떤 것이라도 최근에 잠시라도 일어난 적이 있나요?

• 만약 내가 몇 달 후 당신을 만났는데 당신이 나에게 일이 좋아지고 있다고 말한다면 어떤 일이 일어났다고 말할까요?

2. 내담자가 부정적일 때 사용하는 대처 질문

• 만약 상황이 그대로라면 어떻게 이겨 내겠습니까?
• 지난주에 매우 힘든 일이 일어난 것을 어떻게 처리했나요?
• 그것을 어떻게 대처하였나요?
• 어떻게 극복했나요? 무엇이 당신을 진전시켰나요?
• 일이 더 나빠지지 않게 어떻게 막았나요?

1) 진전 유지하기

• 당신이 해결 노선에 계속 있기 위해 해야 할 것, 생각할 것, 기억해야 할 것은 무엇이라고 생각하나요?
• 만약 후퇴한다면 당신 자신에게 뭐라고 말할까요?
• 후퇴를 다루는 최상의 방법은 무엇일까요?
• 도움이 되거나 도움이 되지 않는 것은 무엇일까요?
• 다른 사람들은 당신이 그 시점에서 도움이 필요하다는 것을

어떻게 알까요?

- 장애물을 만날 때 어떻게 극복할까요?
- 만약에 지금의 계획이 효과가 없다면 무엇이 차선책이 될까요?

2) 자기 지각 높이기

- 당신이 그 일을 처리한 것은 당신에게 무엇을 말해 주나요(뭔가를 성취했을 때)?
- 그것을 할 수 있었다는 것을 알았나요?
- 그것을 하는 것을 어디서 배웠나요? 이전에도 해 보았나요?
- 당신이 이것을 한 것을 다른 사람이 눈치챘나요?
- 그 사람들은 그것에 대해 뭐라고 생각하나요?

3) 전략 발전시키기

- 당신이 통제하는 것에 대해 할 수 있는 것은 무엇이며, 당신이 변화시킬 수 없는 것은 어떻게 수용할 수 있나요?
- 효과가 없다는 것에 대해 알고 현재까지 노력해 온 것은 무엇인가요?
- 지금 이 문제를 해결하는 방법을 모른다고 해도 앞으로 48시간 내 전진하고 있다고 느낄 가장 작은 단계는 무엇일까요?
- 당신의 자신감을 키우는 데 무엇이 필요하며, 그래서 이 문제를 결국 해결할 수 있나요?

- 이와 같은 상황에 있는 누구에게도 효과가 있었던 것이 무엇인지 아시나요?
- 이 문제를 가진 다른 사람에게 어떻게 충고하실까요?

4) 평가하기

- 이것이 도움이 되나요? 이것 때문에 차이가 생기나요?
- 우리가 이야기해야 할 것이 이것인가요, 아니면 무엇을 빠뜨리고 있나요?
- 내가 당신에게 물어야 할 질문이 있나요?
- 발전하기 위해 우리가 무엇을 더 많이 하거나 더 적게 해야 할까요?
- 이 대화를 통해 하려는 것이 무엇인가요?
- 꼭 기억해야 할 내용을 어떻게 기억해 내세요?

5) 도움이 되는 다른 문구

- 그 외 무엇이 있나요?
- 그것이 일어나기 위해 무엇이 일어나야 하나요?
- 그것이 우리/당신이 원하는 것이라면 그것을 어떻게 할 건가요?
- 만약 당신이 그것을 했다면 당신에게 어떤 차이가 있나요?
- 그것이 어떻게 도움이 되나요?

- 그렇다면 그것 대신에 무엇을 했을까요(부정적인 행동을 안 했을 때를 설명할 때)?

3. 효과는 유지하면서 상담 시간을 줄이는 비법 20개

자원은 제한적이고 결과 달성에 압력을 받을 때 실천가는 시간을 현명하고 효율적으로 관리해야 한다. 해결중심치료는 다른 치료보다 결과를 더 빨리 달성한다고 주장한다. 문제 이야기를 줄이고 내담자 고유의 해결책에 관여하면서 시간을 절약한다. 시간을 효율적으로 사용하는 것은 다음과 같다.

- 실천가가 더 많은 사람과 보다 창의적으로 일할 수 있게 한다.
- 계기를 만들고, 에너지를 상승시키며, 영향력을 증가시킨다.
- 실천가는 일상생활과 직장 일이 좀 더 균형 있도록 돕는다.

시간을 절약하면서도 내담자에게 효과적인 20개의 비법이 있다.

1) 긍정적으로 시작한다

따뜻하고 친절하게 인사하며, 상황에 맞으면 미소 짓는다. "오늘 이 시간이 어떻게 도움이 될 수 있을까요?"라고 묻는다. 이 질문은 당신에 대한 관심을 다른 곳으로 돌리게 하며 당신과 내담자간의 협력이 가치 있을 것임을 의미한다.

2) 기대하게 한다

상담 결과가 긍정적일 것이라고 가정하면서 긍정적인 분위기를 만든다. 상대방이 최고의 것을 보여 줄 것이라고 기대한다. 사람들의 어려움을 극복하는 능력을 과소평가하지 않는다.

3) 내담자의 문제 진술을 결과로 전환한다

이것은 민감하게 처리할 필요가 있다. 잘 되기만 하면 상담의 초점을 예리하게 하며, 계기를 만들고 대화가 해결 선상에 있도록 도울 수 있다.

> 내담자: 빚을 지지 않고는 돈 관리가 어려워요.
> 상담자: 그래서 돈을 좀 더 현명하게 관리하는 방법을 찾고 싶군요.

4) 천천히 서두른다

실천가는 서두른다는 느낌을 내담자가 받기를 원하지 않지만, 다른 한편으로는 첫 상담이 마지막 상담이 될 수도 있다는 것을 알기 때문에 주어진 시간을 최대한 잘 사용해 보고 싶다. 이것은 실천가가 편안해하면서 동시에 초점을 맞추면 된다.

5) 승인하고 인정한다

상대방의 경험과 지각을 먼저 인정하기 전에 그의 태도나 의견 또는 감정을 바꾸려 하지 않는다. 사람이 특정한 방식으로 일할 때에는 반드시 그럴 만한 이유가 있을 것이다. 우리가 보기에는 도움이 되지 않는 것 같으나 그에게는 말이 된다.

6) 공손하게 개입한다

대화를 통제하는 것은 중요하다. 소극적인 청취자는 시간을 많이 낭비하며 기회를 놓칠 수 있다. 종종 내담자의 주제에 다시 초점을 맞추기 위해 끼어들 필요가 있다.

> 상담자: 지금 얘기해 주신 것이 매우 유용합니다. 제가 한 가지 물어보는 것이 도움이 될 것 같은데요.

7) 능력과 자신감을 보인다

내담자는 우리가 하고 있는 일에 대해 자신이 있다는 것을 보여 주고 들려줄 때(설사 우리가 모르고 있을지라도) 더 잘 반응한다. 우리가 믿음직해 보일수록 내담자는 상담에 더 참여할 것이다. 그러나 우리가 질문에 대한 답을 모를 때 이를 받아들이며 슬쩍 얼버무리기보다는 답을 찾아볼 것이라고 말하는 편이 낫다.

8) 에너지 수준을 유지한다

당신은 지루하게 말하고 움직임만 있는가? 당신의 목소리에는 에너지와 관심 그리고 열정이 담겨 있는가? 당신은 목소리의 고저, 음색 그리고 음량을 적절하게 바꾸고 있는가?

9) 해결책에 귀 기울인다

비록 제한적일지라도 내담자의 강점, 특성 그리고 성공에 대한 증거에 귀를 기울인다. 이러한 것들이 성공적인 결과를 위한 주춧돌이다. '극단적인 경청'을 한다.

10) '어떻게'라는 질문을 사용한다

'어떻게'라는 질문은 '왜'라는 질문보다 훨씬 효과적이다. 이 질문은 내담자가 자기 지식과 경험에 접근하도록 격려한다.

상담자: 이것이 당신이 원하는 것이라면 어떻게 할 것인가요?

11) 가정적 언어를 사용한다

가정적 언어는 원하는 미래가 이미 일어났거나 반드시 일어날 것을 가정한다.

상담자: 당신이 옳은 결정을 내렸다는 것을 말해 주는 첫 번째는 무엇이 될까요?

12) 이전이 가능한 기술을 부각한다

개인생활의 여러 측면에서 중복되는 것들에 관해 경청한다. 여가생활에서 사용하는 기술이, 예를 들어 직장 구하기와 관련될 수도 있다.

상담자: 이것을 매우 잘하는 사람은 다음 과제도 잘하고, 이 과제가 어려운 사람은 자주 다음 과제를 더 잘하지요.

13) "그 외 무엇이 있나요?"라고 물어본다

이 질문은 내담자로 하여금 다음에 취할 건설적인 단계를 기억창고에서 계속 찾게 한다. 그것은 상담자가 유일한 문제 해결사가 되는 것을 방지한다.

14) 무대 위의 현자가 되지 말고, 옆에 있는 안내자가 된다

내담자를 무대의 중앙에 있게 하고 그의 주제에 가까이 머문다면 상담 시간이 절약될 것이다. 상담자의 지혜로 현혹되게 하지 말고 대신 내담자가 자신의 지혜를 깨닫도록 돕는다. "살짝 건드리되, 위에서 군림하지 않는다."

15) "대신에 무엇을 하고, 생각하며, 느끼고 싶은가요?"라고 묻는다

내담자는 종종 자신이 원하는 것을 부정적인 행동이나 감정의 부재로 설명한다. 예를 들어, "스트레스를 받지 않을 거예요. 그들과 그렇게 많이 다투지 않을 거예요."라고 말한다. 그러나 사람에게 동기를 주는 것은 긍정적인 행동을 보이는 것이다. "흥분해서 그것을 놓치지 않고, 차분해지고 더 조용하게 말하고 있을 거예요."

16) 무엇인가 다른 것을 한다

대화는 뚜렷한 진전 없이 같은 주제를 다루면서 쳇바퀴 도는 것이 될 수 있다. 실천가는 속도, 상담의 초점 또는 상담의 정서적 강도를 바꿀 필요가 있다. 예상할 수 있는 대화는 일반적으로 효과가 별로 없다.

17) 시간을 잘 지킨다

상담의 초반에는 천천히, 중반에는 속도를 내고, 후반에는 다시 천천히 진행하는 것이 도움이 된다. 그렇게 하기 위해 시계를 볼

필요가 있는데, 그렇게 하지 않으면 종결을 서둘러 해야 하며 비효과적일 것이다.

18) 이길 때 그만둔다

간혹 내담자가 '전깃불'이 반짝 켜지는 순간을 맞이하거나 갑자기 건설적으로 행동하려는 의욕을 가질 때, 상담을 멈추는 것이 나을 수도 있다. 이 '결정적 순간'을 지나 상담을 연장하는 것은 에너지가 손실되고 맥이 빠지는 느낌을 줄 수 있다. 이것은 내담자나 기관에서 상담 시간이 45분은 지속할 것으로 기대하는 경우 가능하지 않을 수도 있다.

19) 종결을 통제한다

상담에서 시간이 지연될 수 있는 것 중의 하나는 상담이 끝날 시간에 내담자의 질문을 허용하는 것이다. 내담자가 오늘 필요하거나 이야기하고 싶은 것을 면담 중에 확인하여 종결 자체를 잘 관리하고 시간이 지연되는 것을 피한다.

> 상담자: 이제 마무리해야 할 시간인데 피드백을 좀 드리고, 다음 시간에 해야 할 것에 동의를 구하고 싶습니다.

20) 긍정적으로 피드백한다

- 상담에서 내담자가 경험한 것에 대해 한두 마디로 언급한다. "그동안 일어난 일들에 대해 매우 솔직하게 말씀해 주셔서 참 감사했습니다. 목표를 달성하기 위해 크게 결심한 것에 놀랐습니다."
- 그리고 나서 내담자가 이미 달성한 것을 부각한다. "지난 수요일에 한 것이 당신이 성공적이기 위해 해야 할 바로 그런 일입니다."
- 마지막으로 행동 포인트에 동의한다. "그래서 금주에 하려고 결심하신 것은…. 그리고 도움이 될 것으로 생각하는 다른 것은 만약 당신이 …를 할 수 있다면."

4. 해결중심 연습

필자는 실천가이며 훈련가로서 작업하면서 개인과 집단에 여러 가지 연습 활동을 사용해 왔다. 아직까지 이 활동들의 원저자가 확인되지 못하고 있으나, 필자가 알고 있는 것에 대해서는 언급해 두었다. 해결중심 공동체의 한 가지 특색은 아이디어를 공유하는 데 관대한 것이다. 다른 특색으로는 사람들이 창의적이도록 격려하고, 타인에게서 배운 기술은 어떤 것이라도 활용하는 것이다. 필자는 자신의 아이디어를 공유해 준 해결중심 실천가 모두의 은

혜를 받은 바가 크다.

1) 최고의 것을 끄집어내기

이 활동의 목적은 내담자의 자원과 효율적인 전략을 부각하고 강화하는 것이다. 이 활동은 저자가 벤 퍼먼(Ben Furman)에게서 배운 것을 각색한 것이다. 당신의 파트너나 내담자에게 최근에 즐겼던 성공담에 대해 묻는다. 그리고는 다음과 같이 반응한다.

- 경청한다.
- 성취한 것에 대해 감탄한다.
- "…을 해야만 했던 것처럼 들리네요."라고 극복해야 했던 어려움에 대해 묻는다.
- "어떻게 그렇게 하셨어요?"라고 묻는다.
- "그래서 이것을 성취하면서 배운 것을 어떻게 사용할 수 있나요?"라고 묻는다.
- 진정한 감탄을 보여 주되 넘치게 하지 않는다.
- 사람들이 한 것을 그 사람이 어떻게 성취했는지에 대해 호기심을 보인다.
- 성공한 것에 대해 곰곰이 생각해 보도록 격려한다.

2) 하나의 작은 단계

필자는 이 활동을 훈련 팀과 개인 작업에 사용한다. 촉진자는 참여자 각각에게 종이 한 장을 주고 종이 중앙에 수직으로 선을 긋게 한다. 종이의 왼쪽에는 각자가 현재 직장이나 일상생활의 어떤 부분에서 당면한 문제를 하나 적게 한다.

그런 다음 종이의 오른쪽에는 그 문제 해결의 실마리가 될 수 있는 것으로 앞으로 몇 주간 실천할 수 있는 한 개의 작은 단계를 적도록 한다. 이 작은 단계는 하나의 완벽한 해결책이 아닐 수 있으나 진전을 보여 줄 것이다. 이 단계는 그들이 할 수 있는 것이어야 하며 타인에게 의지한 것이 아니어야 한다.

그리고 나서 촉진자는 집단원이 문제가 적힌 종이를 들게 한다. 이제 모두 적었으니 "여러분이 문제에 너무 집중했기 때문에 문제에 대해 할 수 있는 것을 못하게 했을 수 있어요."라고 말한다. 그는 구성원에게 문제를 적은 종이를 찢거나 버리라고 한다. 그리고는 작은 단계가 적힌 부분의 종이를 들게 하면서 "그러나 이것에 대해서는 무엇인가를 할 수 있어요."라고 말한다. 촉진자는 집단원이 다른 사람과 '작은 단계'를 공유하도록 한다. 작은 단계를 탐색하기 위해 다음의 질문을 사용할 수 있다.

- 이 단계를 취할 때 어떤 이득을 얻게 될까요?
- 다른 사람에게도 이득이 있을까요?
- 당신은 얼마나 많은 노력을 해야 할까요?

- 이것에 대해 당신을 도와줄 사람이 있나요?
- 당신이 그것을 할 준비가 되었다는 것을 언제 알까요?
- 앞으로 몇 주 안에 이 단계를 취할 것에 대해 얼마나 자신이 있나요?
- 당신이 첫 단계를 취하기 위해 무엇이 일어나야 할까요?

각자의 작은 단계를 논의하는 데는 7~8분 정도 걸릴 수 있다. 필자는 수년간 이 활동을 사용하였고 상당한 성공도 거두었다. 어떤 사람은 '전깃불이 켜지는 순간'을 가지면서 작은 단계를 실행하려는 의지를 느낀다. 자기 문제에 대한 걱정으로 얼마나 많은 에너지를 사용하는지를 깨닫는 사람이 있는가 하면, 실천하지도 않았는데 진전한 것에 대해 놀라고 기뻐하는 사람도 있다!

3) 변화와 함께 살기

어느 상담자가 내담자에게 자신의 인생에서 많은 변화에 대처해야 했던 때에 대해 간단하게 이야기해 달라고 청한다. 상담자는 듣기만 하나 신체 언어로 지지를 보이면서 격려한다. 상담자는 내담자가 입증하는 어떤 강점이나 기술도 경청한다. 그런 후 내담자는 상담자가 도움을 준 것에 대해 피드백하며, 내담자의 강점과 기술에 대해 피드백한다.

4) 목표 방해자

상담자는 내담자에게 자신이 하고 있거나 하고 있지 않는 것 때문에 현재 목표를 성취하는 데 방해되는 것이 있는지 생각해 보도록 한다. 상담자는 내담자 자신이 하는 것과 하지 않는 것을 더 상세히 적게 한다(예, "나는 불안해 지면 말을 너무 많이 하며 누군가에게 감동을 주려고 애써요.").

상담자는 방해하지 않고 듣는다. 내담자가 하고 싶은 말을 다 한 후, 상담자는 "당신이 이것을 왜 한다고 생각하나요?"라고 묻는다. 만일 응답이 자기 패배적이라면(예, "늘 그런 식으로 해 왔는데 그게 제 성격이에요.") 상담자는 못 믿겠다는 식으로 말하며, 변화가 더 가능할 수 있게 하는 다른 방법을 취한다(예, "그것에 대해서는 잘 모르겠지만 당신이 편안해져서 불안을 극복하는 방법을 우리가 함께 작업한다면 말을 적게 할 수 있을 거예요."). 그리고 나서 상담자는 "이 행동을 정말로 고치기 원한다면 자신을 어떻게 납득시킬 수 있을까요?"라고 묻는다. 이 활동은 빌 오핸런이 사용한 것을 약간 고쳐 사용한 것이다.

5) 문제 이야기가 없는 대화

문제 이야기가 없는 대화는 해결중심 접근의 필수 부분이다. 이 활동의 목적은 내담자가 자신의 기술과 강점에 대한 자각을 증진시키는 것이다.

상담자는 내담자에게 관심사와 '취미'에 대해 묻는다. 이에 대해 몇 분간 경청하는 것만으로 상담자는 내담자의 기술과 강점에 대해 듣게 될 것이며, 이에 대해 반영할 수 있을 것이다. 가능하다면 이러한 기술과 강점이 여가에 대한 관심사 외 영역에 어떻게 이전 가능한지에 대한 대화에 집중해야 한다. 이 활동의 다른 변형은 내담자에게 다음과 같은 질문을 하는 것이다.

- 당신은 자신을 도전을 좋아하는 사람이라고 할까요?
- 사람들이 당신에게 무엇을 하라고 하는 것이 도움이 되나요?
- 혼자서 일하는 것을 좋아하나요, 아니면 사람들과 팀을 이루어 일하는 것을 선호하나요?
- 일을 조심스럽게 계획하는 것을 좋아하나요, 아니면 자발적으로 하는 일을 가장 잘하나요?

이들 질문에 대한 답은 상담자의 돕는 스타일을 내담자에게 '맞추는 것'에 도움이 될 수 있다. 이 활동에서 상담자는 답을 듣고 탐색하며 끝 부분에 그 답들을 요약한다. 예를 들면 다음과 같다.

상담자: 제가 당신을 제대로 이해했다면, 제가 제안을 하기 전에 당신의 아이디어를 먼저 알아보는 것이 중요해요. 당신은 자신이 어떤 도전도 받아들인다는 것을 알고 있지요.

6) 해야만 하는 것

이 활동은 행동을 하나의 의무로 지각하는 것과 행동을 자유로운 선택으로 보는 것 간의 차이를 부각하는 것이다. 글로 표현하는 것이 다소 이상해 보일 수 있으나 현장에서는 효과가 있다.

내담자는 자신이 해야만 하는 것에 대해 말한다. 상담자는 "아닌데요."라고만 응답한다. 그러면 내담자는 그 행동에 대해 다시 언급하면서 "나는 할 수 있으며 선택권이 있어요."라고 덧붙인다.

> 내담자: 저는 사무실을 정돈해야만 해요(should).
> 상담자: 아뇨.
> 내담자: 저는 사무실을 정돈할 수 있으며 그것을 선택할 수 있어요.
> 상담자: 네.
> 내단자: 저는 제 형제에게 더 자주 전화해야 해요(ought).
> 상담자: 아뇨.
> 내담자: 저는 제 형제에게 더 자주 전화할 수 있으며 그것을 선택
>   할 수 있어요.
> 상담자: 네.

이 활동은 선택, 회피, 책임감 그리고 힘에 대한 유용한 토론을 자주 이끌어 낸다.

7) 예외 발견하기

상담자는 내담자가 하는 것에서 문제가 되는 것을 설명하게 한다(예, 일을 미룬다/일을 너무 열심히 한다/운동을 충분히 하지 않는다). 상담자는 최소한의 반응을 하면서 듣는다. 내담자의 이야기가 끝

나면 상담자는 진심으로 칭찬한다(예, 당신은 이것에 대해 많이 생각해 왔으며 자신에게 맞는 해결책을 찾고 싶군요). 그리고 나서 상담자는 문제에 대한 예외를 묻는다.

- 문제가 그처럼 크지 않을 때가 있나요(예, 뭔가를 했을 때/더 좋은 음식을 먹을 때/운동을 한 때가 있나요)?
- 이런 때가 어떻게 생기나요?
- 그런 일이 일어나기 위해 당신은 무엇을 하나요?

상담자는 내담자가 답을 할 때 이 예외들이 더 자주 일어날 수 있는 기회를 갖기 위해 내담자가 취할 수 있는 작은 단계를 하나 생각하도록 질문한다.

8) 척도 산책

필자는 척도 산책(scaling walks)을 많이 해 왔다. 첫 번째는 런던에서 BRIEF가 주관한 회의에서였다. 해결중심 자문가이자 훈련가인 폴 잭슨(Paul Jackson)이 약간의 새로운 부분을 첨가해 준 것을 여기에 실었다.

상담자와 내담자가 0에서 10까지의 숫자가 각각 적힌 종이 11장을 바닥에 놓는다. 두 사람은 종이를 사이에 두고 마주 선다. 상담자는 내담자에게 현재 목표를 묻는다. 그리고 나서 "만약 10은 당신의 목표를 이미 성취한 것을 나타내고 0은 아직 작업을 시작하지 않은 것을 나타낸다면 지금 당신은 어디에 있을까요?"라고 묻는다.

내담자가 숫자를 고르면 두 사람은 그 숫자까지 걸어간다. 상담자는 다시 "어떻게 해서 여기까지 오게 되었나요? 최근에 당신이 한 것에서 이 점수까지 올라오는 데 도움이 된 것이 무엇인가요?"라고 묻는다. 그러고 나서 상담자는 내담자가 마지막 숫자인 10을 마주 보게 하며 10에 도달한 것을 상상해 보는 것이 어떤 느낌인지 묻는다.

이에 대해 토론한 후 상담자는 "며칠 후 또는 몇 주 후 어디에 도착하고 싶은가요?"라고 묻는다. 두 사람은 상담자가 질문한 숫자까지 함께 걸어가야 한다. 상담자는 "여기에 도착했다는 것을 어떻게 알까요? 높은 점수로 올라갔다는 것을 알려 주는 첫 번째 사인은 무엇일까요?"라고 묻는다.

이제 그들이 시작한 척도 점수에 돌아와서 상담자는 "어떻게 해서 척도에서 1점 올라갈 수 있었나요?"라고 묻는다. 내담자가 이 질문에 답하면 활동은 끝난다. 물론 척도와 관련된 질문이 많이 있는데, 예를 들어 "척도에서 점수가 높았던 때가 있었나요?"다.

9) 자신의 동기 높이기

이 활동은 '내담자'의 목표에 대한 헌신 정도를 알아볼 수 있기 위해 척도를 사용한다.

(1) 1단계

- 당신이 목표를 성취했다는 것을 어떻게 아나요?
- 당신이 다르게 시작하거나 멈추어야 할 것은 무엇일까요?
- 당신에게 어떤 차이가 있을까요?

(2) 2단계

- 척도의 10은 이미 성취한 것을 의미하고 0은 아직 시작하지 않은 것을 의미한다면 지금 몇 점에 있다고 할까요?
- (만약 0점 이상이면) 그 점수에 도달하기 위해 무엇을 했나요?
- 앞으로 며칠 또는 몇 주 후에 어디에 있고 싶은가요?
- 어떤 작은 단계를 취하게 되면 1점이 더 올라갈까요?

(3) 3단계

- 만약 10은 노력을 많이 하는 것이고 0은 아무것도 할 수 없는 것으로 느끼는 것이라면 오늘 당신은 몇 점에 있을까요?
- 그 점수는 당신이 시작하기에 충분한 점수인가요, 아니면 점수가 좀 더 올라가야 하나요?
- 만약 점수가 올라가야 한다면 당신이 해야 할 첫 번째 일은 무엇일까요?

(4) 4단계

작은 단계가 일단 확인되면 질문한다.

• 그 일이 일어나기 위해 무슨 일이 일어나야 할까요?

• 당신이나 다른 사람들이 해야 할 일은 무엇일까요?

만약 그 사람이 하나의 작은 단계조차도 취할 마음이 없거나, 취할 능력이 없거나, 취할 준비가 되어 있지 않다면, "이 단계를 취하기 좋은 때가 언제인지를 어떻게 알까요?"라고 묻는다.

(5) 5단계

그 사람이 이미 성취한 것과 다음 단계는 무엇일지에 대해 요약한다.

10) 성공에 이르는 방법에 대한 생각

다음 활동의 몇 가지 요소는 수 영(Sue Young)에게서 배운 것이다.

(1) 상담자는 내담자가 성취한 것에 대해 자랑스럽게 느꼈던 때를 생각하도록 질문한다

• 당신이 성공하도록 도운 것이 무엇이라고 당신 자신에게 말할까요?/생각할까요?/다른 사람들에게서 들을까요?

• 당신은 도전하기 위해 어떻게 스스로 정신력을 높였나요?

• 당신이 가장 집중하는 것은 무엇이었나요? 현재 이 순간, 과거의 추억 또는 미래에 얻게 될 혜택인가요?

• 목표 성취가 당신이 자신에 대해 생각하는 방식을 어떻게 변

화시켰나요?

- 당신이 성취한 것에 대해 다른 사람들이 당신에 대해 알아차리거나 말하는 것은 무엇이었나요?

(2) 그러고 나서 상담자는 내담자가 분명하게 실패했던 때에 관해 생각하도록 한다

- 이 경험이 쌓이면서 당신은 자신에 대해 무슨 생각을 했으며, 자신에게 무슨 말을 했나요?
- 당신은 누구에게 귀 기울였나요?
- 당신이 가장 주의를 기울인 것은 무엇이었나요? 과거의 경험/현재 이 순간/미래에 대한 예상인가요?
- 그 사건 후 당신은 자신에게 뭐라고 말했나요?
- 당신은 다른 사람들에게 뭐라고 말했으며 그들은 당신에게 뭐라고 말했나요?

그러고 나서 상담자와 내담자는 성공적 경험과 실패 경험의 차이를 토론해야 하며, 내담자의 성공 가능성을 높일 수 있는 몇 가지 '규칙'을 만들어야 한다.

5. 워크숍 활동

1) 문제에서 해결로

이 활동은 보통 3명이 집단을 이루어 하는데, 관찰자, 내담자 그리고 상담자 역할을 번갈아 한다. 내담자는 현재 문제가 되는 것이나 관심사에 관해 말하도록 질문을 받는다.

내담자 역할을 맡은 첫 번째 사람은 다음에 제시된 문제중심 각본을 참고로 사용한다. 5분 후 관찰자는 시간이 다 되었음을 알리고 나서, 다음 해결중심 각본을 사용하여 똑같은 문제에 대해 내담자를 다시 면접한다. 이 활동을 다르게 하는 방법으로 해결중심 각본을 먼저 사용한다!

(1) 문제중심 각본

- 이 문제를 왜 가지고 있다고 생각하나요?
- 그것에 대해 어떻게 느끼세요?
- 당신은 누군가가 또는 체계가 비난받아야 한다고 생각하나요?
- 당신이 직면하고 있는 장애물이 무엇인가요?
- 그것은 해결이 가능한가요, 아니면 함께 살아가는 것을 배워야만 하는 건가요?

(2) 해결중심 각본

- 그 상황을 더 잘 관리하고 있을 때 기분이 어떨까요?
- 그 순간 이 상황을 어떻게 대처하고 있을까요?
- 과거에 이와 비슷한 일을 다루어야 했나요? 무엇이 도움이 되었나요?
- 당신의 무엇이 이 문제를 잘 헤쳐 나갈 것이라고 느끼게 하나요?
- 그 문제가 완전히 해결되지 않는다 하더라도 당신이 취할 수 있는 다음 단계는 무엇인가요?

그러고 나서 세 사람은 상담자와 내담자를 위해 두 가지 대화의 차이를 토론해야 한다(예, 신체 언어/정서적 표현/유용성/에너지/긍정적 또는 부정적 생각과 행동).

2) 미래에 초점 맞추기

어떤 집단에서는 이 활동이 꽤 도전적일 수 있는데, 특히 상담자의 목표가 많이 애매할 때 그렇다. 그것은 언어가 명확해야 하는 것과 다른 사람들이 의미하는 것에 관해 우리가 가정하는 것의 중요성을 강조한다. 참여자는 세 개의 답을 모두 맞춰야 하는 것에 대해 상당한 압박감을 받을 수 있다!

(1) 1부

5~6명의 집단에서 한 명이 자원해서 자신이 성취하고 싶은 목표 하나를 말한다. '내담자'의 오른편에 있는 사람부터 시작한다.

> 당신이 의미하는 바는… 당신이…?

예를 들어, 그들의 목표가 자신을 잘 돌보는 것이라고 내담자가 말한다면 다음과 같이 질문한다.

> 첫 번째 질문자: 당신은 먹고 마시는 것에 대해 좀 더 조심할 필요가 있다는 의미인가요?
> 내담자: 네.
> 두 번째 질문자: 당신은 일을 좀 더 적게 하고 싶다는 의미인가요?
> 내담자: 아뇨.

집단은 2부로 가기 전에 내담자로부터 긍정적인 답을 세 차례 계속해서 받아야 한다.

(2) 2부

그리고 나서 집단은 목표를 좀 더 상세히 끌어내기 위해 질문을 한다. 이 질문은 다음의 예에서 볼 수 있다.

- 당신은 이 목표가 성취될 때 무엇을 하고/느끼고/생각하고 있을까요?
- 당신이 이 목표를 성취할 때 다른 사람들은 무엇을 주목할까요?

- 당신에게 어떤 차이가 있을까요?
- 당신의 목표는 당신이 자신에 대해 갖고 있는 이미지와 어떻게 맞을까요?
- 만약 10은 '모든 것', 0은 '아무것도 아닌 것'을 의미한다면 당신은 이 목표를 성취하기 위해 얼마나 기꺼이 노력할까요?
- 그것은 충분한가요, 만약 그렇지 않다면 무엇이 일어나야 할까요?
- 만약 10은 당신이 언젠가 이 목표를 성취할 것이라고 절대적으로 장담하는 것이고 0은 꿈에 지나지 않는다면 어디에 있을까요?
- 당신이 목표를 성취하는 데 진전하고 있음을 알려 주는 첫 신호는 무엇일까요?

'내담자'는 이 활동에서 얻은 바를 말해야 하며 집단은 어떻게 해서 미래에 계속 초점을 둘 수 있었는지에 대해 토론한다. 면담에 15분, 토론에 15분이 소요된다. 경험적 학습을 대체할 만한 것은 없다. 훈련가가 아무리 잘 설명하고 훌륭한 기술을 보일지라도, 대부분의 사람은 직접 해 보면서 가장 잘 배운다. 숙련된 훈련가는 안전하나 고무적이며 배움이 있는 환경을 만들 수 있다.

6. 결 론

해결중심 사고와 실천은 실용성과 단순성 그리고 힘을 갖고 있으며 존경할 수 있는 접근법이기에, 이에 매력을 느끼는 청중이 계속 증가하고 있다.

이 접근은 치료 분야에 있어 하나의 주요 주자다. 재능 있고 혁신적이며 창의적인 실천가가 있으며, 그들은 도전적이고 어려운 개인을 대상으로 놀랄 만한 치료 효과를 보여 주고 있다. 그들은 자신의 내담자에게 인생을 변형시키는 경험을 제공한다. 필자가 이처럼 존중하며 삶을 지지하는 작업 방식을 발견한 것은 필자의 전문가적 인생에서 지금까지 가장 의미 있고 보람 있는 경험이 되어 왔다. 필자는 개인적이며 전문적으로 이 모델에서 받은 모든 것에 항상 감사한다. 이 모델에서 배운 것으로서 가장 중요한 것 중의 하나는 내담자가 진정한 해결중심 실천가라는 것이다!

해결중심치료를 위한 자원

해결중심 접근에 관한 훈련(웹사이트)

Focus on Solutions Limited

Bill O' Connell

훈련소장

bill@focusonsolutions.co.uk

http://www.focusonsolutions.co.uk

　독립된 훈련 기관으로 개인과 기관의 변화를 위해 해결중심 접근을 전문적으로 실시하고 있으며 주로 기관을 대상으로 사내 훈련을 제공한다.

국 제

http://ebta.nu

유럽단기치료학회(European Blief Therapy Asisociation)의 웹사이트로서 매년 학술대회에서 발표된 연구와 논문 및 정보를 제공한다.

http://www.brieftherapynetwork.com

해결중심 실천가를 위한 캐나다 네트워크다. 유용한 논문과 인터뷰 기사를 제공한다. BTN은 토론을 나눌 수 있는 기능을 갖추고 있다.

http://www.reteaming.com

벤 퍼만(Ben Furman)과 타파니 아홀라(Tapani Ahola)의 헬싱키 단기치료연구소(Helsinki Brief Therapy Institute)의 웹사이트로 해결 이야기와 팀의 재조직을 다양하게 적용한 내용이 있다. 아동과 일하는 사람들에게는 '책임의 단계들: 아동과 청소년의 그릇된 행동을 책임감을 키우는 식으로 다루는 빙법'과 '아동의 기술' 부분이 특히 관련 있다.

http://www.talkingcure.com

스콧 밀러(Scott Miller), 배리 던컨(Barry Duncan)과 마크 허블(Mark Hubble)이 만든 치유적 변화를 위한 연구기관(Institute for the

Study of Therapeutic Change)의 웹사이트다. 다양한 치료적 접근의 최신 치료 결과 연구가 요약되어 있다. 그들의 관심사는 '치료에서 효과적인 것'에 있으며 이 사이트의 특징으로 매우 흥미로운 허튼 시계가 있다.

http://www.billohanlon.com

빌 오핸런(Bill O'Hanlon)의 웹사이트로 해결중심적 작업에 대한 그의 견해가 설명되어 있으며, 다양한 유인물과 목록을 갖추고 있다.

http://www.brieftherapysydney.com.au

마이클 듀런트(Michael Durrant)의 시드니 단기치료연구소(Brief Therapy Institute of Sydney)의 웹사이트다. 논문이 유용하게 모아져 있으며, 마치 해결중심치료의 비행 스케줄처럼 광범한 링크가 모아져 있다.

http://porodwyk.republika.pl/angielski.htm
http://www.gingerich.net

월리 진저리치(Wally Gingerich)의 홈페이지에서 해결중심 단기치료 부분은 해결중심치료의 효과성에 관한 연구와 MAM(팀의 토론에서 해결중심적 특성을 탐색하도록 되어 있는 사정 도구)에 대한 정보가 집대성되어 있다.

영 국

http://www.focusonsolutions.co.uk
Focus on Solutions Limited의 홈페이지이며, 훈련소장은 빌 오
코넬(Bill O'Connell)이다.

http://www.ukasfp.co.uk
영국의 해결중심 작업을 증진시키기 위해 2003년에 만들어진
영국해결중심실천학회(United Kingdom Association of Solution
Focused Practice)의 웹사이트다. 매년 학술대회를 개최하며 인증
체계를 수립하고 실천가가 훌륭한 임상을 공유하는 네트워크로
발전하고 있다.

http://www.brieftherapy.org.uk
http://www.yorkshiresolutions.org.uk
전문직 관심 집단으로 해당 지역에서 해결중심치료를 사용하는
모든 사람에게 개방되어 있다. 리즈에서는 의견을 교환하고 훈련
을 공유하며 해결중심치료에 동의하는 사람들에게 상호 지원을
제공하기 위해 연 5회의 만남을 갖는다.

http://www.psychsft.freeserve.co.uk
앨러스데어 맥도널드(Alasdair Macdonald) 박사의 사이트다.
EBTA의 연구 코디네이터로서 해결중심 단기치료에 대한 연구를

집대성 한다.

http://www.btss.org.uk
비키 블리스(Vicky Bliss)는 해결중심 실천가이며 아스퍼거 증상을 가진 사람들을 수년간 훈련한 경험을 갖고 있다.

http://www.sfwork.com
기관들과의 작업에서 해결중심을 전문적으로 사용한다. 이 사이트는 마크 매커고(Mark McKergow)와 제니 클라크(Jenny Clarke)의 논문집, 비법과 예시를 포함하여 그들의 작업 토대에 대한 정보를 제공한다.

http://www.thesolutionsfocus.co.uk
경험이 매우 많고 숙련된 자문가이며 해결치료 훈련가인 재닌 월드먼(Janine Waldman)과 폴 잭슨(Paul Z. Jackson)의 웹사이트다.

http://www.solutionfocusedapproaches.co.uk
스태퍼드셔에서 해결중심 공동체를 매우 활발하게 이끌고 있는 스티브 프리먼(Steve Freeman)과 칼 플랜트(Carl Plant)의 웹사이트다.

http://www.Johnwheeler.co.uk
수년간 영국 해결중심 공동체의 주요한 인물인 존 휠러(John

Wheeler)의 웹사이트다.

http://www.solutionfocused.org.uk

폴 핸턴(Paul Hanton)의 웹사이트다. 약물남용 분야에 해결중심 치료의 아이디어를 전문적으로 적용하는 매우 숙련된 실천가이며 훈련가다.

http://www.usefulconversations.com

해결중심 훈련가이며 전문 증인인 그렉 비니콤(Greg Vinnicombe)의 웹사이트다.

http://www.johnhendenconsultancy.co.uk

자살 생각을 갖고 있는 사람과의 작업에 해결치료를 전문적으로 사용하는 존 헨든(John Henden)의 웹사이트다.

http://www.the-madison-group.co.uk

해결중심 코치이며 학습 촉진자인 제프 매튜스(Jeff Matthews)의 웹사이트다.

http://www.skillsdevelopment.co.uk

숙련된 해결치료 실천가 및 훈련가이며 치료 DVD의 제작자인 폴 그랜텀(Paul Grantham)의 웹사이트다.

http://www.brief.org.uk

영국에서 최초의 해결중심치료 훈련이 시작된 1989년에 창립된 BRIEF 팀(Harvey Ratner, Chris Iveson and Evan George)의 웹사이트다. 논문, 블로그뿐 아니라 BRIEF의 임상과 훈련 서비스에 관한 상세 정보가 있다.

Aambo, A. (1997). Tasteful solutions: solution-focused work with groups of immigrants. *Contemporary Family Therapy, 19*(1), March: 63-79.

Adams, J., Piercy, F., & Jurich, J. (1991). Effects of solution focused therapy's "formula first session task" on compliance and outcome in family therapy. *Journal of Marital and Family Therapy, 17*(3), 277-290.

Adler, A. (1925). *The Practice and Theory of Individual Psychology.* London: Routledge & Kegan Paul.

Alexander, F., & French, T. M. (1946). *Psychoanalytic Therapy.* New York: Ronald.

Allen, J. (1993). The constructionist paradigm: values and ethics. In J. Laird (Ed.), *Revisioning Social Work Education: A Social Constructionist Approach.* New York: Haworth.

Anderson, H., & Swim, S. (1995). Supervision as collaborative conversation: connecting the voices of supervisor and supervisee. *Journal of Systemic Therapies, 14*(2), 1-13.

Ardrey, R. (1970). *The Social Contract: A Personal Enquiry into the Evolutionary Sources of Order and Disorder.* New York: Athenaeum.

Bachelor, A. (1988). How clients perceive therapist empathy. *Psychotherapy, 25,* 227-240.

Bailey-Martiniere, L. (1993). Solution-oriented psychotherapy—the "difference" for female clients. *News of the Difference, II*(2), 10-12.

Bandler, R., & Grinder, J. (1979). *Frogs into Princes.* Moab, UT: Real People.

Barkham, M. (1993). Counselling for a brief period. In W. Dryden (Ed.),

Questions and Answers for Counselling in Action. London: Sage.

Barret-Kruse, C. (1994). Brief counselling: a user's guide for traditionally trained counsellors. *International Journal for the Advancement of Counselling, 17,* 109-115.

Bateson, G. (1972). *Steps to an Ecology of Mind.* New York: Ballantine.

Berg, I. K. (1991). *Family Preservation: A Brief Therapy Workbook.* London: Brief Therapy.

Berg, I. K. (1994). *Family Based Services.* New York: Norton.

Berg, I. K., & de Shazer, S. (1993). Making numbers talk: language in therapy. In S. Freedman (Ed.), *New Language of Change.* New York: Guilford.

Berg, I. K., & Miller, S. D. (1992). *Working with the Problem Drinker: A Solution Focused Approach.* New York: Norton.

Beutler, L., & Crago, M. (1987). Strategies and techniques of prescriptive psychotherapeutic intervention. In R. Hales & A. Frances (Eds.), *Psychiatric Updates: The American Psychiatric Association Annual Review.* Washington, DC: American Psychiatric Press.

Bischof, G. (1993). Solution-focused brief therapy and experiential family therapy activities: an integration. *Journal of Systemic Therapies, 12*(3), 61-72.

Bliss, E. V., & Edmonds, G. (2008). *A Self-Determined Future with Asperger Syndrome— Solution Focused Approaches.* London: Jessica Kingsley.

Bloom, B. L. (1992). *Planned Short Term Psychotherapy.* Boston, MA: Allyn & Bacon.

Bond, T. (1993). *Standards and Ethics for Counselling in Action.* London: Sage.

Bramwell, S. (2003). Personal communication.

Brech, J., & Agulnik, P. (1996). Do brief interventions reduce waiting times for counselling? *Counselling, 7*(4), 322-326.

British Association for Counselling (1996). *Code of Ethics and Practice for Counsellors.* Rugby: BAC.

British Association for Counselling & Psychotherapy (2003). *Ethical Framework for Good Practice in Counselling and Psychotherapy.* Rugby: BACP.

Brown, S. D., & Lent, R. W. (1992). *Handbook of Counselling Psychology.* New York: Wiley.

Budman, S. H., & Gurman, A. (1988). *Theory and Practice of Brief Therapy.* New York: Guilford.

Burns, K. (2008). *Focus on Solutions—A Health Professionals Guide.* London: Whurr.

Butler, W., & Powers, K. (1996). Solution-focused grief therapy. In S. Miller, M. Hubble & B. Duncan (Eds.), *Handbook of Solution-Focused Brief Therapy.* San Francisco, CA: Jossey-Bass.

Cade, B. (2007). Springs, streams and tributaries: a history of the Brief Solution-Focused Approach. In T. Nelson & F. Thomas (Eds.), *Handbook of Brief Solution-Focused Therapy.* New York: Haworth.

Cade, B., & O'Hanlon, W. (1993). *A Brief Guide to Brief Therapy.* New York: Norton.

Cantwell, P., & Holmes, S. (1995). Cumulative process: a collaborative approach to systemic supervision. *Journal of Systemic Therapies, 14*(2), 35-46.

Chevalier, A. J. (1995). *On the Client's Path: A Manual for the Practice of Solution-Focused Therapy.* Oakland, CA: New Harbinger.

Collar, C. (2004). Personal communication.

Cummings, N., & Sayama, M. (1995). *Focused Psychotherapy.* New York: Brunner/Mazel.

Darmody, M. (2003). A solution-focused approach to sexual trauma. In B. O'Connell & S. Palmer (Eds.), *Handbook of Solution-Focused Therapy.* London: Sage.

Davanloo, H. (Ed.) (1980). *Short Term Dynamic Psychotherapy.* New York: Jason Aronson.

De Jong, P., & Berg, I. K. (2008). *Interviewing for Solutions.* Pacific Grove, CA: Brooks Cole.

De Jong, P., & Hopwood, L. (1996). Outcome research on treatment conducted at the Brief Family Therapy Center, 1992-1993. In S. Miller, M. Hubble & B. Duncan (Eds.), *Handbook of Solution-Focused Brief Therapy.* San Francisco, CA: Jossey-Bass.

De Shazer, S. (1984). The death of resistance. *Family Process, 23,* 11-17.

De Shazer, S. (1985). *Keys to Solutions in Brief Therapy.* New York: Norton.

De Shazer, S. (1988). *Clues: Investigating Solutions in Brief Therapy.* New York: Norton.

De Shazer, S. (1994). *Words were Originally Magic.* New York: Norton.

De Shazer, S. (1996). Presentation of solution-focused therapy, Glasgow, organised by the Brief Therapy Practice.

De Shazer, S. (1998). *The Right Path or the Other Path?* Brief Family Therapy Centre (video). Milwaukee: Brief Therapy Practice.

De Shazer, S., & Berg, I. K. (1992). Doing therapy: a post-structural re-vision. *Journal of Marital and Family Therapy, 18*(1), 71-78.

De Shazer, S., & Berg, I. K. (1997). "What works?" Remarks on research aspects of solution-focused therapy. *Journal of Family Therapy, 19,* 121-124.

De Shazer, S., Berg, I. I., Lipchik, E., Nunnally, E., Molnar, A., Gingerich, W., & Weiner-Davis, M. (1986). Brief therapy: focused solution development. *Family Process, 25,* 207-221.

De Shazer, S., & Molnar, A. (1984). Four useful interventions in brief family therapy. *Journal of Marital and Family Therapy, 10*(3), 297-304.

Dodd, T. (2003). Solution-focused therapy in mental health. In B. O'Connell & S. Palmer (Eds.), *Handbook of Solution-Focused Therapy.* London: Sage.

Dolan, Y. (1991). *Resolving Sexual Abuse: Solution-Focused Therapy and Ericksonian Hypnosis for Adult Survivors.* New York: Norton.

Dolan, Y. (1998). *One Small Step*. Watsonville, CA: Papier-Mache.

Duncan, B. (1992). Strategic therapy, eclecticism and the therapeutic relationship. *Journal of Marital and Family Therapy, 18*(1), 17-24.

Duncan, L., Ghul, R., & Mousley, S. (2007). *Creating Positive Futures*. London: BT Press.

Durrant, M. (1993a). *Residential Treatment: A Co-operative Competency-based Approach to Therapy and Program Design*. New York: Norton.

Durrant, M. (1993b). *Creative Strategies for School Problems*. Epping, NSW: Eastwood Family Therapy Centre.

Durrant, M. (1997). Presentation on brief solution-focused therapy, London, organised by the Brief Therapy Practice.

Eckert, P. (1993). Acceleration of change: catalysts in brief therapy. *Clinical Psychology Review, 13*, 241-253.

Egan, G. (2002). *The Skilled Helper*, 7th edn. Pacific Grove, CA: Brooks/Cole.

Eliot, T. S. (1963). *Collected Poems 1909-1962*. London: Faber & Faber.

Erickson, M. H. (1980). *Collected Papers*, Vols 1-4 (E. Rossi, Ed.). New York: Irvington.

Fanger, M. (1993). After the shift: time effective treatment in the possibility frame. In S. Friedman (Ed.), *The New Language of Change*. New York: Guilford.

Feltham, C. (1997). *Time Limited Counselling*. London: Sage.

Ferenczi, S., & Rank, O. (1925). *The Development of Psychoanalysis*. New York: Dover.

Fisch, R. (1994). Basic elements in the brief therapies. In M. Hoyt (Ed.), *Constructive Therapies*. New York: Guilford.

Fisch, R., Weakland, J. H., & Segal, L. (1982). *The Tactics of Change: Doing Therapy Briefly*. San Francisco, CA: Jossey-Bass.

Frnaces, A., Clarkin, J., & Perry, S. (1984). *Differential Therapeutics in Psychiatry: The Art and Science of Treatment Selection*. New York: Brunner/Mazel.

Freedman, J., & Combs, G. (1993). Invitations to new stories: using questions to explore alternative possibilities. In S. Gilligan & R. Price (Eds.), *Therapeutic Conversations*. New York: Norton.

Gale, J., & Newfield, N. (1992). A conversation analysis of a solution-focused marital therapy session. *Journal of Marital and Family Therapy, 18*(2), 153-165.

Garfield, S. L., & Bergin, A. E. (1994). *Handbook of Psychotherapy and Behavioral Change*. New York: Wiley.

Gelatt, H. B. (1989). Positive uncertainty: a new decision-making framework for counselling. *Journal of Counselling Psychology, 36*, 252-256.

George, E., Iveson, C., & Ratner, H. (1990). *Problem to Solution*. London: BT Press.

Gingerich, W. J., & Eisengart, S. (2000). Solution-focused brief therapy: a review of the outcome research. *Family Process, 39*, 477-498.

Goldberg, D., & Szyndler, J. (1994). Debating solutions: a model for teaching about psychosocial issues. *Journal of Family Therapy, 16*, 209-217.

Hanton, P. (2003). Solution-focused therapy and substance misues. In B. O'Connell & S. Palmer (Eds.), *Handbook of Solution-Focused Therapy*. London: Sage.

Hawkes, D. (2003). A solution-focused approach to "Psychosis". In B. O'Connell & S. Palmer (Eds.), *Handbook of Solution-Focused Therapy*. London: Sage.

Hawkes, D., Marsh, T. I., & Wilgosh, R. (1998). *Solution Focused Therapy: A Handbook for Health Care Professionals*. Oxford: Butterworth Heinemann.

Henden, J. (2008). *Preventing Suicide—The Solution Focused Approach*. Chichester: Wiley.

Hoskisson, P. (2003). Solution-focused groupwork. In B. O'Connell & S. Palmer (Eds.), *Handbook of Solution-Focused Therapy*. London: Sage.

Howard, K. I., Kopta, S., Krause, M., & Orlinsky, D. (1986). The dose effect relationship in psychotherapy. *American Psychologist, 41*, 159-164.

Hoyt, M. (1995). *Brief Therapy and Managed Care.* San Francisco, CA: Jossey-Bass.

Hudson, P., & O'Hanlon, W. (1991). *Rewriting Love Stories.* New York: Norton.

Hutchins, D. E. (1989). Improving the counselling relationship. In W. Dryden (Ed.), *Key Issues for Counselling in Action.* London: Sage.

Inskipp, F. (1996). New directions in supervision. In R. Bayne, I. Horton & J. Bunrose (Eds.), *New Directions in Counselling.* London: Routledge.

Inskipp, F., & Proctor, B. (1989). *Being Supervised:* Audio tape 1: Principles of Counselling. St Leonar's-on-Sea: Alexia.

Iveson, C. (2003). Solution-focused couples counselling. In B. O'Connell & S. Palmer (Eds.), *Handbook of Solution-Focused Therapy.* London: Sage.

Iveson, C. (2008). How useful are strengths in SF practice? *Solution News, 3*(2), 8-10.

Jackson, P. Z., & McKergow, M. (2002). *The Solutions Focus.* London: Nicholas Brearley.

Jacob, F. (2001). *Solution-Focused Recovery from Eating Distress.* London: Brief Therapy.

Johnson, L. N., Nelson, T. S., & Allgood, M. (1998). Noticing pre-treatment change and therapeutic outcomes: an initial study. *American Journal of Family Therapy, 26*, 159-168.

Kelly, G. A. (1955). *The Psychology of Personal Constructs.* New York: Norton.

Kiser, D. (1988). A follow-up study conducted at the Brief Family Therapy Center. Unpublished manuscript.

Kiser, D., & Nunnally, E. (1990). The relationship between treatment length and goal achievement in solution-focused therapy. Unpublished manuscript.

Kiser, D., Piercy, F., & Lipchik, E. (1993). The integration of emotion in solution-focused therapy. *Journal of Marital and Family Therapy, 19*(3), 233-242.

Kleckner, T., Frank, L., Blant, C., Amendt, J., & Du Ree Bryant, R. (1992). The myth of the unfeeling strategic therapist. *Journal of Marital and Family Therapy, 18*(1), 41-51.

Kogan, L. S. (1957). The short-term case in a family agency. *Social Casework, 38*, 366-374.

Koss, M. P., & Butcher, J. N. (1986). Research on brief psychotherapy. In S. L. Garfield & A. E. Begin (Eds.), *Handbook of Psychotherapy and Behavior Change*, 3rd edn. New York: Wiley.

Kral, R. (1986). Indirect therapy in schools. In S. de Shazer & R. Kral (Eds.), *Indirect Approaches in Therapy*. Rockville, MA: Aspen.

Kral, R., & Kowalski, K. (1989). After the miracle: the second stage in solution-focused brief therapy. *Journal of Strategic and Systemic Therapies, 8*(2), 73-76.

Lambert, M. J. (1992). Implications of outcome research for psychotherapy integration. In J. C. Norcorss & M. R. Goldsten (Eds.), *Handbook of Psychotherapy Integration* (pp. 94-129). New York: Basic.

Lankton, S. R. (1990). Ericksonian strategic therapy. In J. K. Zeig & W. W. Munion (Eds.), *What is Psychotherapy? Contemporary Perspectives*. San Francisco, CA: Jossey-Bass.

Lawson, D. (1994). Identifying pre-treatment change. *Journal of Counselling and Development, 72*, 244-248.

Lazarus, A. (1981). *The Practice of Multimodal Therapy*. New York: McGraw-Hill.

Leem, M-Y. (1999). A model for short-term solution-focused group treatment of male domestic violence offenders. *Journal of Family Social Work, 3*(2), 39-57.

Lethem, J. (1994). *Moved to Tears, Moved to Action: Solution-Focused Brief*

Therapy with Women and Children. London: Brief Therapy.

Lindforss, L., & Magnusson, D. (1997). Solution-focused therapy in prison. *Contemporary Family Therapy, 19*, 89-104.

Lines, D. (2002). *Brief Counselling in Schools*. London: Sage.

Lipchik, E. (1991). Spouse abuse: challenging the party line. *The Family Therapy Networker, 15*, 59-63.

Lipchik, E., & de Shazer, S. (1986). The purposeful interview. *Journal of Strategice and Family Therapies, 5*(1), 88-9.

Lipchik, E., Derks, D., Lacourt, M., & Nunnally, E. (2011). The evolution of SFBT. In C. Franklin, T. S. Trepper, W. J. Gingerich & E. E. McCollum (Eds.), *SFBT: A Handbook of Evidence-Based Practice*. New York: Oxford University Press.

Lipchik, E., & Kubicki, A. D. (1996). Solution-focused domestic violence views: bridges toward a new reality in couples therapy. In S. Miller, M. Hubble & B. Duncan (Eds.), *Handbook of Solution-Focused Brief Therapy*. San Francisco, CA: Jossey-Bass.

Llewelyn, S. P. (1988). Psychological therapy as viewed by clients and therapists. *British Journal of Clinical Psychology, 27*, 223-37.

Lynch, G. (1996). What is truth? A philosophical introduction to counselling research. *Counselling, 7*(2), 144-8.

Macdonald, A. J. (1994). Brief therapy in adult psychiatry. *Journal of Family Therapy, 16*, 415-426.

Macdonald, A. J. (2003). Research in solution-focused brief therapy. In B. O'Connell & S. Palmer (Eds.), *Handbook of Solution-Focused Therapy*. London: Sage.

Macdonald, A. J. (2007). *Solution-Focused Therapy – Theory Research and Practice*. London: Sage.

Macdonald, A. J. (2011). www.solutions.doc.co.uk

Malan, D. H. (1963). *A Study of Brief Psychotherapy*. New York: Plenum.

Malan, D. H. (1976). *The Frontier of Brief Psychotherapy*. New York: Plenum.

Malan, D., Heath, E., Bacal, H., & Balfour, F. (1975). Psychodynamic changes in untreated neurotic patients: II. Apparently genuine improvements. *Archives of General Psychiatry, 32*, 110-26.

Mann, J. (1973). *Time Limited Psychotherapy*. Cambridge, MA: Harvard University Press.

Manthei, R. J. (1996). A follow-up study of clients who fail to begin counselling or terminate after one session. *International Journal for the Advancement of Counselling, 18*, 115-128.

Mason, W. H., Breen, R. Y., & Whipple, W. R. (1994). Solution-focused therapy and inpatient psychiatric nursing. *Nursing, 32*(10), 46-49.

McConkey, N. (1992). Working with adults to overcome the effects of sexual abuse: integrating solution-focused therapy, systems thinking and gender issues. *Journal of Strategic and Systemic Therapies, 11*(3), 4-18.

McKeel, A., & Weiner-Davis, M. (1995). Pre-suppositional questions and pretreatment change: a further analysis. Unpublished manuscript.

Melchior, G. (2003). Personal communication.

Merl, H. (1995). Reflecting supervision. *Journal of Systemic Therapies, 14*(2), 47-56.

Merry, T. (1990). Client-centred therapy: some trends and some troubles. *Counselling*, (1), 17-18.

Miller, S. (1992). The symptoms of solutions. *Journal of Strategic and Systemic Therapies*, (1), 1-11.

Miller, S. (1994). The solution conspiracy: a mystery in three instalments. *Journal of Systemic Therapies, 13*(1), 18-37.

Nelson, S., & Thomas, F. N. (Eds.) (2007). *Handbook of Solution-Focused Brief Therapy*. New York: Haworth.

Norman, H. (2003). Solution-focused reflecting teams. In B. O'Connell & S. Palmer (Eds.), *Handbook of Solution-Focused Therapy*. London: Sage.

Nunnally, E., & Lipchik, E. (1989). Some uses of writing in solution-focused brief therapy. *Journal of Independent Social Work, 4*, 5-19.

Nylund, D., & Corsiglia, V. (1994). Becoming solution-focused in brief therapy: remembering something we already know. *Journal of Systemic Therapies, 13*(1), 5-11.

O'Connell, B. (2000). Solution Focused Brief Therapy —an interview with Steve de Shazer. *Counselling, 11*(6), 343-344.

O'Connell, B. (2001). *Solution Focused Stress Counselling.* London: Continuum.

O'Connell, B., & Palmer, S. (Eds.) (2003). *Handbook of Solution-Focused Therapy.* London: Sage.

O'Connell, B., Palmer, S., & Williams, H. (2012). *Solution Focused Coaching in Practice.* London: Routledge.

O'Connell, M. F. (1997). Ideas for therapy. Personal communication.

O'Hanlon, B., & Beadle, S. (1994). *A Field Guide to Possibility Land: Possibility Therapy Methods.* Omaha, NA: Possibility.

O'Hanlon, B., & Weiner-Davis, M. (1989). *In Search of Solutions.* New York: Norton.

O'Hanlon, B., & Wilk, J. (1987). *Shifting Contexts.* New York: Guilford.

Palmer, S., & Cooper, C. (2007). *How to Deal with Stress.* London: Kogan Page.

Payne, M. (1993). Down-under innovation: a bridge between personcentred and systemic models. *Counselling, 4*(2), 117-119.

Peacock, F. (2001). *Water the Flowers, Not the Weeds.* Montreal: Open Heart.

Pekarik, G. (1991). Relationship of expected and actual treatment duration for adult and child clients. *Journal of Clinical Child Psychology, 23*, 121-125.

Pekarik, G., & Wierzbicki, J. (1986). The relationship between clients' expected and actual treatment duration. *Psychotherapy, 23*, 532-534.

Perry, S. (1987). The choice of duration and frequency for outpatient psychotherapy. *Annual Review, 6.*

Prochaska, J. O., Di Clemente, C. C., & Norcorss, J. C. (1992). In search of how people change. *American Psychologist, 47*, 1102-1114.

Quick, E. (1994). From unattainable goals to achievable solutions. *Journal of Systemic Therapies*, 13(2), 59-64.

Ratner, H. (2003). Solution-focused therapy in schools. In B. O'Connell & S. Palmer (Eds.), *Handbook of Solution-Focused Therapy*. London: Sage.

Rhodes, J., & Ajmal, Y. (1995). *Solution-Focused Thinking in Schools*. London: BT Press.

Rilke, R. M. (1990). Peacemaking: *Day by Day: Daily Readings*. London: Pax Christi.

Rogers, C. (1961). *On Becoming a Person*. London: Constable.

Rosenbaum, R., Hoyt, M., & Talmon, M. (1990). The challenge of single-session therapies: creating pivotal moments. In R. Wells & V. Gianetti (Eds.), *The Handbook of Brief Therapies*. New York: Plenum.

Rossi, E. (Ed.) (1980). *Collected Papers of Milton Erickson on Hypnosis*. Vol. 4. New York: Irvington.

Russell, R. (1989). Language and psychotherapy. *Clinical Psychology Review*, 9, 505-519.

Ryle, A. (1991). *Cognitive-Analytic Therapy: Active Participation in Change*. Chichester: Wiley.

Schapp, C., Bennun, I., Schindler, L., & Hoogduin, K. (1993). *Therapeutic Relationship in Behavioral Psychotherapy*. Chichester: Wiley.

Schwartz, D. P. (1955). Has family therapy reached the stage where it can appreciate the concept of stages? In J. Breunlin (Ed.), *Stages: Patterns of Change over Time*. Rockville, MA: Aspen.

Segal, L. (1986). *The Dream of Reality: Heinz Von Foerster's Constructivism*. New York: Norton.

Selekman, M. (1991). The solution-oriented parenting group: a treatment alternative that works'. *Journal of Strategic and Systemic Therapies*, 10(1), 36-48.

Selekman, M., & Todd, T. (1995). Co-creating a context for change in the supervisory system: the solution focused supervision model. *Journal of*

Systemic Therapies, 14(3), 21-23.

Seligman, Martin, E. P. (2011). *Flourish: A Visionary New Understanding of Happiness and Well-being*. New York: Free.

Sharry, J. (2003). Solution-focused parent training. In B. O'Connell & S. Palmer (Eds.), *Handbook of Solution-Focused Therapy*. London: Sage.

Sharry, J. (2007). *Solution-Focused Groupwork*. London: Sage.

Sifneos, P. E. (1979). *Short-Term Dynamic Psychotherapy*. New York: Plenum.

Simon, J. K., & Nelson, T. S. (2007). *Solution-focused Brief Practice with Long-Term Clients in Mental Health Services: "I'm More than my Label"*. New York: Taylor & Francis.

Skott-Myhre, H. (1992). *Competency-Based Counselling: Basic Principles and Assumptions*. Santa Fe, NM: Further Institute.

Slive, A., MacLaurin, B., Oakander, M., & Amundson, J. (1995). Walk-in single sessions: a new paradigm in clinical service delivery. *Journal of Systemic Therapies, 14*(1), 3-11.

Smith, M. L. (1980). *The Benefits of Psychotherapy*. Baltimore, MD: Johns Hopkins University.

Steenbarger, B. (1994). Toward science-practice integration in brief counselling and therapy. *The Counselling Psychologist, 20*(3), 403-450.

Stern, S. (1993). Managed care, brief therapy, and therapeutic integrity. *Psychotherapy, 30*(1), 162-75.

Street, E., & Downey, J. (1996). *Brief Therapeutic Consultations*. Chichester: Wiley.

Sundmann, P. (1997). Solution-focused ideas in social work. *Journal of Family Therapy, 19*, 159-172.

Syed, M. (2010). *Bounce — How Champions are Maed*. London: Fourth Estate.

Talmon, M. (1990). *Single Session Therapy*. San Francisco, CA: Jossey-Bass.

Talmon, M. (1996). Presentation on single-session therapy. London, organised by the Brief Therapy Practice.

Taylor, C. (1895). Theories of meaning. In C. Taylor (Ed.), *Human Agency and Language*. Cambridge: Cambridge University Press.

Thomas, F. (1994). Solution-oriented supervision: the coaxing of expertise. *The Family Journal, 2*(1), 11-17.

Thomas, F. N. (2007). In S. Nelson & F. Thomas (Eds.), Ha*ndbook of Solution-Focused Brief Therapy*. New York: Haworth.

Ticho, E. A. (1972). Termination of psychoanalysis: treatment goals and life goals. *Psychoanalysis Quarterly, 41*, 315-333.

Turnell, A., & Edwards, S. (1999). *Signs of Safety: A Solution and Safety Oriented Approach to Child Protection Casework*. New York: Norton.

Twyn, L. (1992). Solution-oriented therapy and Rogerian Nursing Science: an integrated approach. *Archives in Psychiatric Nursing, 6*(2), 83-89.

Uken, A., & Sebold, J. (1996). The Plumas Project: a solution-focused goal-directed domestic violence diversion program. *Journal of Collaborative Therapies, 4*, 10-17.

Vaughn, K., Cox Young, B., Webster, D. C., & Thomas, M. R. (1996). Solution-focused work in the hospital. In S. Miller, M. Hubble, & B. Duncan (Eds.), *Handbook of Solution-Focused Brief Therapy*. San Francisco, CA: Jossey-Bass.

Vaughn, K., Hastings, G., & Kassner, C. (1996). Solution-oriented inpatient group therapy. *Journal of Systemic Therapies, 15*(3), 1-14.

Vinnicombe, G. (2011). email communication on UK solution focused list.

Walter, J., & Peller, J. (1996). Assuming anew in a postmodern world. In S. Miller, M. Hubble & B. Duncan (Eds.), *Handbook of Solution-Focused Brief Therapy*. San Francisco, CA: Jossey-Bass.

Warner, R. E. (1996). Counsellor bias against short term counselling: a comparison of counsellor and client satisfaction in a Canadian setting. *International Journal for the Advancement of Counselling, 18*, 153-162.

Washburn, P. (1994). Advantages of a brief solution-oriented focus in home-based family preservation services. *Journal of Systemic Therapies,*

13(2), 47-58.

Watzlawick, P. (1984). *The Invented Reality*. New York: Norton.

Watzlawick, P., Weakland, J., & Fisch, R. (1974). *Change: Principles of Problem Formation and Problem Resolution*. New York: Norton.

Weakland, J., Fisch, R., Watzlawick, P., & Bodin, A. (1974). Brief therapy: focused problem resolution. *Family Process, 13*, 141-168.

Weakland, J., & Jordan, L. (1992). Working briefly with reluctant clients: child protective services as an example. *Journal of Family Therapy, 14*, 231-254.

Webster, D. (1990). Solution-focused approaches in psychiatric/mental health nursing. *Perspectives in Psychiatric Care, 26*(4), 17-21.

Weiner-Davis, M., de Shazer, S., & Gingerich, W. (1987). Building on pretreatment change to construct the therapeutic solution: an exploratory study. *Journal of Marital and Family Therapy, 13*(4), 359-363.

Wells, R., & Gianetti, V. (Eds.) (1993). *Casebook of the Brief Psychotherapies*. New York: Plenum.

Wetchler, J. L. (1990). Solution-focused supervision. *Family Therapy, 17*(2), 129-138.

Wheeler, J. (2003). Solution-focused practice in social work. In B. O'Connell & S. Palmer (Eds.), *Handbook of Solution-Focused Therapy*. London: Sage.

White, M. (1988). The process of questioning: a therapy of literary merit? *Dulwich Newsletter*, Summer, 3-21.

White, M. (1989). *Selected Papers*. Adelaide: Dulwich Centre Publications.

White, M. (1993). Deconstruction and therapy. In S. Gilligan & R. Price (Eds.), *Therapeutic Conversations*. New York: Norton.

White, M. (1995). *Re-authoring Lives: Interviews and Essays*. Adelaide: Dulwich Centre Publications.

White, M., & Epston, D. (1990). *Narrative Means to Therapeutic Ends*. New York: Norton.

White, N. (2003). The solution-focused approach in higher education. In B.

O' Connell & S. Palmer (Eds.), *Handbook of Solution-Focused Therapy*. London: Sage.

Widdicombe, S. (1993). Autobiography and change: rhetoric and authenticity of "Gothic" style. In E. Burman & I. Parker (Eds.), *Discourse Analysis Research*. London: Routledge.

Wilgosh, R. (1993). How can we see where we' re going if we' re always looking backwards? *Counselling, 4*(2), 98-101.

Wilkins, P. (1993). Person-centred therapy and the person-centred approach: a personal view. *Counselling, 4*(1), 31-32.

Williams, H., Palmer, S., & O' Connell, B. (2011). Introducing SOLUTION and FOCUS: two solution-focused coaching models. *Coaching Psychology International, 4*(1), 6-9.

Winbolt, B. (2011). *Solution Focused Therapy for the Helping Professions*. London: Jessica Kingsley.

Zimmerman, T. S., Prest, L. A., & Wetzel, B. E. (1997). Solution-focused couples therapy groups: an empirical study. *Journal of Family Therapy, 19*, 125-144.

인명

이 책의 필자인 빌 오코넬(Bill O'Connell)은 현재 해결중심치료에 관한 훈련을 제공하는 Training for Focus on Solutions의 책임자로서 강의와 훈련과정을 통해 수많은 사람에게 해결중심치료를 소개해 오고 있다. 필자의 학문적 배경은 사회복지실천, 청소년연구, 그리고 상담과 관리 등을 포함한다. 그 배경으로 영국 버밍엄대학교 (University of Birmingham)에서 제공하는 해결중심치료에 관한 석사과정을 설계하고 지도한 바 있다. 그는 영국상담 및 심리치료협회(British Association of Counselling and Psychotherapy)가 인정하는 선임상담자이자 회원으로 Solution-Focused Therapy(1998)와 Solution-Focused Stress Counselling(2001)의 저자이며 Handbook of Solution-Focused Therapy(2003)의 공저자다. 또한 해결중심접근에 관한 많은 서적과 연구논문의 저술에 기여하였으며, 여가로 손자들과 시간을 보내는 것을 좋아하고 골프를 즐기며 Glasgow Celtic의 오랜 팬이기도 하다.

| 역자 소개 |

▶ 송성자 (Song Sungja)

숭실대학교 사회복지학 박사

경기대학교 사회복지학과 교수

현 한국가족치료학회 가족치료 슈퍼바이저

　해결중심치료학회 슈퍼바이저

　미국 가족치료협의회(AAMFT) 임상회원

〈주요 저술 · 연구〉

가정폭력피해자 치유프로그램 개발연구(책임연구)(여성가족부, 2005, 2013)

해결중심 단기치료(공저, 학지사, 2009)

해결중심 가족치료 사례집(공저, 학지사, 2006)

가족과 가족치료(법문사, 2002)

▶ 정문자 (Chung Moonja)

미국 시러큐스 대학교 대학원 아동 · 가족학 박사

현 연세대학교 아동 · 가족학과 명예교수

　한국단기가족치료연구소 공동대표

〈주요 저술〉

가족치료의 이해(공저, 학지사, 2014)

아동심리상담(공저, 양서원, 2011)

해결중심단기치료(공저, 학지사, 2009)

경험적 가족치료(학지사, 2007)

▶ 최중진 (Choi Jungjin)

　　미국 캔자스 대학교 대학원 사회복지학 박사

　　현 경기대학교 사회과학대학 청소년학과 교수

　　　단기가족치료연구소 교육위원

　　　해결중심치료학회 편집분과위원장

〈주요 역술〉

해결중심 집단상담(공역, 학지사, 2013)

해결지향 사회복지실천(공역, 학지사, 2012)

통합적 해결중심치료
Solution-Focused Therapy(3rd ed.)

2014년 6월 10일 1판 1쇄 인쇄
2014년 6월 20일 1판 1쇄 발행

지은이 • Bill O'Connell
옮긴이 • 송성자 · 정문자 · 최중진
펴낸이 • 김진환
펴낸곳 • ㈜ 학지사

121-838 서울특별시 마포구 양화로 15길 20 마인드월드빌딩 5층
대표전화 • 02)330-5114   팩스 • 02)324-2345
등록번호 • 제313-2006-000265호

홈페이지 • http://www.hakjisa.co.kr
커뮤니티 • http://cafe.naver.com/hakjisa

ISBN 978-89-997-0396-6   93180

Korean Translation Copyright ⓒ 2014 by hakjisa Publisher, Inc.

정가 15,000원

인터넷 학술논문 원문 서비스 **뉴논문** www.newnonmun.com

이 도서의 국립중앙도서관 출판시도서목록(CIP)은 서지정보유통지원
시스템 홈페이지(http://seoji.nl.go.kr)와 국가자료공동목록시스템
(http://www.nl.go.kr/kolisnet)에서 이용하실 수 있습니다.
(CIP 제어번호: CIP2014016722)